La création du Japon moderne

Un récit des progrès du Japon depuis l'époque pré-féodale

jusqu'au gouvernement constitutionnel et à la position d'une

grande puissance, avec des chapitres sur la religion, le système

familial complexe, l'éducation, etc.

John Harington Gubbins

Writat

Cette édition parue en 2023

ISBN : 9789359257037

Publié par
Writat
email : info@writat.com

Contenu

PRÉFACE ....- 1 -

CHAPITRE I Première histoire—La grande réforme—Adoption de la culture chinoise. ....- 2 -

CHAPITRE II Établissement de la féodalité et de la duarchie – Le shogunat et le trône – Les premières relations étrangères – La persécution des chrétiens et la fermeture du pays. ....- 8 -

CHAPITRE III Les Shōguns Tokugawa — Consolidation de la duarchie. ....- 15 -

CHAPITRE IV Conditions politiques — Réouverture du Japon aux relations étrangères — Conclusion de traités — Dégradation du Shōgunat. ....- 24 -

CHAPITRE V Sentiment anti-étranger – Rébellion de Chōshiū – Ratification des traités par Mikado – Prince Kéiki – Mouvement de restauration – Guerre civile – Chute du Shōgunat. ....- 33 -

CHAPITRE VI Chronologie japonaise – Clans Satsuma et Chōshiū – Le « Serment de la Charte ». ....- 46 -

CHAPITRE VII Nouveau gouvernement – Sentiment de clan à Satsuma – Changements administratifs – Réformateurs et réactionnaires. ....- 54 -

CHAPITRE VIII Abolition du système féodal. — Reconstitution des classes. — Effets de l'abolition de la féodalité. ....- 63 -

CHAPITRE IX Effets de l'abolition de la féodalité sur la classe agricole — Modifications du régime foncier — Révision de l'impôt foncier. ....- 72 -

CHAPITRE X Missions auprès des gouvernements étrangers — Obstacles à la réforme — Difficultés linguistiques — Attitude des
puissances étrangères. ....- 82 -

CHAPITRE XI Changements et réformes — Relations avec la Chine et la Corée — Rupture du ministère — Sécession des dirigeants Tosa et Hizen — Progrès des réformes — Annexion de Loochoo — Mécontentement de l'ancienne classe militaire. .- 90 -

CHAPITRE XII Révoltes locales – Rébellion de Satsuma – Gouvernement à deux clans. ....- 100 -

CHAPITRE XIII Religions japonaises avant la Restauration : Shintō et bouddhisme. ....- 108 -

CHAPITRE XIV Religions japonaises après la Restauration : Christianisme — Bushidō — Observances religieuses. ....- 113 -

CHAPITRE XV Troubles politiques – La presse – Lois sur la presse – Conciliation et répression – Réformes juridiques – Échec du projet de colonisation de Yezo – Retrait d'Ōkuma – Agitation politique accrue. ....- 119 -

CHAPITRE XVI Promesse d'un gouvernement représentatif — Partis politiques — Troubles renouvelés — Éclosions locales. .- 127 -

CHAPITRE XVII Élaboration de la Constitution — Nouvelle pairie — Réorganisation du ministère — Influence anglaise — Réforme financière — Échec des conférences de révision des traités. ....- 136 -

CHAPITRE XVIII Autorité impériale — Conseil privé — Gouvernement autonome local — Promulgation de la Constitution — Prérogatives impériales — Les deux chambres du Parlement — Caractéristiques de la Constitution et premières élections parlementaires. ....- 145 -

CHAPITRE XIX Fonctionnement du gouvernement représentatif.—Procédures orageuses à la diète.—Réforme juridique et judiciaire.—Chahut politique.—Fusion des classes. - 155 -

CHAPITRE XX Fonctionnement du gouvernement parlementaire — Regroupement des partis — Gouvernement et opposition — Formation du *Seiyūkai* — Intervention croissante du trône — Diminution de la rancune du parti — Attitude de la Chambre haute. ....- 160 -

CHAPITRE XXI Révision du traité — La Grande-Bretagne prend l'initiative — Difficultés avec la Chine. ....- 166 -

CHAPITRE XXII Chine et Corée — Guerre avec la Chine — Réforme navale — Défaite de la Chine — Traité de Shimonoséki — Conditions de paix. ....- 175 -

CHAPITRE XXIII Politique militariste — Péninsule du Liaotoung — Intervention des trois puissances — Baux du territoire chinois par l'Allemagne, la Russie, la Grande-Bretagne et la France — Sphères d'intérêt. ....- 184 -

CHAPITRE XXIV Protestation américaine contre l'agression étrangère en Chine – Principe de « porte ouverte et égalité des chances » – Réforme financière – Fonctionnement des traités révisés –
L'épidémie des Boxers – Russie et Mandchourie. ....- 193 -

CHAPITRE XXV Accord entre la Grande-Bretagne et l'Allemagne — L'Alliance anglo-japonaise. ....- 202 -

CHAPITRE XXVI Guerre avec la Russie — Succès du Japon — Médiation du président Roosevelt — Traité de Portsmouth — Conditions de paix. ....- 211 -

CHAPITRE XXVII Affaiblissement de la cordialité avec l'Amérique. — Causes de friction. — Expansion et émigration. — Annexion de la Corée. — Nouveaux traités. ....- 220 -

CHAPITRE XXVIII Comparaison de l'essor du Japon et de l'Allemagne - Renouvellement de l'alliance anglo-japonaise - Le Japon et la Grande Guerre - Expansion militaire et navale - Japon et Chine - Les vingt et une revendications - Accord avec la Russie concernant la Chine - Accord de Lansing-Ishii - Effets de Grande Guerre contre la situation en Extrême-Orient. .- 227 -

CHAPITRE XXIX Le système familial japonais. ....- 235 -

CHAPITRE XXX Éducation. ....- 243 -

CHAPITRE XXXI Les créateurs du Japon moderne : comment le Japon est gouverné. ....- 250 -

PRÉFACE

Les remerciements de l'Auteur vont à Son Excellence le Baron G. Hayashi, Ambassadeur de l'HIJM à Londres, pour avoir aimablement fait référence à une autorité compétente au Japon, pour confirmation, point douteux du régime foncier féodal ; au prince Iwakura , au marquis Ōkubo et au marquis Kido pour les photographies de trois des éminents hommes d'État dont les portraits apparaissent ; au très honorable Sir Ernest Satow pour la peine qu'il a prise à lire le MS. du livre; à Sir EF Crowe, CMG , conseiller commercial de l'ambassade britannique à Tōkiō , pour son aide très utile apportée de diverses manières ; et à Mlle Maud Oxenden pour son aide précieuse dans la correction des épreuves.

CHAPITRE I
Première histoire—La grande réforme—Adoption de la culture chinoise.

Il existe de nombreuses spéculations, mais aucune certitude, concernant l'origine du peuple japonais. On considère cependant généralement que la race japonaise est composée de deux éléments principaux : l'un mongol, venu au Japon depuis l'Asie du Nord via la Corée, et l'autre malais ; une troisième souche étant peut-être fournie dans une certaine mesure par les aborigènes Ainu, que les envahisseurs ont trouvés lors de l'occupation du pays. Le type de caractéristique dominant est mongol, bien que des recherches scientifiques prétendent avoir découvert des traces de caractéristiques physiques d'autres races asiatiques.

Si les premiers documents japonais fournissent peu de matériel fiable à l'historien, ils montrent comment les héros légendaires de la tradition orale sont devenus, entre les mains des chroniqueurs successifs, les ancêtres déifiés de la dynastie régnante, et indiquent le processus de transition par lequel les sentiments de respect et l'admiration qu'ils inspiraient s'est transformée en une croyance populaire en la quasi-divinité des souverains japonais. C'est dans ce no man's land, où aucune frontière claire ne sépare la fable de l'histoire, que nous sommes dès le début confrontés à la religion indigène primitive et que nous nous rendons compte de sa faiblesse en tant qu'influence civilisatrice. Néanmoins, à partir de ces mêmes documents, ainsi que de rares sources chinoises, nous glanons certains faits généraux relatifs aux premiers développements du Japon. La culture chinoise apparaît très tôt ; on parle de l'adoption, à une certaine époque du Ve siècle, d'idéogrammes chinois, les Japonais suivant à cet égard l'exemple de leurs voisins coréens , qui, comme eux, n'avaient à l'origine pas de langue écrite propre ; et nous apprenons l'introduction du bouddhisme un siècle plus tard. L'avènement du bouddhisme fut un facteur notable du progrès du Japon. Ses missionnaires ont contribué à la diffusion de la langue écrite chinoise et ont ainsi ouvert la voie à l'introduction en 645 après JC de ce que l'on appelle la Grande Réforme.

La Grande Réforme a donné son nom à la première période annuelle de la chronologie japonaise et à l'histoire japonaise sa première date certaine. C'était l'aboutissement d'un mouvement ayant pour objet la réparation de l'autorité du trône, affaiblie par les tendances séparatistes de la famille Sōga . La nouvelle forme de gouvernement alors établie, à l'imitation des changements apportés sous la dynastie Tang en Chine, était une bureaucratie centralisée. Le contrôle suprême des affaires était confié au Conseil d'État. Ce Conseil était présidé par le Premier ministre, auquel étaient associés les deux ministres d'État adjoints et le président du Conseil privé. Sur les huit conseils ou départements d'État, cinq s'occupaient principalement, mais en aucun cas exclusivement, des questions relatives au cérémonial, à la religion, à l'armée, aux finances et aux impôts respectivement ; les trois autres ayant la direction des affaires liées plus immédiatement à la cour impériale. Il ne semble cependant pas y avoir eu de division très nette des affaires, les intérêts de la Cour étant apparemment mêlés aux affaires de chaque département. Ce changement dans la forme de gouvernement n'était qu'un des nombreux résultats provoqués par l'afflux d'idées chinoises à cette époque. L'influence de la vague culturelle chinoise qui a déferlé sur le pays a imprégné chaque partie du tissu national, remodelant le système social et jetant les bases du droit, de l'éducation, de l'industrie et de l'art japonais.

Plus tard , des dispositions furent prises pour l'établissement d'une régence pendant la minorité d'un souverain régnant, le régent (*Sesshō*) en vertu de sa fonction classée à la tête de la hiérarchie officielle. À l'expiration de la régence, l'ex-régent prit le titre de *Kwambaku* (ou *Sesshō-Kwambaku*), conservant sa préséance officielle. Les deux postes furent ensuite séparés et, comme tous les autres postes de la Cour, devinrent, à mesure que l'autorité de la Cour déclinait, de simples titres honorifiques. Les postes et les titres honorifiques étaient héréditaires dans certaines branches de la famille Fujiwara, la seule exception à cette règle se produisant au XVIe siècle.

Ce n'est qu'au VIIIe siècle que les Japonais élaborèrent leur propre langue écrite. Les Coréens l'avaient déjà fait, mais les deux langues écrites ainsi ajoutées à ce qui a été emprunté à la Chine n'ont rien de commun. Celle des Japonais se compose de deux écritures différentes, chacune adaptée de caractères chinois. L'écriture coréenne ne ressemble en rien au chinois. Les deux pays ont de bonnes raisons de considérer comme un bien douteux la possession de deux langues parlées et de deux langues écrites.

À ce stade précoce de l'histoire japonaise, trois choses ressortent clairement : l'accueil réservé aux idées étrangères ; la dualité de la religion et de la langue ; et la curieuse atmosphère de divinité entourant le trône, qui, par un processus de transition facile, en vint à être considérée par le peuple comme un attribut naturel de son pays et d'eux-mêmes. Il n'est donc pas surprenant de trouver dans le développement du Japon deux tendances opposées constamment à l'œuvre : l'assimilation d'idées nouvelles venues de l'étranger et la réaction en faveur des institutions indigènes. À cette volonté d'adopter des idées étrangères, dont le septième siècle témoigne de manière si frappante, existait une intense fierté nationale, une croyance en la supériorité du Japon, « le pays des dieux », sur tous les autres pays. L'existence de ces deux courants contraires du sentiment populaire, dans lesquels la religion, la politique et la langue jouent un rôle, peut être retracée tout au long du cours de l'histoire japonaise.

Le renforcement de l'autorité du trône, opéré par la Grande Réforme, ne dura que peu de temps, le pouvoir passant bientôt de nouveau entre les mains d'une autre famille puissante, la maison de Fujiwara. Mais la forme bureaucratique centralisée de gouvernement empruntée à la Chine a survécu, et avec elle la fiction d'un gouvernement impérial direct.

Au cours de la longue ascendance, qui s'est étendue sur plus de trois siècles, de la maison de Fujiwara, les souverains, malgré leur accession aux titres reconnus d'empereurs chinois, ont sombré dans la position de simples marionnettes, amovibles au gré des dirigeants patriciens. Il est important de noter, cependant, que ni l'autorité nominale de l'occupant du trône ni le pouvoir du gouvernement *de facto pendant cette période, et pendant de nombreuses années après, ne s'étendaient bien au-delà du* centre du Japon. La loyauté des gouverneurs de district du sud et de l'ouest était régie par leur distance par rapport au siège de l'administration. Au nord et à l'est, encore une fois, le pays était aux mains des aborigènes Aïnous, avec lesquels une guerre décousue fut menée jusqu'à leur éventuelle expulsion vers l'île septentrionale de Yezo .

Au début du XIIe siècle, le *régime Fujiwara* prit fin. Les administrateurs successifs étaient des membres de la famille Taira, qui avait progressivement pris de l'importance et exerçait une influence prédominante dans le pays. Cinquante ans plus tard, leur position fut contestée avec succès par la maison rivale de Minamoto, qui, comme ses deux prédécesseurs, pouvait revendiquer une ascendance royale. La longue lutte entre ces deux maisons se termina par le renversement définitif de la famille Taira lors de la bataille navale de Dan-no- Ura (1155 après J.-C.) et par l'établissement du système féodal, en d'autres termes, d'un gouvernement militaire.

Yoritomo, le chef Minamoto, qui accéda ensuite au pouvoir, reçut de la Cour le titre de Shōgun (ou Général), contraction de l'appellation plus complète *Sei- i -Tai- Shōgun* . Cela peut être rendu par Généralissime réprimant les barbares, et était le terme appliqué à l'origine aux généraux employés dans la lutte contre les aborigènes Ainu dans les marches du nord-est. Avec l'attribution de ce titre, le terme lui-même prit une signification nouvelle, car ce n'était plus comme un général d'armée qu'il figurait désormais, mais comme le dirigeant virtuel du Japon. Son arrivée au pouvoir marque une nouvelle phase dans l'histoire japonaise, la mise en place d'un double système de gouvernement basé sur la féodalité, qui perdura, sauf pendant une courte période au XVIe siècle, jusqu'aux temps modernes.

Avec l'établissement d'un gouvernement militaire, la classification de la société fut modifiée. Il existe désormais trois divisions reconnues du peuple : le *Kugé* , ou aristocratie de cour, constituant l'ancienne hiérarchie officielle, qui, s'appauvrissant de plus en plus à mesure que cesse le lien de ses membres avec la terre, sombre peu à peu dans la position d'un facteur négligeable. dans la nation; le *Buké* , ou classe militaire, qui comprenait à la fois les daimōs et leurs serviteurs, et à partir de laquelle était formée la nouvelle hiérarchie officielle ; et le *Minké* , ou grand public, qui comprenait des agriculteurs, des artisans et des commerçants, ou marchands, classés dans l'ordre indiqué.

La féodalité n'est pas une apparition soudaine. Ce n'était pas une pousse de champignon d'une nuit. L'importance de la classe militaire n'a cessé de croître au cours de la guerre civile prolongée dont la famille Minamoto est sortie victorieuse. Ceci et la faiblesse croissante du gouvernement avaient entraîné un changement dans l'administration provinciale. Les gouverneurs civils, dépendants de la Capitale, avaient peu à peu cédé la place à des militaires, dotés de droits héréditaires, qui cherchaient ailleurs leurs ordres ; les domaines seigneuriaux s'étendaient sur des territoires dotés de châteaux pour les protéger ; et les revenus locaux n'affluaient plus régulièrement dans les caisses de l'État. Ainsi , de plus d'une manière, la voie avait été préparée pour la féodalité.

On peut en dire autant du système dual d'administration, bien que la question soit ici moins simple. D'après tout ce que l'histoire nous raconte, et son silence encore plus éloquent, il y a de bonnes raisons de remettre en question l'existence, à tout moment, d'un pouvoir impérial direct. Nous entendons parler d'aucun Mikado n'ayant jamais dirigé une armée sur le terrain, légiférant ou rendant la justice, ou remplissant, en fait, aucune des diverses fonctions associées à la souveraineté, à l'exception de celles liées au culte public. Cette absence de règle personnelle, cette tendance à agir par procuration, est en accord avec l'atmosphère d'impersonnalité qui imprègne tout le japonais et se reflète dans la langue du peuple. Tout tend à confirmer l'impression que le prestige de la souveraineté au Japon réside donc plutôt dans l'institution elle-même que dans la personnalité des dirigeants. La manière désinvolte avec laquelle la succession était réglée ; l'apparition sur le trône des impératrices dans un pays où peu de déférence était accordée aux femmes ; la préférence maintes fois manifestée pour le règne des mineurs ; les méthodes *laisser-aller* d'adoption et d'abdication ; la philosophie facile qui ne voyait rien d'inhabituel dans l'association de trois monarques abdiqués ou cloîtrés avec un souverain régnant ; et l'indifférence générale du public à l'égard des malheurs qui frappèrent de temps à autre l'occupant du trône, tous vont dans la même direction : le retrait prochain du souverain de toute participation active à l'œuvre du gouvernement. Par conséquent, dans la mesure où il s'agissait du gouvernement personnel du souverain, il ne semble pas déraisonnable de considérer le double système de gouvernement établi à cette époque comme la reconnaissance formelle de ce qui existait déjà. Son association avec la féodalité a cependant entraîné un tout nouveau départ. Kiōto , en effet, continue d'être la capitale nationale. Là, les anciens ministres d'État sont restés avec tout l'attirail vide d'une bureaucratie qui a cessé de gouverner. Mais un nouveau siège administratif fut créé à Kamakura, vers lequel tous les hommes capables furent progressivement attirés. Désormais, le pays est administré par un gouvernement militaire dirigé par le shogun à Kamakura, tandis que le souverain vit reclus dans la capitale, entouré d'une cour fantôme et d'une hiérarchie officielle oisive.

Dans cette question de gouvernement, il y a encore quelque chose à expliquer. Il faut comprendre que le Shōgun ne gouvernait pas personnellement, pas plus que le Mikado. Ce que l'on pourrait appeler, faute d'un meilleur nom, le système de gouvernement de figure de proue est visible tout au long du cours de l'histoire japonaise. Le pouvoir réel et le pouvoir nominal sont rarement combinés, que ce soit sur le plan social ou politique. La famille, qui est l'unité de la société, est nominalement contrôlée par l'individu qui en est le chef. Mais en pratique, ce dernier est dans la plupart des cas une figure de proue, le pouvoir réel étant détenu par le groupe de parents qui forme le conseil de famille. Le même principe s'appliquait à l'administration des territoires féodaux. Celles-ci n'étaient pas administrées par les propriétaires féodaux eux-mêmes. Le contrôle était confié à une classe spéciale de serviteurs héréditaires. Mais là encore, l'autorité était plus nominale que réelle, la direction des affaires étant généralement laissée à l'intelligence plus active de serviteurs de rang inférieur. De même , le Shōgun était généralement une simple marionnette entre les mains de son Conseil, dont les membres étaient à leur tour contrôlés par des fonctionnaires subalternes. Cette prédilection pour le gouvernement par procuration était encouragée par les coutumes d'adoption et d'abdication, dont les effets, aussi bien en ce qui concerne le Mikado que le Shōgun , se traduisaient par la brièveté du règne, ou de l'administration, et par la fréquence du gouvernement des mineurs.

Le caractère très artificiel et même contradictoire qui caractérisait toute l'administration japonaise présentait certains avantages. L'abdication s'est avérée n'être pas incompatible dans la pratique avec une surveillance active, quoique non reconnue, des affaires. Cela constituait également un moyen pratique de se débarrasser des personnes dont la présence au pouvoir était, pour une raison quelconque, gênante. Dans une société également où l'adoption était la règle plutôt que l'exception, l'échec d'un héritier direct du trône, ou shogunat , ne présentait que peu de difficultés. C'était une affaire qui devait être réglée par le Conseil d'État, comme dans les domaines moins élevés, ces affaires étaient renvoyées au conseil de famille. Les questions de succession étaient ainsi grandement simplifiées. De plus, c'est dans cette contradiction entre l'apparence et la réalité, dans le maintien de l'ombre sans la substance du pouvoir, que réside la force à la fois de la monarchie et du shogunat . C'était, en fait, le secret de leur stabilité et explique la continuité ininterrompue de la dynastie dont la nation est fière. Dans un tel système, la faiblesse ou l'incompétence des dirigeants nominaux ne produisaient aucune convulsion violente dans le corps politique. L'appareil gouvernemental fonctionnait sans problème, sans être affecté par la personnalité de ceux qui étaient théoriquement responsables de son contrôle ; et au fil du temps, la tendance de la fonction à se séparer de l'exercice des fonctions qui lui sont nominalement associées s'est accrue partout, avec pour résultat que dans les derniers jours du shogunat, la politique administrative était largement inspirée au siège du gouvernement par des fonctionnaires subalternes . et dans les clans par des serviteurs de rang inférieur.

La question du double gouvernement, qui a conduit à cette longue digression, était plus ou moins une énigme pour les étrangers depuis l'époque où les missionnaires jésuites prenaient pour la première fois les Shōguns pour les Mikados ; et ce n'est qu'après la négociation des premiers traités avec les puissances occidentales qu'on découvrit que le titre de magnat donné au souverain japonais dans ces documents avait été adopté pour l'occasion, conformément à un précédent créé bien des années auparavant, en afin de cacher le fait que le Shōgun , bien que dirigeant, n'était pas le souverain.

CHAPITRE II

Établissement de la féodalité et de la duarchie — Le shogunat et le trône — Les premières relations étrangères — La persécution des chrétiens et la fermeture du pays.

Les fortunes de la première lignée des Shōguns de Kamakura , ainsi appelées du fait que le siège du gouvernement se trouvait à cet endroit, ne donnaient aucune indication sur la permanence de la duarchie , bien qu'elles aient pu encourager la croyance en la véracité du proverbe japonais selon lequel les grands hommes n'ont pas d'héritiers. . Aucun des fils de Yoritomo qui lui succédèrent en tant que Shōgun ne démontra une quelconque capacité de gouvernement, la direction des affaires tomba entre les mains des membres de la famille Hōjō , qui, par une extension supplémentaire du principe de gouvernement par procuration, se contentèrent de permettre aux autres de apparaissent comme des Shōguns , alors qu'ils détenaient le pouvoir réel avec le titre de régents (*Shikken*). Certains de ces Shōguns fantoches furent choisis parmi la famille Fujiwara, qui gouvernait le pays depuis plus de trois siècles. D'autres étaient des descendants de la Maison Impériale. Ce lien du shogunat avec la dynastie impériale, bien que temporaire, est un point à noter, car dans d'autres circonstances, il suggérerait une dévolution plutôt qu'une usurpation des droits souverains.

C'est au XIIIe siècle, sous le règne du régent Hōjō Tokimuné , qu'eurent lieu les invasions mongoles. Le Mikado régnant était un jeune de dix-neuf ans ; le Shōgun, un enfant de quatre ans. Les six siècles qui s'étaient écoulés depuis la Grande Réforme avaient été témoins de changements notables dans les pays qui étaient les plus proches voisins du Japon . En Chine, la dynastie mongole fut établie. En Corée, les quatre États qui constituaient à l'origine la division de la péninsule ont disparu les uns après les autres. A leur place se trouvait un nouveau royaume, alors appelé pour la première fois par son nom moderne. Le nouveau royaume ne conserva pas longtemps son indépendance. Elle fut attaquée et renversée par les armées de Kublai Khan, le troisième empereur mongol. Au milieu du XIIIe siècle, le roi de Corée avait reconnu la suzeraineté de la Chine. Kublai Khan tourna alors son attention vers le Japon.

Il était d'usage à cette époque que des missions de félicitations soient envoyées d'un pays à un autre lorsqu'une nouvelle dynastie s'établissait ou qu'un nouveau règne commençait, les cadeaux échangés à ces occasions étant habituellement appelés cadeaux par le pays qui les offrait, et hommage par celui qui les offrait. les reçus. Les relations entre le Japon et le nouveau Royaume de Corée avaient été dans l'ensemble amicales, bien que troublées de temps à autre par les incursions de pirates qui semblent avoir été fréquentes. Mais après que la Corée eut perdu son indépendance , elle fut obligée de se rallier à la Chine. Lorsqu'en 1268 Kublai Khan envoya un envoyé au Japon pour demander pourquoi, depuis le début de son règne, aucune mission de félicitations n'était parvenue à Pékin de la cour japonaise, le messager passa naturellement par la Corée et fut escorté par une suite de Coréens. Les ports de la province de Chikuzen , au nord de Kiūshiū , la plus méridionale des îles japonaises, étaient alors les lieux par lesquels s'effectuaient alors les communications entre le Japon et le continent ; et c'est à Dazaifu , dans cette province, centre de l'administration locale, que l'envoyé remit sa lettre. Il s'agissait en fait d'une demande d'hommage, et le refus même du régent de répondre à la communication fut répondu par l' envoi , à l'été 1275, d'une force mongole, accompagnée d'un contingent coréen. Après avoir occupé d'abord les îles de Tsushima et d'Iki , qui constituent des tremplins commodes entre la Corée et le Japon, les envahisseurs débarquèrent à Kiūshiū , au nord-ouest de la province déjà mentionnée. Après quelques jours de combats, ils furent contraints de rembarquer. Dans leur retraite, ils rencontrèrent une violente tempête, et seuls les restes brisés de l'Armada revinrent pour raconter l'histoire. Une seconde invasion, six ans plus tard, planifiée sur une échelle bien plus grande et soutenue, comme auparavant, par des auxiliaires coréens, connut le même sort. A cette occasion, des combats plus violents eurent lieu. Les positions capturées au lieu de débarquement dans la province de Hizen furent occupées par les envahisseurs pendant quelques semaines. Mais à partir de là, ils ne purent avancer. Lorsqu'ils se retirèrent enfin en désordre, une violente tempête vint de nouveau au secours des défenseurs et accabla les flottes ennemies. Les préparatifs commencés par Kublai Khan pour une troisième invasion furent abandonnés à sa mort quelques années plus tard. A partir de cette époque, le Japon fut laissé tranquille.

Les circonstances entourant la chute des régents Hōjō en 1333 et leur remplacement par la lignée Ashikaga des Shōguns sont remarquables par la lumière qu'elles jettent sur l'état du pays et par les conditions instables et, en fait, ridicules dans lesquelles le gouvernement était continué. Il sembla un instant que l'autorité de la Cour était sur le point de renaître. Mais avec le renversement des régents, le mouvement dans cette direction s'est arrêté. La classe militaire était naturellement réticente à abandonner le pouvoir qui était tombé entre ses mains ; la position du Mikado fut également affaiblie par un différend concernant ses droits au trône. Il venait de revenir d'un bannissement et avait été immédiatement réintégré comme empereur. Mais pendant son absence, un autre empereur avait été placé sur le trône, et certains pensaient que ce dernier avait le droit de rester. Au siècle précédent, il avait été convenu, conformément à la volonté d'un empereur décédé, que le trône serait occupé alternativement par les descendants des branches supérieures et inférieures de la maison impériale. Cette règle avait été suivie pour pourvoir le poste laissé vacant par le bannissement du Mikado précédent, et la branche de la Maison Impériale qui souffrait de sa réintégration refusa d'accepter cette décision. Chaque prétendant au trône trouvait des partisans parmi les chefs féodaux. Ainsi se formèrent deux cours rivales, celle du Nord et celle du Sud, qui se disputèrent la couronne pendant près de soixante ans. La compétition se termina par le triomphe en 1393 de la Cour du Nord. Bénéficiant du soutien de la puissante famille Ashikaga, il avait affirmé sa supériorité au début de la lutte, le chef Ashikaga devenant Shōgun en 1338.

Le règne des Ashikaga Shōguns dura jusqu'au milieu du XVIe siècle, bien que pendant plusieurs années avant sa fin, le contrôle des affaires fut exercé par d'autres en leur nom. Durant cette période favorable à l'essor de l'art et de la littérature, le siège du gouvernement ne cesse de changer de Kamakura à la capitale et vice-versa. L'ancienne ville partagea le sort de la dynastie et ne fut jamais reconstruite après sa destruction.

Une rupture se produit alors dans la séquence des Shōguns . Le pouvoir principal passe entre les mains de deux chefs militaires, Nobunaga et Hidéyoshi , dont aucun ne fonde de dynastie ni ne porte le titre de Shōgun . Grâce à leurs efforts, le pays fut progressivement libéré de l'anarchie qui avait régné au cours des dernières années de l'administration Ashikaga. Même s'il restait ici et là dans tout le pays des districts dont les seigneurs féodaux insistaient pour régler eux-mêmes leurs querelles, un état de choses plus stable fut introduit et le travail du fondateur de la prochaine et dernière lignée de Shoguns fut grandement facilité .

L'Europe avait depuis longtemps entendu parler du Japon à travers les écrits du voyageur vénitien Marco Polo, qui avait visité la cour de Kublai Khan et y avait appris l'échec des invasions mongoles. Ce n'est cependant qu'au milieu du seizième siècle, sous l'ascendant du premier des deux chefs militaires mentionnés ci-dessus, que les relations avec les pays européens s'établissent. Les Portugais furent les premiers à venir, et pour cette raison. Le Portugal était alors au faîte de sa grandeur de puissance maritime ; et par les bulles du pape Alexandre VI, qui partageaient entre elle et l'Espagne les nouvelles terres découvertes en Asie et en Amérique, celles d'Asie lui étaient tombées en partage. Une certaine incertitude existe quant à la date exacte à laquelle les nouveaux rapports occidentaux ont commencé et quant à l'identité des premiers arrivés. La plupart des autorités s'accordent cependant pour penser que les premiers découvreurs européens du Japon furent trois aventuriers portugais qui, au cours d'un voyage du Siam vers la Chine au cours de l'été ou de l'automne 1542, furent chassés par une tempête sur la côte de Tanégashima . une petite île située à mi-chemin entre la pointe sud de la province de Satsuma et Loochoo . Les aventuriers qui débarquèrent réussirent à se débarrasser de la cargaison de leur navire, initialement destinée aux ports chinois. Leur connaissance des armes à feu fit une impression favorable et les débuts d'un commerce avec les possessions et colonies portugaises à l'Est et avec la métropole en Europe furent ainsi posés. Mais ce qui est plus intéressant et plus important que ces premiers échanges commerciaux, c'est le fait que le christianisme dut sa première introduction au Japon grâce à l'entreprise portugaise.

Sept ans après l'arrivée de ces commerçants involontaires, qui avaient répandu la nouvelle de l'étrange pays qu'ils avaient découvert, un des nombreux navires de commerce portugais ainsi attirés vers le Japon débarqua à Kagoshima, capitale de la province de Satsuma, trois missionnaires : Xavier, Torres et Fernández. Désormais, jusqu'à la fermeture du pays à tous sauf aux Chinois et aux Hollandais, ce fut la propagation de la foi chrétienne, et non le progrès du commerce, qui fut le facteur important dans les relations extérieures du Japon.

L'arrivée des premiers missionnaires eut lieu à un moment où le désordre généralisé qui marqua les dernières années de l'administration Ashikaga était à son paroxysme. Bien que Nobunaga acquière rapidement une position dominante, la nation n'a pas encore senti tout le poids de la main qui, vingt ans plus tard, allait faire les premiers pas vers la pacification du pays. La confusion des affaires favorisa la propagation de la nouvelle religion, l'opposition présentée par certains des principaux daimōs , tels que les princes de Satsuma et de Chōshiū , étant contrebalancée par l'empressement des autres à profiter du commerce extérieur qui accompagnait les missionnaires ; tandis que l'hostilité bouddhiste perdit une grande partie de son aiguillon après que le pouvoir du sacerdoce militant eut été paralysé par Nobunaga.

Le successeur de ce dernier, Hidéyoshi , que les Japonais considèrent comme leur plus grand génie militaire, ne partageait ni sa sympathie pour le christianisme ni son aversion pour le bouddhisme. Il semblait indifférent aux questions de religion , son seul but étant apparemment de se rendre maître du Japon. Au cours d'une série de campagnes menées dans différentes régions du pays, il vainquit la résistance des chefs féodaux les uns après les autres, le dernier à se soumettre à son autorité étant le Daimiō de Satsuma. Son ascendant a privé le christianisme de l'avantage qu'il tirait auparavant de la situation instable du pays. Son objectif atteint, Hidéyoshi changea brusquement d'attitude et publia en 1587 un édit contre le christianisme. À la suite de cet édit, les missionnaires furent expulsés de la capitale et l'église chrétienne y fut démolie. Bien que la persécution des chrétiens date de cette époque, elle n'a pas été poursuivie au début avec beaucoup d'énergie. Hidéyoshi était sans doute conscient du lien entre le christianisme et le commerce extérieur et, dans son désir de tirer profit de ce dernier, se contentait de ne pas pousser les choses aux extrémités. Il se peut aussi qu'il y ait une part de vérité dans la suggestion des co-auteurs de *A History of Japan* (1542-1561) selon laquelle il n'était pas disposé à encourir le ressentiment des nombreux daimōs du sud du Japon qui avaient accueilli favorablement la nouvelle religion. Quoi qu'il en soit, les premières étapes de la persécution n'ont apparemment pas affecté très sérieusement l'activité missionnaire. Nous n'entendons pas parler d'une diminution du nombre des convertis, qui aurait atteint à cette époque un peu moins d'un million.

Pendant près d'un demi-siècle, les Jésuites eurent pour eux seuls le champ de l'entreprise missionnaire au Japon. C'est à ce fait que l'on doit en grande partie la diffusion de la nouvelle religion. En 1591, cependant, la situation fut modifiée par l'arrivée de membres d'autres ordres religieux, venus à la suite d'un ambassadeur espagnol des Philippines. Cette intrusion – qui reçut plus tard la sanction formelle du Pape – fut ressentie par les Jésuites ; et la position de l'Église chrétienne, déjà affaiblie par les persécutions, ne fut pas améliorée par les querelles qui éclatèrent bientôt entre elle et les nouveaux venus. Quelle aurait été l'issue de ce changement de situation, si l'attention d'Hidéyoshi n'avait pas été dirigée ailleurs, il est impossible de le dire. Mais à ce moment-là, son ambition trouva un nouveau débouché. Désormais suprême chez lui, il conçut l'idée de conquérir une nouvelle gloire par des conquêtes à l'étranger. Dans ce but, il entreprit une invasion de la Corée, avec l'intention d'étendre à terme ses opérations à la Chine. Son prétexte, dit-on, pour envahir la péninsule voisine , comme celui de Kublai Khan dans le cas du Japon, était que la Corée avait refusé ou négligé d'envoyer les missions périodiques habituelles. Selon une autre version, peut-être plus exacte, il exigeait que la Corée l'assiste dans l'invasion de la Chine de la même manière qu'elle avait aidé les Mongols dans leur invasion du Japon deux siècles auparavant, une demande qui, dit-on, était refusé avec mépris.

La campagne de Corée, au cours de laquelle un daimō chrétien — Konishi , propriétaire d'un vaste fief dans la province de Higo — se distingua grandement, débuta au printemps 1592, le dernier engagement terrestre ayant lieu à l'automne 1598. La guerre dura ainsi près de sept ans. Les préparatifs effectués par Hidéyoshi étaient à grande échelle. L'armée d'invasion comptait, si l'on se fie aux statistiques de l'époque, près de 200 000 combattants. Comme des renforts étaient envoyés de temps à autre du Japon, le nombre des troupes employées du début à la fin au cours de la guerre a dû atteindre un total très élevé. Hidéyoshi ne dirigeait pas son armée en personne, mais dirigeait le plan général des opérations depuis le Japon. Les Japonais réussirent d'abord sur terre partout, mais sur mer ils rencontrèrent de sérieux revers. Les Coréens furent chassés de leur capitale et les envahisseurs envahirent plus de la moitié du pays. Mais ensuite, l'empereur de Chine intervint dans la lutte. Les armées chinoises entrèrent en Corée et le vent de la victoire se retourna contre le Japon. Le retrait des envahisseurs vers la côte fut suivi d'ouvertures de paix, qui aboutirent à la suspension des hostilités en 1594. Mais les négociations, auxquelles la Chine prit une part prépondérante, échouèrent et trois ans plus tard une seconde armée japonaise débarqua Corée. A cette occasion, les forces japonaises rencontrèrent une résistance plus obstinée. Les armées chinoises vinrent à nouveau au secours de la Corée et, à la mort de Hidéyoshi en 1598, le gouvernement japonais n'était que trop disposé à faire la paix. Les résultats de la guerre pour la Corée furent désastreux. La dévastation complète opérée partout où les armées japonaises avaient pénétré a laissé des traces qui n'ont jamais été entièrement effacées. Le Japon n'est pas non plus sorti de la lutte avec le moindre profit. Lorsque les comptes finaux furent équilibrés, tout ce qu'elle avait à montrer pour ses dépenses somptueuses en vies humaines et en argent était l'établissement au Japon d'une colonie de potiers coréens, qui furent les premiers à fabriquer la célèbre faïence de Satsuma, et le privilège douteux de conserver un petit poste commercial à l'extrémité sud de la péninsule coréenne.

Pendant quelques années, après la fin de la guerre de Corée par la mort de Hidéyoshi , la position de l'Église chrétienne n'a guère changé. Ce n'est qu'en 1614, alors qu'une nouvelle lignée de shoguns dirigeait le pays, que des mesures rigoureuses furent adoptées contre la nouvelle religion. L'édit qui parut alors ordonna l'expulsion immédiate de tous les missionnaires, et sa publication fut suivie d'une violente flambée de persécution dans toutes les régions du Japon où se trouvaient des convertis ou des missionnaires.

La preuve de l'état contradictoire des choses qui existait alors est fournie par le fait que cette même année une ambassade auprès du pape et auprès du roi d'Espagne fut envoyée par le japonais Daimiō de Sendai, dont le fief était au nord-est du Japon .

Entre-temps, en 1609, des commerçants hollandais s'étaient établis sur l'île de Hirado , où ils furent rejoints quatre ans plus tard par des commerçants anglais représentant la Compagnie des Indes orientales. Celle-ci n'avait pas les ressources nécessaires pour une entreprise aussi lointaine, et la marine anglaise n'était pas non plus assez forte pour soutenir l'entreprise de la Compagnie contre les Hollandais, qui arrachaient alors aux Portugais la suprématie dans les eaux orientales. Au bout de dix ans, la station commerciale fut donc abandonnée.

La persécution des chrétiens s'est poursuivie avec une intensité variable pendant plus de vingt ans, culminant avec l'insurrection de Shimabara en 1638. Avec la répression sanglante de ce soulèvement, due autant à une mauvaise gouvernance locale qu'à des causes religieuses, le rideau tombe sur les débuts de l'histoire du christianisme. au Japon. Deux ans plus tôt, en 1636, un édit du troisième Shōgun , Iyémitsu , interdisait à tous les Japonais d'aller à l'étranger, réduisait le tonnage des navires indigènes afin de les rendre impropres aux voyages océaniques et fermait le pays à tous les étrangers à l'exception des Chinois. et le néerlandais. Les Portugais furent les plus touchés par cette mesure, car les Anglais avaient abandonné leur entreprise commerciale à Hirado en 1623, et l'année suivante la rupture des relations avec l'Espagne avait mis fin à la résidence des sujets espagnols, justifiant ainsi l'avertissement de Xavier selon lequel les Le roi d'Espagne devrait faire attention à la façon dont il interfère avec le Japon, au cas où il se brûlerait les doigts. Les Néerlandais devaient avoir échappé à l'expulsion au fait que les Japonais ne les considéraient pas du tout comme des chrétiens, en raison de leur hostilité ouvertement exprimée à l'égard du christianisme professé par les missionnaires. Dans aucun des cas, le sort des deux nationalités favorisées n'était enviable. En 1641, les Néerlandais furent expulsés de Hirado et internés à Déshima , un quartier insulaire artificiel de la ville de Nagasaki ; et une cinquantaine d'années plus tard, les Chinois, qui faisaient du commerce dans ce port en toute liberté depuis une date incertaine, furent enfermés dans une enceinte proche de l'établissement hollandais. Ici, payant cher, en tant que prisonniers d'État, les privilèges commerciaux dont ils bénéficiaient, ces commerçants exercèrent un commerce précaire et progressivement en déclin jusqu'à ce que le Japon s'ouvre pour la deuxième fois aux relations étrangères au milieu du XIXe siècle.

CHAPITRE III Les
Shōguns Tokugawa — Consolidation de la duarchie .

Le règne de Hidéyoshi fut suivi par celui d'une nouvelle lignée de Shōguns . Les circonstances dans lesquelles il a été créé sont bien connues. A la mort de Hidéyoshi en 1598 le gouvernement du pays fut, pendant la minorité de son fils Hidéyori , confié à cinq nobles féodaux qui faisaient office de régents. Parmi ceux-ci, le plus important était Tokugawa Iyéyasu , qui avait épousé la fille de Hidéyoshi et dont les territoires féodaux comprenaient les huit provinces à l'est de l'île principale connue sous le nom de Kwantō . Des disputes éclatèrent bientôt entre les régents, et un appel aux armes aboutit à la victoire décisive d' Iyéyasu à Séki -ga-hara, près du lac Biwa. C'était en octobre 1600. En 1603, il fut nommé Shōgun , et douze ans plus tard, la mort, dans ce qu'on appelle la campagne d'été d'Ōsaka, de Hidéyori , le seul personnage capable de contester sa suprématie, le laissa sans rival dangereux. Désormais, pour la première fois dans l'histoire du Japon, l'autorité du shogunat s'étendait sur tout le Japon. Le prestige du dirigeant précédent avait été tout aussi grand et sa réputation dans ce domaine plus élevée, mais il n'était pas, comme son successeur, de la souche Minamoto et il ne pouvait pas non plus retracer sa descendance d'un empereur ; il y avait des régions reculées du pays où son influence n'avait pas pénétré, des endroits isolés où son mandat n'avait jamais été diffusé. En fondant une nouvelle lignée de Shōguns, le nouveau dirigeant avait d'autres circonstances en sa faveur . Le pays était fatigué de la guerre civile et épuisé ; la puissance de combat et les ressources des chefs turbulents avaient été affaiblies par des hostilités prolongées ; et une grande partie du travail de pacification avait déjà été accomplie.

Bien que le shogunat Tokugawa soit, dans ses grandes lignes, la répétition d'un gouvernement qui avait existé auparavant, il différait sur certains aspects importants des administrations précédentes.

Le troisième Shōgun , le dirigeant responsable de la fermeture du pays, mit la touche finale au nouveau système de gouvernement ; mais elle doit davantage au génie de son grand-père, le fondateur de la lignée, qui la conçoit, en supervise le fonctionnement et laisse des instructions posthumes, connues sous le nom de « Cent Articles », pour en assurer le respect par ses successeurs. Les écrivains japonais s'accordent pour affirmer que « Les Cent Articles » donnent une idée générale du système de gouvernement établi par Iyéyasu . Mais c'est une idée très générale, un simple aperçu des choses, que nous pouvons ainsi glaner. Pour compléter les détails du tableau, il est nécessaire de faire appel à d'autres sources d'information.

La différence entre le règne d' Iyéyasu et celui des shoguns précédents résidait dans la soumission plus complète de la cour impériale, dans l'étendue plus large de son autorité, qui dépassait celle de ses deux prédécesseurs immédiats, et dans le caractère hautement organisé et stable du gouvernement. l'administration qu'il a établie. Les changements qu'il a apportés au gouvernement du pays peuvent être commodément considérés sous les rubriques suivantes, en gardant à l'esprit qu'ils étaient l'œuvre de plusieurs années et que beaucoup ont été faits après son abdication précoce en 1605, alors qu'il gouvernait le pays. pays, au nom de son fils, le deuxième Shōgun :—

1.

Redistribution des territoires féodaux.

2.

Position de noblesse féodale.

3.

Réorganisation de l'administration centrale.

4.

Relations entre la Cour et le Shōgunat , et entre la Cour et les nobles de la Cour et la noblesse féodale.

1. Le nouveau Shōgun , en établissant son règne, suivit l'exemple de ses prédécesseurs. Les cartes qui donnent la répartition des territoires féodaux avant et après l'année 1600, puis après la chute d'Ōsaka en 1615, montrent le caractère radical des changements qu'il a opéré à ces deux occasions. En raison de ces changements, les fiefs les plus étendus au début du règne des Tokugawa étaient ceux détenus par les trois maisons Tokugawa dans les provinces de Kii , Owari et Hitachi (Mito), auxquels peuvent s'ajouter ceux en possession des Daimiōs . de Satsuma, Hizen , Chōshiū , Aki, Tosa , Kaga , Échizen , Sendai et Mutsu.

2. Avant la création du Shōgunat Tokugawa , les nobles féodaux étaient divisés en trois classes : seigneurs de provinces, seigneurs de territoires et seigneurs de châteaux. Dans l'organisation de la noblesse féodale, telle que remodelée par Iyéyasu , cette ancienne division fut conservée, mais il créa les trois Maisons princières d' Owari , Kii et Mito (Hitachi), appelées collectivement les *Gosanké* , et les plaça à la tête de la nouvelle ordre de préséance. C'est parmi les deux premières maisons mentionnées, ainsi que les *Gosankiō* , un groupe familial d'institution ultérieure, que, à défaut d'héritier direct, les Shōguns suivants furent choisis. C'est au représentant de la troisième Maison – celle de Mito – que fut attribué le poste de conseiller du

Shōgunat , et il était censé avoir une voix déterminante dans la sélection d'un nouveau Shōgun lorsque cela devenait nécessaire. Un autre changement important fut la séparation de la noblesse féodale en deux grandes classes : les *Fudai* . les daimiōs , ou vassaux héréditaires, qui s'étaient soumis au nouveau dirigeant avant la chute d'Ōsaka, et les *Tozama* Daimiōs , qui avait reconnu sa suprématie plus tard. Les premières avaient seules le privilège d'être employées dans les conseils d'État et dans les postes administratifs supérieurs. Deux nouveaux groupes féodaux firent également leur apparition : les *Hatamoto* , ou Bannermen, qui occupaient les postes administratifs les moins importants, en plus de fournir le personnel des divers départements de l'État, et dont les fiefs rivalisaient dans certains cas en étendue avec ceux des petits daimiōs ; et les *Gokénin* , sorte de noblesse terrienne.

Le nouveau souverain fit également pleinement usage de la coutume de retenir les otages des feudataires comme garantie de loyauté, une pratique étendue sous les deuxième et troisième Shōguns dans le système connu sous le nom de *San-kin Kō -tai* . Celui-ci prévoyait la résidence des daimōs une année sur deux à Yedo et dans leurs fiefs, certains membres de leurs familles étant détenus en permanence dans la capitale Tokugawa, qui devait son choix comme siège du gouvernement à sa situation favorable au commerce de l'époque à le fond de la baie du même nom. En outre , le système de services de l'État (*Kokuyéki*), auquel étaient soumis tous les daimōs , était une riche source de revenus pour le Shōgunat , tout en renforçant l'autorité du gouvernement de Yedo . Par ces expédients et par l'encouragement de l'ostentation sous toutes ses formes, les nobles féodaux étaient maintenus dans une stricte soumission, la ponction constante de leurs finances leur rendant difficile d'échapper à un état d'impécuniosité. Les dépenses liées à leurs voyages annuels vers et depuis la capitale constituaient à elles seules une lourde taxe sur leurs ressources et furent la principale cause de la détresse financière qui existait plus tard chez de nombreux daimiats . Une preuve supplémentaire et tout à fait indépendante de la suprématie incontestée du nouveau Shōgun est fournie par l'attribution de son premier nom de famille de Matsudaira non seulement à tous les chefs de familles féodales liées à la sienne, mais à de nombreux seigneurs de province. Parmi les autres bénéficiaires de ce privilège douteux – qui scellait la soumission de la noblesse féodale – figuraient les daimiōs de Satsuma, Chōshiū , Hizen , Tosa et Awa, dont les serviteurs prirent une part importante dans la Restauration de 1868-1869. Dans ces derniers cas, cependant, les anciens noms de famille étaient utilisés en alternance avec les nouvelles désignations.

3. Les principales caractéristiques de l'administration Tokugawa, telles qu'établies par son fondateur et modifiées par ses successeurs immédiats, sont restées pratiquement inchangées pendant deux siècles et demi. Sa forme était une bureaucratie centralisée basée sur la féodalité. La direction générale

des affaires était entre les mains d'un Conseil d'État supérieur et inférieur, dont les membres étaient choisis parmi *Fudai* . des daimiōs de distinction variable. Il existait généralement un cercle restreint d'hommes d'État, qui détenaient à la fois l'initiative et la décision, tandis que les rangs inférieurs des fonctionnaires étaient recrutés principalement parmi les *Hatamoto* . Les décisions sur les questions d'État graves en cas d'urgence étaient renvoyées, lorsque cela était nécessaire, aux *Gosanké* et à d'autres daimōs de premier plan , dont la participation à ces délibérations était cependant souvent plus nominale que réelle. Les *Jisha-bugiō* , ou surintendants des temples bouddhistes et shintō , jouèrent également un rôle de premier plan dans l'administration . Malgré la connotation religieuse de leurs titres, ces hauts fonctionnaires avaient une voix importante dans les affaires de l'État de toutes sortes. Il y avait aussi le *Hiō-jō-sho* . Il s'agissait d'une institution ressemblant à celle créée à l'origine par les Shoguns de Kamakura . Créée à une époque où aucune distinction claire n'existait entre les matières exécutive et judiciaire, elle semble avoir combiné les fonctions d'un Conseil administratif suprême et d'une Cour supérieure de justice. Il connaissait toutes sortes de questions, tant exécutives que judiciaires, et, sous ce dernier chapitre, des affaires civiles et pénales, qui étaient tranchées par un bureau spécial connu sous le nom de Ketsudan-sho, ou Cour des *décisions* . Les questions soumises à ce Conseil allaient des différends concernant la terre, l'agriculture et la fiscalité aux questions concernant les limites des fiefs et des provinces ; des plaintes contre la conduite de la noblesse féodale et des fonctionnaires du Shōgunat aux appels contre les décisions des autorités locales. Les membres du Conseil d'État avaient le droit d'assister aux séances du Conseil, étant encouragés à effectuer des visites surprises afin d'assurer le rendu d'une justice impartiale ; et pour la même raison, apparemment, dans les premiers jours du Shōgunat , la présence du Shōgun lui-même n'était pas inhabituelle. Un conseil similaire à Ōsaka s'occupait des questions qui lui étaient soumises par les provinces à l'ouest de Kiōto et des appels contre les décisions des autorités locales dans les districts en question.

L'administration provinciale variait selon la localité concernée. Ce qui était connu sous le nom de domaines du Shōgun – s'étendant sur près d'un tiers de la superficie totale du pays – était administré par des gouverneurs (*Daikwan*) nommés par le Shōgunate , ce système prévalant également dans de nombreux Fudai . des daimiates et dans certaines villes côtières. Les territoires féodaux du reste du pays, à l'exception mentionnée, étaient gouvernés par les dirigeants du clan. Une supervision générale des affaires dans tout le pays était également exercée par une classe spéciale de fonctionnaires appelés *Métsuké* . Leurs fonctions variées comprenaient celles d'inspecteurs itinérants et de juges de circuit ; ils furent nommés pour enquêter sur l'administration des territoires féodaux ; et ils étaient fréquemment employés comme adjoints ou assistants des gouverneurs, délégués et commissaires, lorsque leur devoir était de surveiller et de rendre compte de la conduite de leurs supérieurs. D'où leur description comme espions par les écrivains étrangers sur le Japon, description qui était souvent exacte. Le système de gouvernement local était basé sur des groupes de cinq ménages, ou familles, chacun sous la direction d'un chef, et était le développement d'une forme antérieure de gouvernement tribal ou patriarcal introduit de Chine à l'époque de la Grande Réforme. Le chef de chaque groupe était soumis, dans les villes, au contrôle de l'échevin principal du quartier et, dans les villages, à celui du maire. Les fonctions de ces fonctionnaires locaux, dont les charges étaient souvent héréditaires, étaient de faire connaître les ordres du gouvernement central, ou des autorités féodales, selon le cas, d'administrer la justice et de percevoir les impôts.

Une caractéristique notable de l'administration Tokugawa était la duplication des bureaux. En cela, une ressemblance peut être attribuée à des coutumes similaires dans d'autres pays orientaux tels que le Tibet, le Siam et le Népal, la tendance qui a inspiré cette pratique étant peut-être l'une des causes de la partialité de la nation pour un double gouvernement. L'emploi de *Métsuké* dans de nombreux cas comme fonctionnaires supplémentaires a déjà été mentionné. La coutume était répandue, s'étendant à tous les grades de la classe officielle, et survécut à Loochoo jusqu'à l'annexion de cette principauté en 1879. Une curieuse preuve de sa prévalence fut fournie lors de la négociation par la Grande-Bretagne du traité de 1858. Frappés par le double titre du négociateur britannique, Lord Elgin et Kincardine , et arguant de leurs propres méthodes de procédure, les responsables japonais conclurent que deux envoyés avaient été envoyés, et comme, au cours des négociations, aucun deuxième envoyé ne se présenta, ils en ont profité pour s'enquérir de la disparition de Kincardine .

4. Dans ses relations avec la cour impériale de Kiōto , le nouveau Shōgun se contenta, en ce qui concerne les formalités extérieures, de suivre l'exemple des administrations précédentes, introduisant néanmoins, sous couvert de conformité avec l'ancien usage, de nombreux changements importants. Les vides dignités de la Cour furent maintenues avec une certaine augmentation de l'étiquette cérémonielle, mais sans le faste qui avait réconcilié le trône avec le règne de son prédécesseur. Il prenait en même temps soin de réduire les vestiges de l'autorité impériale qui restaient encore. Les mesures prises à cet effet comprenaient la nomination d'un résident (*Soshidai*) à Kiōto et d'un gouverneur (*Jōdai*) à Ōsaka ; la détention de l'empereur régnant et des ex-monarques cloîtrés (ou des ex-monarques, car il n'était pas rare que plusieurs souverains abdiqués en même temps) dans leurs palais ; et la cessation des « progrès » impériaux – le nom donné aux visites impériales dans les sanctuaires ; l'isolement de la Cour par l'interdiction faite aux seigneurs féodaux de visiter la capitale, même les visites touristiques ne leur étant

permises que dans certaines limites déterminées, et à condition de demander une autorisation à cet effet ; l'isolement des *Kugé*, ou noblesse de cour, par l'interdiction des mariages et de toutes transactions monétaires entre eux et les familles féodales ; et la réorganisation de l'établissement officiel de la Cour, afin de la placer plus complètement sous le contrôle du Shōgunat. Iyéyasu organisa également les fiançailles de sa petite-fille avec l'héritier présomptif, une alliance non sans précédent dans le passé, et il imposa une surveillance plus stricte sur la maison impériale, les mouvements des dames de la cour et la routine quotidienne du palais.

La lecture de la « Loi de la Cour et du Shogunat » peut donner une idée de la condition de servitude à laquelle le trône était réduit et de la position arrogante assumée par le nouveau souverain. Loi de la Cour Impériale » et les « Cent Articles » jettent quelques éclaircissements sur le nouvel ordre des choses. L'une des dispositions de la loi en question a transféré de la Cour au Shōgunat la protection du trône contre les mauvais esprits en abolissant le *Riōbu, établi de longue date. processions shintō* dans la capitale, et en reconnaissant formellement la divinité shintō, de qui était censée émaner cette protection, comme divinité tutélaire de la famille Tokugawa. Le Shōgun fut ainsi chargé de la tutelle spirituelle du trône, protection matérielle sur laquelle il exerçait déjà en sa qualité de dirigeant militaire suprême.

Bien que rien de la substance du pouvoir ne soit laissé à la Couronne, le simple fait que l'autorité soit exercée en son nom conduit à de nombreuses frictions dans les relations entre Kiōto et Yedo et crée une atmosphère imaginaire dans laquelle tout bouge. La Couronne conservait toujours le privilège nominal de conférer les titres de cour très convoités. Son approbation nominale était également nécessaire à l'investiture d'un nouveau Shōgun, ainsi qu'à d'autres mesures d'État importantes. Il revendiquait en outre le droit d'être consulté sur les cérémonies de toute sorte, sur les questions de mariage, d'adoption, d'abdication et de succession. Naturellement, le grand nombre de questions appelant à la discussion entre la cour du Mikado de la capitale et le gouvernement de Yedo donna lieu à une volumineuse correspondance, dont l'importance officielle fut cependant diminuée par la présence du résident du Shōgun à Kiōto. Dans les relations officielles singulières rapportées dans cette correspondance, il y a la preuve d'une politique bien établie de la part du Shōgunat visant à détourner l'attention du trône des affaires sérieuses et à le maintenir occupé par les détails de cérémoniaux compliqués et, d'un autre côté, de tentatives constantes, quoique infructueuses, de la part de la Cour pour empiéter sur ce qui était devenu les prérogatives du Shōgun.

Un ou deux exemples, pris au hasard dans l'histoire de la période Tokugawa, illustreront comment le double système de gouvernement fonctionnait dans la pratique ; quel peu de latitude restait au trône, même dans les questions qui pouvaient être considérées comme relevant de son contrôle direct ; et comment, chaque fois que des frictions survenaient, le Shōgunat suivait invariablement sa propre voie.

La première épreuve de force entre Kiōto et Yedo eut lieu peu après la mort d'Iyéyasu , lorsque son fils Hidétada était Shōgun . Les troubles provenaient de quelques irrégularités survenues dans la maison impériale. L'administration Tokugawa en était encore à ses balbutiements et les nobles de la cour se montraient disposés à contester son autorité, certains d'entre eux étant assez indiscrets pour parler des autorités d'Edo comme de barbares orientaux. Le Shōgun adopta une attitude autoritaire. Il menaça de rompre le mariage entre sa fille et l' empereur , qui avait déjà reçu la sanction impériale, et il alla jusqu'à laisser entendre que l'empereur pourrait être obligé d'abdiquer. Son attitude a eu l'effet escompté. La Cour s'empressa de reconnaître son tort, et l'affaire se termina par le bannissement de trois nobles de la Cour.

Une autre querelle, plus sérieuse, survint peu de temps après sous le règne du même empereur et sous le règne du troisième Shōgun , à qui sont généralement attribuées bon nombre des interpolations ultérieures dans les premières lois Tokugawa. La cause du différend était une question triviale : la promotion par l' empereur , irrégulièrement comme le prétendait le shogunat , de certains membres du clergé bouddhiste lié à la cour. Cette fois, la fin a été sérieuse. L' empereur , mortifié par ce qu'il considérait comme une ingérence vexatoire dans son autorité, renonça à la dignité impériale et fut remplacé sur le trône par sa fille, l'enfant de la princesse Tokugawa déjà mentionnée.

Un troisième exemple, qui convient à notre propos, est typique des complications causées tant dans la question de la succession au trône que dans la nomination aux fonctions de Shōgun, par la difficulté de concilier la coutume de l'adoption avec les exigences de la piété filiale. comme le prévoit la doctrine confucéenne. Nous sommes à la fin du XVIIIe siècle. Il y avait alors un garçon-empereur âgé de huit ans et un garçon- shogun de quelques années plus âgé. Chacun avait été adopté par son prédécesseur, qui dans chaque cas était décédé peu de temps après, la succession du jeune empereur au trône étant antérieure d'environ six ans à la nomination du jeune shogun . Il fallut nommer un tuteur pour le jeune Shōgun , et certains membres du ministère de Yedo souhaitèrent nommer à ce poste le père, qui appartenait à la branche Hitotsubashi de la famille Tokugawa. Cette démarche reçut le soutien du garçon- Shōgun qui, pour montrer son respect filial, souhaita installer son père avec le titre d'ex- Shogun (Taigiōsho) dans le palais de Yedo réservé à l' héritier du Shōgun . Les autres ministres s'opposèrent à cette proposition, estimant qu'elle allait à l'encontre d'un précédent et qu'elle troublerait la moralité publique, dans laquelle les convenances cérémonielles jouaient, comme nous le savons, un rôle si important. Dans le cas où l'adoptant décédait du vivant du père réel — ce qui, dans ce cas, se produisait effectivement — ce dernier pourrait, disait-on, prétendre à être reçu à sa place dans la famille adoptive, éventualité qui conduirait à désagréments et confusion. Pendant que le conflit se poursuivait, les choses furent compliquées par la réception d'une demande similaire de la part du jeune empereur de Kiōto , qui souhaitait que son père puisse être honoré en recevant le titre d'ex-empereur. Il y avait des précédents pour la faveur demandée dans ce dernier cas, et elle aurait probablement été accordée si le gouvernement n'avait pas estimé que la concession affaiblirait sa position à l'égard du jeune Shōgun . Les deux demandes ont donc été refusées ; sur quoi des scènes orageuses, nous dit-on, se produisirent au palais de Yedo , au cours desquelles le Shōgun tira son épée sur l'un des conseillers incriminés , et une correspondance furieuse se poursuivit pendant deux ou trois ans entre Kiōto et Yedo . En fin de compte, aucune de ces demandes ne fut accordée, et les ministres dont les conseils l'emportèrent eurent au moins la satisfaction de sentir que le danger redouté pour la moralité publique avait été écarté.

Avant de terminer ce chapitre , il convient de s'arrêter un instant sur deux points : les termes utilisés pour désigner le souverain au Japon et les titres de daimōs .

Que l'impersonnalité qui enveloppe tout ce qui est japonais, à laquelle nous avons déjà fait référence, se manifeste dans les termes utilisés pour désigner le Souverain, cela n'a rien d'étonnant. Il n'est pas non plus étrange que ces expressions incluent des expressions telles que « le palais », « l'intérieur du palais » et « la maison », car on parle communément des souverains de cette manière, l'habitude ayant son origine dans le respect. Ce qui est curieux, c'est que dans le cas d'un souverain vénéré dès l'origine comme un Dieu, et si étroitement associé à la foi indigène, les termes par lesquels il est connu de ses sujets soient, à une exception près, empruntés à la Chine, et que cette seule exception, le nom « Mikado », qui signifie « Porte Honorable », devrait être le terme le moins utilisé.

Les titres portés par la noblesse féodale étaient de deux sortes : les titres territoriaux et les titres officiels conférés par la Cour. Le titre territorial d'un daimiō consistait à l'origine du mot *Kami* joint au nom de la province dans laquelle se trouvaient ses territoires. Le titre de daimō faisait donc au début une référence directe à la province dans laquelle était situé son fief. Au fil du temps, cependant, bien que ce titre territorial soit resté d'usage général, il ne s'ensuit en aucun cas qu'il y ait un lien entre la province particulière mentionnée et le territoire réellement possédé par un daimō . Ce changement dans la signification du titre était dû à plusieurs causes : au partage entre plusieurs daimōs des terres initialement détenues par un seul individu, au déplacement d'un daimō vers un autre fief, sur lequel il portait souvent son ancien titre, et au la formation de maisons de cadets, qui conservaient parfois le titre de branche supérieure. La multiplication de titres similaires entraîna beaucoup de confusion, et dans les derniers jours du Shōgunat , pour remédier à cet inconvénient, un daimio nommé au Conseil d'État fut obligé de changer de titre, s'il était déjà porté par un membre plus âgé.

L'histoire des autres titres, ou officiels, est la suivante. Lorsque le gouvernement du pays passa des mains des *Kugé* ou nobles de la Cour à celles de la classe militaire, les postes officiels précédemment occupés par les premiers furent occupés par des membres de la noblesse féodale, qui assumèrent en conséquence les titres officiels attachés à la classe militaire. ces messages. Au fil du temps, à mesure que se produisaient des changements successifs dans les détails de l'administration, les fonctions de ces postes devinrent purement nominales, jusqu'à ce qu'enfin les titres, dont certains étaient devenus héréditaires, en vinrent à n'être que des distinctions honorables , n'ayant aucun rapport avec le métier. l'exercice de fonctions officielles. Il y avait à l'époque d'Iyéyasu une soixantaine de ces titres officiels, qui étaient, nominalement, offerts par la Couronne. Jusqu'à la fin du shogunat, il y eut une forte concurrence pour ces titres, qui furent la cause d'intrigues constantes entre la cour impériale et le gouvernement de Yedo .

CHAPITRE IV
Conditions politiques—Réouverture du Japon aux relations étrangères—Conclusion de traités—Dégradation du Shōgunat .

Une grande place a été accordée dans le chapitre précédent à la période d'administration des Tokugawa. Aucune excuse n'est due au lecteur pour cela. La période en question, dont la nation se souvient avec reconnaissance comme l'ère de la Grande Paix, est la plus importante de l'histoire du Japon. Cette importance, il la doit à sa longue durée ; au caractère singulier de son gouvernement – une bureaucratie centralisée et autocratique parfumée de féodalité ; aux progrès qui ont eu lieu dans la littérature, l'art et l'industrie ; au fait qu'il s'agit du prédécesseur immédiat de ce que l'on appelle l'ère Meiji, le règne du défunt empereur, qui a commencé en 1868 ; et, par conséquent, au fait que le peuple japonais, tel que nous le voyons aujourd'hui, est le produit de cette période plus que de toute autre. Avant de quitter le sujet, il serait peut-être utile d'expliquer très brièvement quel type de système féodal constituait, pour ainsi dire, la base du gouvernement Tokugawa, car un de ses traits survit encore.

Dans son *Histoire de la civilisation de l'Europe* , Guizot avance au nom de la féodalité l'affirmation selon laquelle elle constitue une étape essentielle dans l'évolution des nations. Elle a certainement joué un rôle très notable dans le développement du Japon, depuis la fin du XIIe siècle jusqu'au milieu du XIXe siècle, soit une période de plus de sept cents ans. L'auteur et homme d'État français en question aurait cependant pu être surpris s'il avait su qu'une caractéristique de la féodalité japonaise survivrait à son abolition, et cette caractéristique n'est pas connue sur le continent européen.

Même si, dans son caractère général, la féodalité japonaise ressemblait aux systèmes féodaux qui prévalaient à diverses époques dans les pays continentaux d'Europe, sur un point (la situation de la population habitant les fiefs), elle se rapprochait davantage du type clanique de la féodalité écossaise ; avec cette distinction importante, cependant, que, alors que le clan écossais était une organisation familiale ou tribale, la base du clan japonais était purement territoriale, les membres du clan n'étant liés par aucun lien familial. Le mot japonais *Han* (emprunté à la Chine), dont la traduction anglaise habituelle est « clan », ne fait pas, dans son sens féodal, désigner le territoire inclus dans un fief, mais les personnes qui l'habitent. Dans une époque instable, qui était la règle et non l'exception avant le milieu du XVIe siècle, la carte du Japon féodal était en constante évolution. La superficie d'un fief s'agrandit ou se contracte selon la fortune militaire du daimiō concerné ; et parfois le fief et le propriétaire féodal disparaissaient complètement. Dans les modifications ainsi apportées de temps à autre à la carte féodale, aucune considération n'a été accordée aux limites naturelles. Le fief d'un daimō , ou, en d'autres termes, les territoires d'un clan, peuvent être constitués de la totalité ou d'une partie seulement d'une province, de portions de deux ou trois provinces, voire de plusieurs provinces entières, comme dans le cas du fondateur. de la lignée des Shōguns Tokugawa et, à une certaine époque, de Mōri , « le seigneur des dix provinces ». Autrefois, le mot « clan » (*Han*) était peu utilisé, la personnalité du daimō du fief étant la considération principale. Cependant, à mesure que les conditions se stabilisent, sous l'influence pacifique des shoguns Tokugawa , les limites des fiefs deviennent plus fixes et permanentes. En raison également de ces conditions peu belliqueuses et de la propagation dans les cercles féodaux de l'atmosphère corrompue et efféminée de la cour impériale, la personnalité d'un daimō comptait moins, tandis que le terme « clan » devint progressivement plus communément utilisé. employé pour exprimer l'idée d'une communauté féodale distincte, unie uniquement par des associations territoriales. Ceux-ci agissaient comme le font partout les liens provinciaux, mais là où les frontières féodales et provinciales étaient les mêmes, le lien unissant la population d'un fief était naturellement plus fort qu'ailleurs. Une certaine idée de ce qu'était réellement le clan au Japon est nécessaire pour comprendre comment l'esprit de clan a dû survivre à la mort de la féodalité, et comment il se fait que le Japon d'aujourd'hui, plus d'un demi-siècle après son abolition, devrait être gouverné par ce que les Japonais eux-mêmes appellent un gouvernement de clan (*Hambatsu Séifu*).

Nous arrivons maintenant à un nouveau chapitre de l'histoire du Japon : la réouverture du pays aux relations étrangères. A la fin du drame qui se termina par l'expulsion ou la mort de tous les missionnaires et de leurs convertis, les Hollandais et les Chinois étaient, comme nous l'avons vu, les seuls étrangers autorisés à commercer avec le Japon, la raison étant que ni l'un ni l'autre, à ce jour, les Japonais pouvaient juger, avaient un quelconque lien avec le christianisme ou avec les missionnaires. C'était vers le milieu du XVIIe siècle. Les choses restèrent dans cet état jusqu'au début du XIXe siècle, époque à laquelle le commerce exercé par les commerçants des deux nationalités privilégiées avait diminué dans des proportions très faibles. Au cours des cinquante dernières années de ce commerce, des changements pleins de sens pour le Japon, pour le continent asiatique et pour le monde en général se sont produits. La Russie étendait sa sphère d'activité en Sibérie et menaçait de devenir un voisin intrusif à Saghalin et dans les Kouriles. Les baleiniers américains avaient découvert un champ d'activité lucratif dans la mer d'Okhotsk, tandis que, plus au sud, les équipes de débarquement de ces navires utilisaient les îles Bonin pour se procurer de l'eau et des provisions fraîches. Le développement de la côte américaine sur le Pacifique avait conduit à l'ouverture d'une nouvelle route commerciale avec le continent asiatique, pour laquelle les îles japonaises offraient des ports d'escale pratiques. Enfin, les gouvernements de Grande-Bretagne et de France s'employaient activement à démolir les barrières des préjugés conservateurs derrière lesquelles la Chine s'était retranchée pendant si longtemps. Ces changements, dus en partie à l'introduction de la navigation à vapeur, provoquèrent une augmentation soudaine et rapide des visites de navires étrangers au Japon. L'évolution des choses fut perçue par les Néerlandais, qui avertirent les autorités japonaises que le moment approchait où la politique d'isolement ne pourrait plus être poursuivie sans danger pour le pays. Il en fallait peu pour éveiller les appréhensions des Japonais. Un système de défense côtière fut aussitôt organisé. La baie de Yedo et ses environs, la mer intérieure et les ports de Kiūshiū , y compris le voisinage immédiat de Nagasaki, étaient des lieux auxquels une attention particulière était accordée. Il ressort clairement de l'expérience des navires étrangers accidentés ou entrepris dans les eaux japonaises, des instructions détaillées émises périodiquement d' Edo et des rapports sur les mouvements des navires étrangers reçus par les autorités, que la vigilance n'a pas manqué dans les eaux japonaises. fonctionnement du système. Pourtant, c'était singulièrement inefficace ; ce qui, dans ces circonstances, n'est pas surprenant, puisque la politique du gouvernement de Yedo variait selon le degré d'appréhension existant à l'heure actuelle dans les milieux officiels, et qu'il y avait une volonté générale d'échapper à ses responsabilités.

Trois raisons inspiraient ces visites de navires étrangers : le besoin de ravitaillement, la recherche des équipages naufragés, ou le rapatriement des Japonais naufragés, et le désir de se livrer au commerce, ou d'établir des relations amicales qui aboutiraient à ce résultat. En aucun cas l'accueil n'a été encourageant, même si une nette discrimination s'est exercée entre les navires marchands et les navires de guerre. Les premiers ne reçurent que peu de pitié ; mais les navires de guerre étaient traités avec plus de respect. Ils étaient remorqués gratuitement à l'entrée et à la sortie du port et recevaient des provisions pour lesquelles aucune somme d'argent n'était acceptée.

L'Amérique était à cette époque le pays le plus intéressé par l'ouverture du Japon aux relations étrangères, en raison des opérations de ses baleiniers dans le Pacifique et de sa route commerciale vers la Chine. Le Gouvernement des États-Unis a donc décidé de prendre l'initiative de s'efforcer de mettre un terme à la politique d'isolement japonaise. En conséquence, en 1845, le commodore Biddle arriva à Edo avec deux navires de guerre dans le but d'établir des relations commerciales entre les deux pays. Il n'a cependant pas réussi à inciter le gouvernement japonais à engager des négociations sur ce sujet. Sept ans plus tard, l'affaire fut de nouveau reprise par le gouvernement de Washington, le commodore Perry recevant l'ordre de se rendre au Japon pour une mission visant à organiser un traitement plus humain des marins américains naufragés sur les côtes du Japon ; obtenir l'ouverture d'un ou plusieurs ports comme ports d'escale pour les navires américains et l'établissement d'un dépôt de charbon ; et pour obtenir l'autorisation de commercer dans les ports qui pourraient être ouverts. Aucun secret n'entourait les intentions des États-Unis. Ils étaient connus en Europe aussi bien qu'en Amérique, comme le mentionne Macfarlane, écrivant en 1852, et les Néerlandais l'ont rapidement dit aux Japonais.

Le 8 juillet 1853, Perry arriva dans le port d' Uraga , une petite crique de la baie d' Edo , à une trentaine de milles de l'actuelle capitale. Ses instructions étaient d'obtenir les facilités désirées par la persuasion, si possible, mais, si nécessaire, par la force. Il réussit, après quelques difficultés, à convaincre les autorités japonaises de recevoir la lettre du président lors d'un entretien formel à terre. En même temps , il présenta une lettre de lui-même exigeant un traitement plus humain pour les marins naufragés et souligna la folie de persister dans la politique de réclusion. Il reviendra au printemps prochain, a-t-il ajouté, avec davantage de navires pour recevoir la réponse à la lettre du président.

Avec l'arrivée de Perry, le Shōgun figure sous un nouveau titre, celui de Tycoon (*Taikun*), ou Grand Seigneur, terme utilisé pour la première fois dans la correspondance avec la Corée afin de dissimuler le fait que le Shōgun n'était pas le souverain du Japon. C'est le mot choisi pour désigner le Shōgun dans les traités antérieurs conclus avec des puissances étrangères, et c'est le nom sous lequel il était communément connu des étrangers jusqu'à ce que la Restauration mette fin au gouvernement qu'il représentait.

Au retour de Perry l'année suivante, en 1854, il insista pour jeter l'ancre plus haut dans la baie de Yedo , au large de ce qui était alors la ville postale et ensuite le port ouvert de Kanagawa. C'est dans un village proche de cet endroit, aujourd'hui connu sous le nom de ville de Yokohama, qu'il signa le 31 mars le traité ouvrant les ports de Shimoda (au cap Idzu) et de Hakodaté (à Yezo) aux navires américains, le premier à une fois, cette dernière au bout d'un an. Ce traité, qui fut ratifié l'année suivante, fut la première étape vers la réouverture du Japon aux relations étrangères.

Le traité de Perry fut suivi d'arrangements similaires avec d'autres puissances : avec les Britanniques en octobre de la même année (1854), et l'année suivante avec les Russes et les Néerlandais.

Les Néerlandais ont grandement bénéficié de la nouvelle orientation donnée aux relations extérieures. Par l'arrangement provisoire conclu en 1855, la plupart des restrictions humiliantes qui accompagnaient le privilège du commerce furent supprimées ; et deux ans plus tard, ils furent autorisés « à pratiquer leur propre religion ou la religion chrétienne », disposition qui semble suggérer que l'idée japonaise selon laquelle ils n'étaient pas chrétiens était inspirée par les Néerlandais. En outre, les ordonnances concernant le piétinement des emblèmes chrétiens furent également abrogées en même temps. Il y avait encore une certaine différence entre leur situation et celle des autres étrangers. Mais cela n'a duré qu'un an ou deux. Grâce à l'application des traités ultérieurs plus élaborés, la nation qui s'était enorgueillie de ses privilèges commerciaux exclusifs avec le Japon était heureuse de se retrouver sur le même pied que les autres puissances occidentales.

Aucun des arrangements décrits ci-dessus n'était un traité commercial régulier. Le premier, conclu avec l'Amérique, était simplement un accord prévoyant l'octroi de certaines facilités limitées pour la navigation et le commerce, la seconde étant une considération secondaire. L'objet du traité britannique, conclu par l'amiral Stirling pendant la guerre de Crimée, était de faciliter les opérations contre la Russie dans les eaux sibériennes. Les Russes, de leur côté, souhaitaient simplement, pour des raisons politiques, prendre pied au Japon ; tandis que les Néerlandais étaient surtout désireux d'échapper à la position indigne qu'ils occupaient.

Ce n'est qu'en 1858 que des traités commerciaux réguliers furent conclus. Le traité de Perry prévoyait la nomination d'un consul général américain pour résider à Shimoda . M. Townsend Harris a été sélectionné pour ce poste. Son arrivée n'était pas la bienvenue pour les Japonais, qui ne s'attendaient pas à l'application de cette stipulation. Ils l'ont donc boycotté. Il n'a pu obtenir aucune information fiable. S'il demandait quelque chose, on le refusait parce que c'était « contraire à la loi de l'honorable pays » ; et ses lettres n'ont pas reçu de réponse parce qu'« il n'était pas d'usage de répondre aux lettres des étrangers ». Harris persévéra néanmoins, malgré l'obstruction japonaise, dans sa tâche consistant à développer les relations américaines avec le Japon. En juin 1857, il put faire état de la signature d'une convention qui étendait considérablement les facilités concédées à Perry ; à l'automne de la même année , il fut reçu en audience par le Shōgun comme le premier représentant dûment accrédité d'une puissance occidentale ; en février suivant, les négociations sur le nouveau traité étaient pratiquement achevées ; et en juillet de la même année (1858), le traité fut signé dans la baie d'Edo à bord d'un navire de guerre américain.

Le retard de cinq mois est dû à la décision du shogunat de soumettre le traité avant sa signature à Kiōto pour approbation du trône. Cette référence n'était pas nécessaire. Le droit du Shōgun d'agir de manière indépendante dans de telles questions avait été consigné dans les « Cent articles », et une longue coutume avait confirmé la règle ainsi consignée. Mais dans l'embarras et l'appréhension provoqués par la visite inattendue de Perry, et par des exigences encore moins attendues, le shogunat s'était écarté de cette règle et avait rétabli la formalité obsolète de la sanction impériale, en étendant en même temps son application. La Cour a refusé son consentement au traité proposé, mais malgré ce refus, les négociateurs japonais l'ont signé ; les ministres du Shōgun étant influencés par la nouvelle de la fin de la guerre en Chine et de l'arrivée imminente des ambassadeurs britannique et français, ainsi que par les représentations du négociateur américain.

Les traités avec la Grande-Bretagne, avec la Hollande, avec la Russie et avec la France se succédèrent rapidement, les trois premiers étant signés en août, le dernier en octobre. Tous les quatre reproduisaient plus ou moins fidèlement le contenu de la convention américaine. Le choix des ports ouverts dans le traité de Perry — en raison de la sollicitude à l'égard des baleiniers américains et de considérations liées à la nouvelle route commerciale américaine vers la Chine — avait été malheureux dans l'intérêt du commerce général. Ce défaut fut comblé dans les nouveaux traités par des dispositions prévoyant l'ouverture de ports supplémentaires. Un tarif et un système de redevances au tonnage ont également été établis. À d'autres égards, les nouveaux traités ont simplement confirmé ou amplifié les dispositions des arrangements antérieurs. Ils furent cependant utiles en tant que précurseurs de toute une série d'accords pratiquement uniformes, qui simplifièrent la position du Japon tout en élargissant le champ des relations extérieures. L'un des derniers à être conclu fut le traité austro-hongrois de 1869, dont la version anglaise devint le texte « original » ou faisant autorité. En vertu de la clause de la nation la plus favorisée , qui figurait dans toutes ces conventions, c'est cet instrument qui régit les relations du Japon avec les puissances conventionnelles, jusqu'à l'entrée en vigueur des nouveaux traités révisés en 1899. Lorsque le peuple japonais comprit que la nature de ces traités étant différente de ceux conclus par les gouvernements occidentaux entre eux, une première occasion a été saisie pour protester contre les dispositions concédant l'ex-territorialité et fixant un tarif douanier bas, et contre l'obstacle à la révision présenté par l'absence de accords de toute durée déterminée. L'irritation ainsi provoquée conduisit plus tard à une agitation en faveur de la révision du traité, ce qui contribua beaucoup à aigrir les sentiments japonais envers les étrangers. Cette plainte n'était pas anormale, mais en la formulant, on avait tendance à négliger le fait que la position des étrangers au Japon en vertu de ces traités était également très différente de leur position en vertu d'autres traités ailleurs. Les droits résidentiels et commerciaux de l'étranger au Japon ne s'appliquaient qu'aux « ports ouverts », tandis que son droit de voyager, sauf autorisation spéciale, difficilement accordée, ne s'étendait pas au-delà d'une zone étroite dans les mêmes ports connue sous le nom de « limites du traité ». .» Le reste du pays est resté fermé. Cette limitation des facilités pour les relations commerciales était d'ailleurs accentuée par le fait que le choix des ports « ouverts » ou « traités » n'était pas, comme on l'a souligné, le meilleur qui aurait pu être fait. Contraints contre leur gré de consentir à des relations étrangères, il fallait s'attendre à ce que les Japonais cherchent à rendre la concession sans valeur en choisissant des ports ni adaptés ni sûrs à la navigation, et des lieux éloignés des marchés, et qu'un esprit similaire dicte la décision. choix de sites pour les colonies étrangères. Il est indéniable que les premiers négociateurs qui représentaient le Japon étaient handicapés par leur ignorance des principes régissant les relations internationales. Mais l'injustice, selon eux, des conditions contre lesquelles les protestations étaient formulées était en réalité une bénédiction déguisée ; car, de l'aveu même des Japonais, elle constituait un puissant stimulant pour progresser sur la voie de la civilisation occidentale.

Au cours des cinq années qui suivirent la date du Traité de Perry, pas moins de treize accords élaborés, outre d'autres arrangements de caractère moins formel, avaient été conclus par le Japon. Une extension aussi rapide des relations avec l'étranger pourrait sembler indiquer un apaisement du sentiment anti-étranger et une diminution de l'opposition à l'établissement de relations amicales avec les pays étrangers. Or, tel n'était pas le cas. Les négociations de ces divers pactes se sont poursuivies face à une clameur anti-étrangère croissante et au milieu d'une confusion et d'une agitation politiques, précurseurs d'un mouvement qui devait se terminer par l'effondrement du gouvernement Tokugawa.

Afin de comprendre le cours ultérieur des événements, il est nécessaire de se référer, même brièvement, à la situation politique qui existait à cette époque. On verra quelles complications – indépendamment des embarras découlant de la réouverture des relations étrangères – furent causées par l'inconséquence et l'ambition de la Cour, la faiblesse du shogunat et les jalousies des hommes d'État rivaux. On peut aussi se faire une idée de l'ignorance des affaires étrangères qui régnait alors, sauf dans quelques milieux officiels, et de la timidité maladroite d'une politique qui consistait surtout à fermer les yeux sur des faits évidents pour tous.

Depuis l'établissement du règne des Tokugawa, il y avait eu à la cour de Kiōto un parti composé de nobles de la cour, qui défendait les prétentions du trône, pleurait ses gloires perdues, menait ses intrigues et éprouvait un ressentiment commun contre ce qui à ses yeux. était une administration d'usurpateurs. L'erreur fatale du Shōgunat en se référant aux exigences de Kiōto Perry pour la réouverture des relations étrangères dans des conditions nouvelles et étranges - une question qui, conformément au précédent établi, relevait de sa propre compétence - donna à ce parti l'occasion de relancer le long prétentions obsolètes de la Cour. L'occasion fut aussitôt saisie. Le parti comptait à cette époque des partisans puissants. Parmi eux, le personnage principal était l'ex-prince de Mito. Au début du siècle précédent, son grand-père, le deuxième de sa lignée, avait fondé une école de littérature et de politique qui épousait la cause impériale et encourageait la religion et la langue indigènes en opposition à ce qui était emprunté à la Chine, une profession de principes . qui reposait curieusement sur un membre éminent de la maison

Tokugawa. Ayant lui-même les mêmes vues, l'ex-prince avait été contraint d'abdiquer quelques années auparavant en faveur de son fils aîné pour avoir détruit les temples bouddhiques de son fief et transformé leurs cloches en canons, dans le prétendu but de repousser une invasion étrangère. . Aux côtés de l'ex-prince se trouvaient le prince Tokugawa d' Owari et les daimōs influents de Chōshiū , Échizen , Tosa et Uwajima , tandis qu'une grande sympathie pour les objectifs impériaux existait parmi les clans importants du sud et de l'ouest. Le mouvement anti- Shogunat reçut également l'aide de la classe turbulente des sans-clan . *samouraïs* , connus sous le nom de *rōnin* , dont le nombre augmentait rapidement à cette époque en raison de la détresse économique des territoires féodaux et de la faiblesse croissante du Shōgunat . Les partisans de ce dernier, en revanche, se trouvaient principalement dans le centre , le nord et l'est, qui étaient tous d'anciens bastions des Tokugawa. Mais sa principale force résidait dans le fait qu'elle était *beatus possidens* , c'est-à-dire qu'elle disposait de la maîtrise des ressources de l'État et qu'elle était en mesure de parler au nom du trône ; et dans le fait que le gouvernement Tokugawa, par sa longue durée et la complétude de son organisation bureaucratique, avait pris une emprise si ferme sur le pays que, quelle que soit la sympathie qui pourrait éventuellement être évoquée en faveur des prétentions impériales ravivées, on ne pouvait pas s'attendre à ce qu'elle tombe déraisonnablement. à court de soutien matériel.

Un autre avantage du shogunat était la présence dans le gouvernement d'un ministre d'ascendance distinguée, d'une grande capacité et d'un grand courage, combiné avec, ce qui était rare à l'époque, une indépendance de caractère. C'était le fameux Ïi Kamon no Kami, généralement connu sous le nom de Tairō ou Régent, dont la ville-château, Hikoné , près de Kiōto , surplombait le lac Biwa. Les premières associations de sa famille ont fait de lui un fervent défenseur du règne des Tokugawa. Il devint rapidement l'esprit dirigeant du ministère, et les opinions libérales qu'il avait apparemment en matière de conclusion de traités et de relations extérieures le mirent immédiatement en collision avec le membre le plus audacieux et le plus intransigeant du parti de la Cour, l'ex-prince de Mito. Le désaccord entre eux s'est manifesté pour la première fois dans l'avis demandé par le trône au Conseil d'État et aux principaux seigneurs féodaux sur la question de la signature du traité américain de 1858. Dans la controverse qui s'est élevée sur ce point, ils ont figuré comme les principaux protagonistes. La politique de la Cour en 1853 était sans engagement. En 1855, il avait formellement approuvé les traités, le résident du Shōgun à Kiōto rapportant que « l'esprit impérial était désormais à l'aise ». Néanmoins, malgré cette approbation et malgré la signature de nouveaux traités, la croisade du parti de la Cour contre les relations étrangères se poursuivit sans relâche. A cette occasion, l'ex-prince de Mito s'est fortement opposé au traité, tandis que le Conseil d'État, adoptant les vues de Ïi Kamon no Kami, qui n'était pas encore régent, recommanda la signature du traité comme étant la bonne voie à suivre. Mais la question qui provoqua la rivalité la plus vive et l'antagonisme le plus acharné entre les deux hommes d'État concerna la succession au shogunat .

Le Shogun Iyésada , nommé en 1853, était sans enfant et, conformément à la coutume en pareil cas, il lui incombait de choisir et d'adopter un successeur. L'ex-prince de Mito souhaitait que le choix se porte sur l'un de ses plus jeunes fils, Kéiki , alors âgé de quinze ans, qui ayant été adopté dans la famille Hitotsubashi , était éligible à cette nomination. Mais le nouveau Shōgun n'avait que vingt-neuf ans et n'était pas pressé de choisir un successeur issu d'une autre famille. Ses relations, d'ailleurs, avec l'ex-prince de Mito n'étaient pas cordiales ; et il y eut d'autres objections. S'il était contraint d'adopter un successeur, son choix se porterait, on le savait, sur un parent plus proche, le jeune prince de Kishiū , un garçon de dix ans. L'héritier préféré du Shōgun était également le choix de Ïi . Les partis soutenant les candidats rivaux n'étaient pas inégalement représentés. Même si le poids de l'influence clanique était du côté de Kéiki , destiné quelques années plus tard à être le dernier des Shōguns Tokugawa , une partie de la noblesse de la Cour s'associe au Conseil d'État pour favoriser la candidature du jeune prince Kishiū , derrière qui était également le Shōgun .

Les deux questions en litige étaient donc bien distinctes, l'une relevant de la politique étrangère, l'autre de la politique intérieure. Mais les deux protagonistes étant les mêmes dans les deux cas, il semblait que celui qui réussirait dans un cas gagnerait dans les deux cas. Et c'est effectivement ce qui s'est passé. En juin 1858, entre la deuxième et la troisième mission à Kiōto dans le cadre de la signature du traité américain, Ïi devint régent, une nomination valable en cas d'urgence ainsi que pendant la minorité d'un shogun . La fin du conflit, qui durait depuis près de cinq ans, était alors en vue. En juillet, comme nous l'avons déjà dit, le traité américain a été signé. Avant qu'une semaine ne se soit écoulée, le jeune prince Kishiū fut proclamé héritier du Shōgunate . Dix jours plus tard, le Shōgun Iyésada est mort.

CHAPITRE V

Sentiment anti-étranger — Rébellion de Chōshiū — Ratification des traités par Mikado — Prince Kéiki — Mouvement de restauration — Guerre civile — Chute du Shōgunat .

La signature du traité fut vivement condamnée par la cour, l'ex-prince de Mito étant particulièrement visible parmi ceux qui protestèrent. Il adressa au Conseil d'État une remontrance formulée avec violence, contestant l'action du gouvernement, accusé de manque de respect envers le trône et de désobéissance aux commandements impériaux. Le régent riposta en frappant aussitôt ses ennemis avec toute la force de sa position nouvellement acquise et le prestige de son succès en matière de succession. L'ex-prince de Mito et le prince d' Owari étaient confinés dans leurs *yashikis* (terme appliqué aux résidences féodales occupées par les daimiōs pendant leur période de service à Yedo) ; tandis que ce dernier, accompagné des daimiōs d' Échizen , Tosa et Uwajima , fut contraint d'abdiquer. Et lorsque la Cour, de plus en plus inquiète de cette soudaine réaffirmation d'autorité de la part du Shōgunat , convoqua le Régent, ou l'un des Gosanké , à Kiōto pour faire rapport sur la situation, une réponse fut envoyée indiquant que le Régent était détenu. par les affaires de l'État, et que l'ex-prince de Mito et le prince d' Owari étaient confinés dans leurs clans *yashikis* . Cependant, une mission – la troisième consécutive – se rendit à Kiōto depuis Yedo . Celui-ci soumit un rapport au sujet du traité, qui expliquait les raisons de sa signature avant la sanction impériale comme étant l'arrivée de davantage de navires russes et américains ; la défaite de la Chine face aux Anglais et aux Français ; la nouvelle que ces deux pays envoyaient au Japon des envoyés spéciaux chargés de mener les affaires haut la main ; et le conseil de signer immédiatement donné par le ministre américain. La décision finale de la Cour en faveur du traité a montré de manière frappante le caractère pervers et inconséquent qui caractérisait la procédure officielle japonaise à cette époque. Le décret portant l'approbation impériale exprimait la satisfaction avec laquelle le trône avait reçu l'assurance que le Shōgun , le régent et le Conseil d'État étaient tous favorables à la tenue à distance des étrangers ; et attira l'attention du Shōgun sur « la profonde inquiétude du trône concernant la mer à proximité des sanctuaires impériaux et de Kiōto , ainsi que la sécurité des insignes impériaux », ce qui, en langage plus clair, signifiait qu'aucun port devrait être ouverte près d'Isé , ou de la capitale. Deux suggestions ont été faites de bonne autorité concernant ce décret : (1) que les agents du Shōgun à Kiōto avaient pour instruction d'accepter tout ce qui établirait le fait qu'un accord avec la Cour avait été conclu ; et (2) que les agents en question ont réussi à persuader la Cour que, bien que la signature de ce traité particulier soit inévitable, le gouvernement de Yedo n'était pas vraiment favorable aux relations étrangères. Les deux suggestions sont probablement correctes. Quoi qu'il en soit, l'action de la Cour en ignorant l'approbation antérieure du trône par le trône visait à renforcer l'opposition à la diplomatie du Shōgun et fut donc sans aucun doute responsable de certaines des difficultés ultérieures liées aux relations avec l'étranger, notamment en relation avec l'ouverture du port de Hiogo , qui, avec le consentement des puissances du traité, fut reportée à janvier 1868.

Pour montrer à quel point l'approbation impériale était en réalité dénuée de sens, il serait peut-être bon de noter que le texte anglais du traité en question prévoyait l'échange des ratifications à Washington au plus tard le 4 juillet 1859, faute de quoi, cependant, le Le traité devait néanmoins entrer en vigueur à la date en question. Le traité entra en vigueur à la date fixée, mais l'échange des ratifications n'eut lieu qu'en 1860. La ratification de la part du Japon est décrite comme la vérification « du nom et du sceau de Sa Majesté le Magnat ».

L'hostilité envers les étrangers à cette époque était cependant un sentiment commun à la plupart des Japonais, même les fonctionnaires du Shōgunat ne faisant pas exception à la règle. Les auteurs sur le Japon mentionnent comme une des causes qui ont contribué à accroître ce sentiment, la fuite de l'or du Japon, qui a commencé dès les opérations des premiers commerçants portugais. Une autre - invoquée par le gouvernement japonais lui-même - était la forte hausse des prix qui a suivi l'ouverture des ports du Traité. Sir Rutherford Alcock , dans *Capital of the Tycoon* , en ajoute un troisième : le souvenir des troubles liés à la persécution des chrétiens aux XVIe et XVIIe siècles, et de la grave inquiétude qu'avaient alors les autorités japonaises face aux prétentions non dissimulées du pape. . L'accord sur la question du Traité auquel le Régent est parvenu avec la Cour n'a guère contribué à freiner la croissance du sentiment anti-étranger, car la Cour a continué ses intrigues comme avant, et la mort du Régent, au printemps 1860, aux mains d'assassins. à l'instigation de l'ex-prince de Mito, a fourni une nouvelle opportunité. Les effets de la féroce croisade anti-étrangère dans laquelle elle s'est alors lancée se sont manifestés dans le meurtre du secrétaire de la légation américaine, dans les attaques successives lancées contre la légation britannique et dans d'autres actes de violence dont les étrangers n'étaient pas les seuls victimes. . Cédant à la pression de l'opinion publique, le gouvernement lui-même devint presque ouvertement hostile. Placés dans cette situation difficile, les représentants des puissances du traité ont trouvé à la fois la dignité et la sécurité compromises. Ce qu'ils gagneraient peut-être à protester auprès des autorités japonaises contre des actes pour lesquels la sympathie de ces dernières était à peine dissimulée, contre lesquels ils mettaient souvent en garde eux-mêmes, mais contre lesquels ils ne pouvaient ou ne voulaient pas réagir. offrir une protection ? Dans ces circonstances, il n'est pas surprenant qu'en 1862 les représentants de la Grande-Bretagne, de la France, de l'Allemagne et de la Hollande se soient retirés temporairement de la capitale pour Yokohama — exemple qui n'a pas été suivi par le représentant américain ; ni que la légation britannique, à son retour, à la demande du gouvernement japonais, quatre semaines plus tard, aurait dû être immédiatement attaquée malgré une garantie formelle de protection. Pour cette attaque, au cours de laquelle deux sentinelles furent assassinées, une indemnité fut ensuite versée. Les choses furent encore aggravées par le meurtre en septembre de la même année (1862) de M. Richardson, sujet britannique, sur la grande route près de Yokohama, par le garde du corps d'un noble de Satsuma, Shimadzu Saburō, qui était sur le chemin du retour à Kiōto . de la cour du Shōgun à Yedo . Des excuses formelles pour cet outrage furent exigées par les Britanniques, ainsi que le paiement d'une indemnité.

Le pouvoir croissant de la Cour et du parti anti-étranger, car les deux ne font qu'un, se manifeste également dans son comportement envers le shogunat après la mort du régent.

Les partisans de l'ex-prince de Mito, qui ne survécut que quelques mois à son adversaire, relevèrent à nouveau la tête, tandis que les amis du défunt régent furent à leur tour démis de leurs fonctions, condamnés à des amendes, emprisonnés ou bannis. Le mariage du Shōgun avec la sœur du Mikado au printemps 1862 n'améliora pas non plus sensiblement les relations entre Kiōto et Yedo , ni modéra l'attitude autoritaire de la Cour. Au cours de l'été de la même année, le Shōgun fut convoqué péremptoirement à Kiōto , qui n'avait pas vu de Shōgun depuis deux cent cinquante ans, pour conférer avec la Cour au sujet de l'expulsion des étrangers ; Le prince Kéiki , candidat malheureux au poste de Shōgun en 1858, fut nommé régent et nommé tuteur de son rival à cette occasion, le jeune Shōgun . Iyémochi , à la place d'un parent plus proche et plus âgé ; tandis que l'ex-prince d' Échizen , l'un des ennemis du défunt régent, fut nommé président du Conseil d'État. Afin que rien ne manque pour exprimer son mécontentement face à la position prise par le Shōgunat en matière d'affaires étrangères, la Cour alla jusqu'à ordonner à l' épouse du Shōgun , qui, conformément à la coutume, avait, lors de son mariage, pris le titre habituel dans ces circonstances, de revenir à sa précédente désignation de princesse. D'autres signes des temps, démontrant non seulement l'esprit anti-étranger de la Cour, mais aussi sa détermination à s'attaquer aux racines de l'autorité Tokugawa, pourraient être notés dans des incidents tels que l'assouplissement des conditions de résidence des nobles féodaux à Yedo . , et la libération des otages autrefois exigés pour leur bonne conduite dans leurs fiefs ; la fixation solennelle lors d'un Conseil des princes, auquel assistent le Shōgun et ses tuteurs, d'une date pour la cessation de tout rapport étranger ; la renaissance des processions d'État du Mikado vers les sanctuaires, qui avaient été interrompues au début du règne des Tokugawa ;

et la résidence pendant de longues périodes à Kiōto de nobles féodaux, au mépris du règlement Tokugawa qui leur interdisait même de visiter la capitale sans autorisation - une mesure qui montrait qu'ils n'avaient pas peur que l'on sache qu'ils se rangeaient ouvertement du côté de la Cour contre le Shogunat . Le même esprit expliquait la tentative d'associer le Shōgun et son régent-tuteur à la prestation d'un serment religieux pour expulser les étrangers et, enfin, le fait que, alors que se produisaient tant de choses incompatibles avec les relations amicales avec les puissances du traité, , une mission envoyée auprès de ces mêmes puissances s'occupait de les persuader de consentir à l'ajournement de cinq ans des dates fixées pour l'ouverture de certains ports et lieux au commerce et à la résidence étrangers. Ce consentement fut donné et consigné, en ce qui concerne la Grande-Bretagne, dans le Protocole de Londres du 6 juin 1862.

La communication aux représentants étrangers de la décision de fermeture du pays a effectivement eu lieu le 24 juin, comme convenu. Mais cela n'a rien donné. Les gouvernements étrangers refusèrent de prendre l'affaire au sérieux, laissant simplement entendre que des mesures seraient prises pour protéger les intérêts étrangers, et cinq mois plus tard, le shogunat demanda le retour de la note.

Sir Rutherford Alcock , au cours d'un long examen de la situation, dans lequel il semble avoir clairement prévu que la réouverture du pays conduirait finalement à une guerre civile, est arrivé, bien qu'à contrecœur, à la conclusion que les gouvernements étrangers, s'ils le souhaitaient, pour assurer le respect des traités, doit être prêt à recourir à la force et à exercer des représailles ; en fait, cette opposition aux relations étrangères ne cesserait pas tant que la nation n'aurait pas été persuadée, par des mesures drastiques, de la capacité des puissances étrangères à faire respecter leurs droits issus de traités. L'effet des représailles exercées par le gouvernement britannique dans l'affaire Richardson, au cours de laquelle la ville de Kagoshima fut bombardée et en partie détruite, outre l'exigence d'une indemnité, contribua en quelque sorte à prouver la justesse de cette opinion. Sa véracité fut encore démontrée lorsqu'un deuxième incident, plus grave, se produisit. Il s'agissait du tir contre des navires étrangers dans le détroit de Shimonoséki par les forts de Chōshiū le 24 juin 1863. La date à laquelle l'outrage eut lieu fut celle fixée au Conseil des nobles féodaux, en présence du Shōgun et du Régent, son tuteur, en Kiōto pour l'ouverture des négociations avec les représentants étrangers pour la fermeture du pays. C'était aussi celui sur lequel, conformément à la décision alors prise, une communication leur avait été faite par le Conseil d'Etat. La coïncidence des dates donne un aspect plus sérieux à l'affaire, même si la complicité du Shōgunat n'est jamais totale. Dans ce cas également, il devint nécessaire de prendre des mesures drastiques qui, aux yeux du ministre britannique en question, semblaient inévitables tôt ou tard. Cependant, ni les premières représailles instituées immédiatement par les autorités navales françaises et américaines, ni les longues négociations qui suivirent avec le gouvernement japonais, ne furent d'aucune utilité pour obtenir réparation. Pendant plus d'un an, les détroits restèrent fermés à la navigation. Finalement, les opérations conjointes contre les forts hostiles, menées en août 1864 par une escadre combinée des quatre puissances immédiatement concernées, aboutirent au résultat escompté. Les forts furent attaqués et détruits, un engagement selon lequel ils seraient laissés dans un état démantelé fut extorqué et une indemnité de 3 000 000 $ fut exigée. Les leçons ainsi dispensées ne perdaient rien de leur force du fait que les clans punis étaient les deux plus puissants, et ceux où l'hostilité à l'égard des étrangers se manifestait peut-être le plus ouvertement. Cette indemnité ainsi que l'indemnité de Kagoshima ont été payées par le gouvernement de Yedo et non par les clans fautifs. S'il fallait une preuve supplémentaire de l'étrange situation des choses à cette époque au Japon, elle serait fournie par le fait que, dans les deux cas, les mesures drastiques prises ont abouti à l'établissement de relations tout à fait amicales avec les clans en question. Ce résultat inattendu indique l'existence, tant dans la nation en général que dans les clans individuels, d'une petite minorité qui ne partageait pas l'hostilité ambiante à l'égard des étrangers.

Vers la fin de 1863, les gouvernements britannique et français arrivèrent à la conclusion que la situation instable au Japon et le sentiment anti-étranger, qui ne montrait aucun signe de déclin, rendaient opportun le stationnement de troupes à Yokohama pour la protection des étrangers. intérêts. En conséquence, des contingents de troupes britanniques et françaises furent débarqués et établis dans leurs quartiers à terre, en accord avec les autorités japonaises. Leur présence servait admirablement le but recherché ; aucune collision ni friction n'a eu lieu entre ces garnisons et les Japonais, et en 1875, lorsque leur présence n'était plus nécessaire, elles furent retirées.

Le Shogun avait été très réticent à se conformer à la convocation impériale à Kiōto . Ses ministres s'étaient efforcés de limiter la visite à dix jours. Une fois sur place, cependant, il a été détenu sous divers prétextes jusqu'en juin de l'année suivante, date à laquelle la Cour avait déjà engagé sa politique anti-étrangère et l' incident de Shimonoséki avait eu lieu. Son retour à Yedo fut le signal du déclenchement de nouvelles querelles entre la Cour et le shogunat , qui révélèrent la même disposition des deux côtés à fermer les yeux sur les faits et à changer de position avec une incohérence surprenante. Ignorant sa récente coopération avec la Cour Impériale et les nobles féodaux dans la politique anti-étrangère initiée dans la Capitale, la fixation d'une date d'expulsion de l'étranger et la communication de sa décision aux représentants étrangers, le Shōgunat présenta un mémorial au trône soulignant à quel point le moment présent était défavorable pour pousser les choses à l'extrême en matière de relations sexuelles avec l'étranger. La Cour, de son côté, tout en témoignant de son plaisir devant le renouveau de l'ancienne pratique des visites à la capitale, reprocha au Shōgun de ne pas tenir plus pleinement le trône au courant de ses déplacements, d'être retourné à Yedo . *dans un bateau à vapeur*, et pour son comportement insatisfaisant en matière de relations extérieures. D'autres indications de la confusion générale des idées et de l'hésitation des objectifs qui ont caractérisé les démarches des personnes en position d'autorité apparaissent dans l'expulsion des membres du clan Chōshiū de Kiōto comme une marque de la forte désapprobation de la Cour à l'égard de l'action du clan Chōshiū dans l'affaire Shimonoséki , comme ainsi que dans la déclaration surprenante du clan Échizen – dont l'abdication forcée du chef a déjà été évoquée – en faveur des relations étrangères et de la « nouvelle religion chrétienne », condamnant de la même manière la politique menée par la Cour et celle de le Shogunat .

Le fait qu'une rupture définitive des relations extérieures n'ait pas eu lieu à ce stade était dû à la promptitude du shogunat à répudier ses propres actes et à la patience et à la bonne humeur des gouvernements étrangers ; peut-être aussi à la division des opinions dans le pays lui-même, où le centre du pouvoir commençait à se déplacer, même si le processus était encore inachevé. A sa place se produisirent les premières menaces , les prémices en fait de la guerre civile qu'un observateur attentif avait prophétisée. Conscient de la faiblesse du gouvernement, tout en étant piqué par l'incohérence de la Cour, le clan Chōshiū met les choses au point au cours de l'été 1864 en effectuant un raid soudain sur Kiōto dans le but d'enlever le Mikado et de relever l'étendard impérial. La tentative fut vaincue ; Le clan n'a pas non plus obtenu de meilleurs résultats dans ses efforts pour repousser l'invasion de son territoire par les forces gouvernementales. La résistance opposée fut bientôt vaincue. Au début de l'année suivante (1865), la rébellion fut réprimée, la sévérité des conditions imposées au clan suscitant un mécontentement généralisé. Lorsque, peu de temps après, le même clan se rebella à nouveau, en raison, dit-on, du caractère excessif du châtiment infligé, on comprit que le succès des troupes Tokugawa la fois précédente n'était pas dû à la force militaire du shogunat . mais à la coopération des autres clans, notamment celui des Satsuma, aux mesures punitives dirigées contre les rebelles. À cette dernière occasion, le soutien des autres clans fut refusé, de sorte que la seconde campagne, bien que menée sous les yeux du Shōgun , qui fit de Kiōto son quartier général à cet effet, fut un échec complet. À la fin de l'année 1866, un compromis avait été trouvé , destiné à sauver la face des deux partis . Les hostilités cessèrent alors. Au cours des négociations qui aboutirent à cette conclusion, la faiblesse du shogunat fut encore davantage mise en évidence. Le rôle important joué par *les rōnin* , tant dans le raid sur la capitale que dans les procédures ultérieures du clan, ainsi que l'incapacité du prince féodal et de son fils, apparurent également, ainsi que le fait que les affaires de la Les fiefs étaient contrôlés par des serviteurs du clan, divisés en deux factions mutuellement hostiles, dont chacune prenait à son tour l'ascendant.

L'ignominie de la défaite aux mains d'un clan rebelle, ajoutée à un budget en faillite, sans parler de l'acceptation d'un compromis qui en soi était un aveu d'impuissance, hâta l'effondrement de ce qui restait du prestige des Tokugawa. En même temps, une nouvelle énergie a été insufflée au sein du parti de la Cour. La situation est devenue de plus en plus troublée et confuse. Tandis que les Impériaux, comme on les appelait désormais, réclamaient plus fort que jamais l'expulsion des étrangers, les ministres du jeune Shōgun – qui fut bientôt remplacé, bien à contrecœur, par son cousin et tuteur, le prince régent Kéiki – s'occupaient de des explications à la Cour au sujet des traités, et aux représentants étrangers sur la situation politique et la portée de la Cour.

Entre-temps, à l'été 1865, alors que l' imbroglio Chōshiū était à son paroxysme, Sir Harry Parkes était arrivé au Japon en tant que ministre britannique. Peu après son arrivée, son attention avait été attirée sur la position anormale du Shōgun (ou magnat), qui n'était pas le souverain du Japon, comme le décrivent les traités, sur la situation difficile créée par la renaissance des prétentions impériales et sur le encouragement donné au parti anti-étranger par le fait que le Mikado n'avait pas encore donné sa sanction formelle aux traités de 1858, bien qu'ils aient été ratifiés par le gouvernement du Shōgun . Les représentants étrangers, qui avaient déjà reçu des instructions de leurs gouvernements pour demander une modification du tarif des droits d'importation et d'exportation annexé aux traités de 1858, décidèrent de réunir les deux questions et, en même temps, de communiquer au Shōgunat , au nom de leurs gouvernements, une offre de remise des deux tiers de l' indemnité Shimonoséki en échange (1) de l'ouverture immédiate du port de Hiogo et de la ville d'Osaka, et (2) de la révision du tarif douanier sur un base de 5 pour cent *ad valorem* . En conséquence, en novembre 1865, une escadre combinée se rendit à Ōsaka dans ce but.

On a déjà évoqué le souci constant de la Cour d'éloigner les étrangers des environs de la Capitale. On imagine donc aisément la sensation créée par l'apparition de navires de guerre étrangers dans la baie d'Osaka. C'était une répétition de ce qui s'était produit lors de l'arrivée de Perry. La décision prise par la Cour a été la même. Les revendications des représentants étrangers étaient soumises, comme dans le cas de Perry, à un conseil de nobles féodaux. Ceux-ci ayant souscrit au point de vue déjà avancé par le Shōgun , et renforcés par son offre de démissionner, si cela était souhaité, la Cour a fait part de son intention d'accepter l'avis. Cependant, lorsque le décret nécessaire fut publié, on trouva qu'il contenait une clause faisant dépendre la sanction de la modification de certains points des traités qui n'étaient pas en harmonie avec les vues impériales, et insistant sur l'abandon de la stipulation pour l'ouverture de Hiogo . Le décret fut dûment communiqué aux représentants étrangers. Mais ce faisant, le Shōgunat , peut-être déconcerté par la tâche de s'efforcer de concilier les instructions impériales avec le respect des obligations du traité, ou en utilisant, peut-être inconsciemment, les méthodes fallacieuses de l'époque, a dissimulé la clause qui prive la sanction d'une grande partie de sa force. Les traités ont été sanctionnés, explique-t-on, mais la question du port de Hiogo ne peut être discutée pour le moment. Quant au tarif, des instructions seraient envoyées à Yedo pour négocier l'amendement souhaité. Cette omission de la part du Shōgunat de représenter les choses telles qu'elles étaient réellement a induit les gouvernements étrangers en erreur et a provoqué de sérieux malentendus dans la suite.

La promesse concernant le tarif a été dûment tenue. Il fut réalisé l'année suivante (1866) par la signature à Edo de la Convention tarifaire. Un point à noter dans cet instrument est la déclaration concernant le droit des marchands japonais individuels, ainsi que des daimōs et des personnes à leur emploi, de faire du commerce dans les ports du traité et d'aller à l'étranger et d'y faire du commerce, sans être soumis à aucune entrave, ou des restrictions fiscales injustifiées, de la part du gouvernement japonais ou de ses fonctionnaires. Son insertion était due à la détermination des gouvernements étrangers de mettre fin à l'ingérence officielle dans le commerce – une relique du passé, lorsque tout le commerce étranger était contrôlé par le Shōgunat – et à leur souhait, face aux mesures réactionnaires menacées par le gouvernement . Cour, à consigner leur détermination à maintenir le nouvel ordre de choses établi par les traités. En raison du monopole du shogunat sur le commerce extérieur, qui était pratiquement ce à quoi son contrôle avait pratiquement abouti, les bénéfices du commerce avaient gonflé les coffres du gouvernement au détriment des finances des clans - un grief féodal qui n'était pas la moindre des causes responsables de son hostilité envers le gouvernement de Yedo et, indirectement, son sentiment anti-étranger.

Le cours des affaires au cours des quinze années qui suivirent la conclusion du traité Perry a été décrit avec une certaine minutie. Cela a été nécessaire en raison du caractère complexe de la situation politique, tant étrangère qu'intérieure, à cette époque, et aussi parce que la connaissance de certains détails est essentielle à la compréhension des événements ultérieurs. L'un des aspects de la lutte entre la Cour et le Shōgunat , sur lequel l'attention a été attirée, fut le mouvement progressif de plusieurs des principaux clans du côté de la Cour. Le séjour des chefs de ces clans à Kiōto , au mépris des règles Tokugawa, entraîna un relâchement progressif des liens qui unissaient la noblesse territoriale à Yedo , et un déplacement du centre d'action vers la capitale, où se déroule la scène finale. du drame devait être joué.

À la fin de l'année 1866, le Shōgun et son tuteur, le prince Kéiki , se trouvaient à Kiōto . Là, l'empereur Kōmei mourut au début du printemps suivant, sa mort étant suivie quelques jours plus tard par celle du jeune Shōgun . L' empereur Mutsuhito, qui n'avait que quinze ans, accéda au trône et le prince Kéiki devint Shōgun bien contre son gré. Loin d'hériter du caractère énergique de son père, l'ex-prince de Mito, le nouveau Shōgun était d'un caractère réservé. Bien que doté d'une grande intelligence et d'une grande capacité littéraire, il avait un dégoût pour les affaires publiques. Bien conscient des difficultés de l'époque et de l'évolution des tendances défavorables au maintien d'un double gouvernement, il hésitait à assumer les responsabilités de la haute fonction à laquelle il était nommé. Il n'est pas non plus improbable qu'il ait hérité d'une partie au moins des doctrines politiques de son père. C'est pourquoi, lorsqu'en octobre de la même année (1867), l'ex-daimiō de Tosa (dont l'abdication avait été imposée huit ans auparavant par le régent Ïi) présenta un mémoire au gouvernement, conseillant « la restauration de l'ancienne forme de gouvernement impérial direct ». gouvernement », le Shōgun suivit les conseils donnés et démissionna. Sa décision a été communiquée par écrit par le Conseil d'Etat aux représentants étrangers. Dans ce document, qui explique brièvement l'origine de la duarchie féodale et du règne des Tokugawa, le Shōgun s'attarde sur les inconvénients liés à la conduite des relations extérieures dans un système de gouvernement dual impliquant l'existence de ce qui était pratiquement deux tribunaux, et annonce sa décision de restaurer le règne direct du Mikado ; ajoutant toutefois l'assurance que le changement ne perturbera pas les relations harmonieuses du Japon avec les pays étrangers. Il convient également de noter que la déclaration contient une déclaration explicite des vues libérales du dirigeant sortant, qui n'hésite pas à exprimer sa conviction que le moment est venu de prendre un nouveau départ dans la politique nationale et d'introduire des changements constitutionnels d'une grande ampleur. caractère progressif.

Très probablement, la retraite du Shogun aurait pu être organisée de manière pacifique, car ses opinions n'étaient pas un secret pour ses partisans, même si peu les partageaient. Malheureusement, la Cour, agissant sous l'influence de clans dirigeants hostiles au gouvernement de Yedo et désireuse de rupture, publia soudainement un décret abolissant la fonction de Shōgun et modifiant la tutelle du palais, qui fut transféré de Tokugawa. les mains à celles de l'opposition. Ce décret fut suivi par d'autres proclamant le rétablissement de la domination impériale directe ; établir un gouvernement provisoire composé de nobles de la cour, de daimiōs et de leurs serviteurs ; remettre la punition imposée au clan Chōshiū ; et révoquer l'ordre l'expulsant de la capitale. L'action de la Cour a rendu le compromis impossible. Le Shogun se retira à Ōsaka, d'où, après un effort timide pour réaffirmer son autorité par la force des armes, il retourna à Yedo . La guerre civile qui s'ensuivit fut de courte durée. Les forces Tokugawa n'étaient pas à la hauteur des troupes impériales, supérieures en nombre et en discipline. Même si un petit reste des partisans de l'ex-Shogun résista pendant quelques mois dans certains districts du nord de l'île principale, et encore plus longtemps dans l'île de Yezo , au printemps 1869, la paix fut partout rétablie.

Il a été dit par une autorité majeure du Japon que l'une des raisons de la chute du shogunat était que le double gouvernement était un anachronisme. Cela en soi ne présentait aucun obstacle insurmontable à sa continuation ; car le système de gouvernement fictif, qui fleurissait dans une atmosphère imaginaire, avait grandi avec la nation et était considéré comme la condition normale des choses. Cependant, l'utilisation du titre de *Taikun* (magnat) au XVIIIe siècle et le recours au même procédé au XIXe témoignent de son inconvénient dans la conduite des relations extérieures. Et il est raisonnable de supposer qu'un système d'administration aussi lourd n'aurait pas réussi pendant longtemps à satisfaire aux exigences pratiques des relations internationales modernes. Mais en aucun cas le gouvernement Tokugawa n'aurait pu durer plus longtemps. Il portait en lui les germes de sa dissolution. C'était presque moribond quand Perry est arrivé. La réouverture du pays n'a fait qu'accélérer la fin. Il est tombé, comme d'autres gouvernements, parce qu'il avait cessé de gouverner.

Avant la fin de son règne, la maison Tokugawa avait abandonné sa dynastie. Les trois branches principales – Mito, Owari et Kishiū – désertèrent chacune à leur tour la cause Tokugawa ; leur exemple fut suivi par de grandes familles féodales, comme le clan Échizen , liées à la Maison régnante.

Lorsque la longue lignée des dirigeants Tokugawa prit fin, elle était au pouvoir depuis plus de deux siècles et demi. Parmi les quinze Shōgun de la lignée, seuls le fondateur et son petit-fils, le troisième Shōgun , montrèrent de réelles capacités. Le premier était brillant, à la fois comme soldat et comme homme d'État ; ce dernier avait des talents administratifs. Aucun des autres ne se distinguait en aucune façon. Cela n'était pas non plus surprenant. La vie de cour énervante de Kiōto avait été copiée à Yedo . Élevés à la manière orientale depuis leur enfance dans l'atmosphère corrompue des appartements des femmes, Mikado et Shōgun ont grandi sans volonté propre ni connaissance du monde extérieur, prêts à assumer le rôle de marionnettes qui leur était assigné. Le dernier des Shōguns ne déroge pas à la règle. S'il en avait été autrement, il aurait pu y avoir une autre histoire, tout à fait différente, à raconter.

Dans la lutte courte mais décisive qui s'acheva sous la Restauration, aucune influence officielle étrangère n'a eu d'influence. Les puissances étrangères concernées ont conservé une attitude de stricte neutralité, qui se reflète dans l'action de leurs représentants. La tâche de maintenir la neutralité était facilitée par le fait que les intérêts de toutes les puissances, à une exception près, étaient plutôt commerciaux que politiques. Les deux principales puissances d'Extrême-Orient à cette époque étaient la Grande-Bretagne et la

France, les intérêts commerciaux de la première dépassant de loin ceux de son voisin du continent asiatique. L'Allemagne n'avait pas encore atteint la position d'empire qu'elle devait atteindre à la suite de la guerre de 1870, les responsabilités liées à son commerce en croissance lente étant assumées par la Confédération de l'Allemagne du Nord, qui se formait alors sous l'hégémonie de la Prusse. . L'Amérique, encline dès le début à considérer le Japon comme son protégé, ne s'était pas encore complètement remise des effets de la guerre civile ; et bien qu'elle ait ouvert une nouvelle voie commerciale avec l'Extrême-Orient, le développement de sa côte Pacifique en était à ses balbutiements. Elle se targuait de n'avoir aucune politique étrangère susceptible d'entraver son indépendance, et elle n'avait pas non plus de service diplomatique et consulaire organisé. Les intérêts de la Russie, l'exception mentionnée, étaient purement politiques et de peu d'importance ; car ni le chemin de fer de l'Amour ni le chemin de fer chinois de l'Est n'avaient même été projetés, et le développement de la Sibérie orientale avait à peine commencé. Les intérêts des autres puissances conventionnelles étaient négligeables. Cependant, même si, dans ces circonstances, le conflit entre le gouvernement Tokugawa et les impérialistes dépassait la sphère de l'influence officielle étrangère, certaines tendances inévitables se manifestèrent avant que la guerre civile n'éclate. La présence d'instructeurs militaires français engagés par le gouvernement du Shōgun était considérée comme susceptible d'attirer une certaine sympathie française pour la cause Tokugawa - idée renforcée par l'attitude du représentant français et la conduite d'un ou deux de ces officiers. qui accompagna l'expédition navale des Tokugawa à Yezo , où une dernière bataille fut menée. Il y avait en outre, outre leur action officielle, un parti pris naturel de la part de la plupart des représentants étrangers en faveur du shogunat comme étant le gouvernement *de facto* , position qu'il occupait depuis deux siècles et demi. D'un autre côté, la sanction formelle donnée en 1865 par le Mikado à la demande des représentants étrangers aux traités de 1858 avait sans doute encouragé le parti impérialiste dans la mesure où elle avait porté atteinte au prestige du gouvernement Tokugawa. Cette exigence était née de la prise de conscience progressive du fait que le Shōgun n'était pas, comme le représentent les traités en question, le véritable souverain du Japon. Mais il y avait une autre raison. À partir du moment où le gouvernement Tokugawa, au moment de l'arrivée du commodore Perry, avait soumis la question de la réouverture du pays au trône, au lieu d'utiliser tout le pouvoir de gestion des affaires étrangères dévolu au Shōgun, deux centres d' autorité s'étaient développés . , l'un à Kiōto , dont l'influence ne cesse de croître, l'autre à Yedo . Comme le soulignaient les lettres adressées par les représentants étrangers à l'automne 1864 au Tycoon (titre donné au Shōgun dans la correspondance officielle de l'époque), l'existence de ces deux centres d'autorité différents avait été à la base de la plupart des complications survenues en matière de relations extérieures. Les représentants étaient donc, disait-on, obligés d'insister sur la reconnaissance des traités par le Mikado, « afin que de futures difficultés puissent être évitées et que les relations avec les étrangers puissent être placées sur une base plus satisfaisante et plus durable ». En d'autres termes, la reconnaissance des traités par le Mikado était recherchée afin de mettre un terme à l'agitation anti-étrangère qui paralysait la conduite des affaires du shogunat et créait une situation très dangereuse. La réticence du Shōgunat à se conformer à cette exigence ne tend pas à améliorer sa position auprès des représentants étrangers, tandis que cette position est encore affaiblie par sa persistance à adhérer au faux statut accordé au Shōgun . L'utilisation continue du terme « Sa Majesté » dans la correspondance officielle entre les ministres du Shōgun et le corps diplomatique longtemps après que des doutes soient apparus quant à son exactitude était génératrice de méfiance ; et leur confiance dans la sincérité du gouvernement a été ébranlée par ses efforts acharnés, pour diverses raisons, pour isoler autant que possible les étrangers, et par la preuve de sa complicité dans l'affaire de l'ordonnance d'expulsion des étrangers rendue par la Cour, ainsi que dans l'affaire Shimonoséki . .

Dans ces circonstances — et en raison également des communications amicales établies avec les deux clans dirigeants après les représailles — il n'est pas surprenant que, quelque temps avant l'appel aux armes, une tendance à sympathiser avec la cause de le souverain *de jure* aurait dû se montrer dans certains milieux diplomatiques. Les intrigues intenses menées par les deux partis rivaux, qui n'étaient en aucun cas confinées aux cercles nationaux, ont peut-être conduit, et ont probablement conduit, ceux dont la connaissance de l'histoire japonaise, bien qu'imparfaite, dépassait de loin celle des autres, à attacher un poids excessif à l'histoire du Japon. la doctrine de la suprématie impériale active et intacte inculquée assidûment par le parti de la Cour, et ainsi arriver à la conclusion non illogique que les Shōguns Tokugawa étaient les usurpateurs fautifs qu'ils ont été décrits comme étant par les historiens impérialistes. Il y a des raisons de croire que cette sympathie prononcée, avant le début des hostilités, en faveur du camp qui s'est avéré être le camp vainqueur, a été un facteur important dans l'issue de la lutte.

Un autre point mérite une attention particulière. Lorsque le shogunat cessa de régner, le vaste territoire connu sous le nom de domaines du shogun passa sous le contrôle du nouveau gouvernement. La classification des terres à travers le pays à des fins administratives tomba ainsi temporairement en quatre divisions : la petite zone connue sous le Shōgunat sous le nom de domaines impériaux, dont les revenus féodaux avaient été tout à fait insuffisants pour l'entretien de la Cour ; les domaines de l'ancien Shōgun , dont la disposition définitive était en suspens ; les territoires des clans, tels que modifiés par les mesures prises à l'égard de ceux qui, ayant épousé la cause Tokugawa, avaient résisté jusqu'au bout aux forces impérialistes ; et les grandes villes de Yedo , Kiōto et Ōsaka, qui formaient un groupe à elles seules.

CHAPITRE VI
Chronologie japonaise – Clans Satsuma et Chōshiū – Le « Serment de la Charte ».

Dans le mouvement qui balaya les shoguns Tokugawa , deux cris furent lancés par les impérialistes : « Honorez le souverain » et « Expulsez l'étranger ». Ils constituaient le programme du parti. A peine la révolution fut-elle couronnée de succès que la deuxième partie du programme fut abandonnée. La majeure partie de la classe militaire avait été amenée à croire que la chute du shogunat entraînerait le retrait des étrangers et la fermeture du pays. Mais les plus sages parmi les dirigeants révolutionnaires reconnurent que ce plan était irréalisable. Ils avaient autrefois, quelles que soient les conséquences, encouragé ce cri afin d'attiser le sentiment populaire contre le shogunat . Mais avec la disparition du gouvernement Yedo , la situation a changé. De plus, au cours des quinze années qui s'étaient écoulées depuis le traité de Perry, la première amertume du sentiment anti-étranger avait commencé à s'estomper. L'ignorance antérieure du monde extérieur a cédé la place à une meilleure connaissance. Une association plus étroite avec les étrangers avait révélé la perspective de certains avantages à tirer du commerce extérieur, tandis que les combats de Kagoshima et de Shimonoséki avaient été une leçon de choses pour beaucoup, dont la lecture de l'histoire leur avait donné une idée exagérée de la force de leur pays. Il y avait aussi parmi les dirigeants des hommes conscients non seulement de la faiblesse militaire du Japon, par rapport aux nations étrangères avec lesquelles des traités avaient été conclus, mais aussi de l'importance d'introduire des changements sur le modèle de la civilisation occidentale dans de nombreuses branches du monde. administration. L'étranger resta donc et la politique étrangère du shogunat se poursuivit. L'autre cri, « Honorez le souverain », laissait une grande latitude d'interprétation. Le discours sur l'établissement d'un pouvoir impérial direct, auquel les impérialistes se livraient si librement, n'était guère destiné à être pris au sens littéral, pas plus que les phrases vagues des manifestes de l'époque concernant l'abolition du double gouvernement, car le gouvernement personnel du souverain était à des époques historiques inconnues. Il exprimait simplement indirectement l'objectif principal en vue : la cessation du règne des Tokugawa. Ce but fut atteint, et plus facilement qu'on ne l'avait prévu ; mais le double système d'administration et la méthode de gouvernement de figure de proue étaient trop profondément enracinés pour être supprimés d'un seul coup, même si l'on avait voulu le faire. Le Shōgunat fut donc remplacé par un gouvernement des clans qui avaient joué un rôle de premier plan dans la Restauration, tandis que la méthode de gouvernement de figure de proue fonctionnait comme auparavant.

La Restauration a marqué le début de ce que l'on appelle « l'ère Meiji » ou « l'ère du gouvernement éclairé », nom donné à la nouvelle période annuelle créée alors. Le point n'est pas sans importance. Cette période d'un an marqua le début d'un règne plus fécond en changements rapides et plus profonds que tous ceux qui l'avaient précédé ; cela s'est synchronisé avec l'ascension du Japon de la position d'un obscur pays asiatique à celle d'une grande puissance ; et il a été choisi avec une pertinence indéniable comme nom posthume du monarque avec la mort duquel il s'est terminé. En s'y attardant, il faudra approfondir un peu la question assez compliquée de la chronologie japonaise, qui appelle des explications.

Il y avait autrefois au Japon quatre manières de compter le temps. C'étaient : (1) Sous les règnes de Mikados ; (2) par périodes d'années (*Nengō*), qui se chevauchaient constamment, l'une se terminant et l'autre commençant dans la même année de notre chronologie, de sorte que la dernière année de la première était la première année de la seconde, l'année en question, qui n'a jamais commencé le premier jour du premier mois, ayant donc deux désignations ; (3) par le cycle sexagénaire chinois ; et (4) par calcul à partir de la première année du règne de *Jimmu Tennō* , le mythique fondateur du Japon. Le premier a été utilisé très tôt dans les compilations historiques. Il a cessé d'être utilisé depuis longtemps et les archives qui en découlent ne sont pas fiables. La seconde fut empruntée à la Chine lors de la « Grande Réforme » du VIIe siècle, qui donna son nom à la première période-année japonaise. Celui-ci et le troisième, le cycle sexagénaire, étaient utilisés seuls et conjointement. Le quatrième système (basé sur le règne imaginaire du fondateur mythique du Japon vers 660 avant JC) est d'origine relativement récente, son adoption étant due au même patriotisme quelque peu farfelu qui encourage la croyance en la divinité des souverains japonais.

La période annuelle, ou *Nengō* , copiée de Chine, avait dans ce pays une *raison d'être particulière* , car elle changeait avec l'avènement d'un nouvel empereur, sa durée étant par conséquent celle du règne par lequel elle commençait. Au Japon, probablement en raison de l'isolement du souverain et de l'absence de gouvernement personnel, la période annuelle n'avait aucun lien direct avec le règne d'un Mikado ou le règne d'un Shōgun, la correspondance, lorsqu'elle avait lieu, étant, avec peu de cas , des exceptions, purement fortuites. En règle générale, un événement inhabituel ou surprenant était la raison d'un changement, mais au Japon, comme en Chine, un grand soin était apporté au choix des noms propices aux périodes du nouvel an. Depuis la Restauration, cependant, il a été décidé de suivre l'ancienne pratique chinoise et de créer une nouvelle période d'un an lors de l'avènement d'un nouveau souverain. Cette décision fut mise en vigueur pour la première fois à la mort du défunt empereur en 1912. La période de l'année *Meiji* prit alors fin et une nouvelle période d'année, *Taishō* , ou « Grande Droiture », commença. En raison du chevauchement des périodes annuelles, sur lequel l'attention a été attirée, la nouvelle période annuelle date de la même année que celle au cours de laquelle la période *Meiji précédente a pris fin.*

Le cycle sexagénaire s'est formé en combinant les douze signes chinois du zodiaque, pris dans leur ordre fixe, à savoir « Rat », « Taureau », « Tigre », « Lièvre », etc., avec ce que l'on appelle les « dix » . tiges célestes. Ces dix tiges, encore une fois, ont été formées en arrangeant les cinq éléments primitifs – la terre, l'eau, le feu, le métal et le bois – en deux sections, ou classes, appelées respectivement « aîné » et « frère cadet ». Cette disposition s'inscrivait exactement dans un cycle de soixante ans, nombre divisible par dix et douze, nombres de ses deux facteurs qui le composent. Lorsque la période-année et le cycle sexagénaire étaient utilisés conjointement, il était d'usage de mentionner d'abord le nom de la période-année, puis le numéro de l'année en question dans cette période, et enfin, encore une fois, la position de l'année dans le cycle sexagénaire.

Autrefois aussi, le mois au Japon était un mois lunaire. Parmi eux, il y en avait douze. Tous les trois ans, un mois intercalaire était ajouté afin d'apporter la correction nécessaire au calcul exact du temps. Il n'y avait pas de division de temps correspondant à notre semaine. Cependant, cette méthode fut progressivement utilisée après la Restauration, les jours étant appelés d'après le soleil, la lune et les cinq éléments primitifs. Le congé hebdomadaire est désormais une institution japonaise. Il y a aussi dans chaque année vingt-quatre périodes d'une durée nominale de quinze jours chacune, réglées selon le climat et la saison de l'année, qui sont étroitement liées aux opérations agricoles et portent des noms distinctifs, tels que « Grand Froid », « Petit Froid ». », « Saison des pluies », etc. Chaque mois est également divisé en trois périodes de dix jours chacune, appelées respectivement *Jôjun* , *Chiûjun* et *Géjun* , ou première, moyenne et dernière périodes.

Avec l'adoption du calendrier grégorien, entré en vigueur le 1er janvier 1873, le cycle sexagénaire et le mois lunaire disparurent, et avec eux, bien sûr, les étranges appellations zodiacales des années. Les autres traits distinctifs de la chronologie japonaise ont survécu. Il existe maintenant trois manières reconnues de calculer le temps annuel : par périodes annuelles, par le calendrier chrétien et par le calendrier national, datant de l'année 660 avant JC . L'année 1921 peut donc être parlée soit comme nous le faisons, soit comme la dixième année. de *Taishō* ;, ou comme l'année 2581 du calendrier national.

L'adoption du calendrier grégorien a suscité quelques grognements, comme lors de son introduction en Angleterre au XVIIIe siècle, où il a été accueilli avec le cri : « Rendez-nous nos onze jours ». Au Japon, il y avait plus de raisons de se plaindre, car l'année 1872 avait été raccourcie de pas moins de vingt-neuf jours, ce qui aurait été, selon l'ancien calendrier, le troisième jour du douzième mois de la cinquième année de Meiji étant ainsi *modifié* . comme pour devenir le premier jour du premier mois de la sixième année de Meiji (1er janvier 1873). Ce changement a occasionné bien des inconvénients et même des difficultés, puisque la fin de l'année, moment choisi, est le moment fixé pour le règlement de tous les comptes entre débiteurs et créanciers.

La Restauration fut l'œuvre de quatre clans – Satsuma, Chōshiū , Hizen et Tosa – dont les territoires se trouvaient chacun dans le sud-ouest du pays, sans toutefois avoir de frontières communes. La formation par les chefs féodaux d'alliances de courte durée pour des objets précis avait été la caractéristique distinctive des temps instables qui ont précédé l'établissement du règne des Tokugawa. Les Shōguns Tokugawa y mirent fin , qui, par diverses mesures déjà décrites, maintinrent l'aristocratie féodale dans une complète soumission. Cependant, dès que le pouvoir du Shōgunat commença à décliner, l'esprit indépendant des clans reprit le dessus. Cette tendance fut encouragée par l'attitude des principales familles Tokugawa. À l'arrivée de Perry, la maison de Mito avait soutenu la cour contre le shogunat sur la question du traité ; tandis que la maison d' Owari , quelques années plus tard, se rangea du côté de Chōshiū dans sa deuxième et victorieuse lutte contre le gouvernement de Yedo , abandonnant ainsi définitivement la cause Tokugawa. Les alliances formées dans ce regroupement de clans étaient du même genre artificiel que celles qui avaient eu lieu aux époques féodales antérieures. Hormis l'objectif commun qui les rassemblait, le renversement du régime Tokugawa, il n'existait aucune sympathie réelle entre aucun des quatre clans qui prirent le rôle principal dans la Restauration. Cela aurait été étrange s'il y en avait eu, car aucun clan, dont les frontières étaient jalousement gardées pour empêcher l'entrée des étrangers, n'avait pour politique d'entretenir des relations amicales avec un autre. Dans le cas de deux des clans alliés, Satsuma et Chōshiū , des difficultés particulières empêchaient un accord. Ils étaient depuis longtemps rivaux pour la confiance de la Cour, tandis que les changements constants dans les relations entre Kiōto et Yedo donnaient lieu à de nouvelles frictions et jalousies. Plus récemment également, le naufrage d'un bateau à vapeur de Satsuma par les forts de Chōshiū , le raid de Chōshiū sur le palais impérial et l'invasion ultérieure du territoire de Chōshiū par le shogunat , au cours desquelles les membres du clan Chōshiū se sont retrouvés à lutter contre ceux de Satsuma, avaient créé un sentiment d'hostilité active. L'auteur de « *Ishin Shi* » ou « Histoire de la Restauration » explique comment ces difficultés furent finalement résolues grâce aux efforts des hommes du clan Satsuma, que la situation critique des affaires avait amenés au premier plan, par la médiation d'hommes de influence dans les clans Tosa , Hizen et autres, dont les sympathies politiques allaient dans la même direction, et par la coopération de certains nobles de la cour, dont la connaissance des affaires intérieures s'est acquise dans la conduite des relations entre la cour et le shogunat, et dont la position à la Cour étaient d'une grande valeur pour le parti impérialiste. Certains de ces nobles de la cour avaient été placés sous la garde du daimō de Chikuzen après la répression du premier soulèvement de Chōshiū , et grâce à leurs efforts et à ceux des autres médiateurs déjà mentionnés, une entente amicale fut enfin établie entre Satsuma et Chōshiū . membres du clan. Cet obstacle ayant été levé, un plan de campagne fut discuté et arrêté par les quatre clans. La force militaire de l'alliance ainsi formée fut bientôt prouvée dans la courte lutte qui se termina par la chute du shogunat .

ŌKUBO ICHIZO .

Figure de proue du mouvement de restauration et, jusqu'à sa mort prématurée, membre du gouvernement formé par la suite. Sa mort est survenue avant la création de la nouvelle pairie, mais son fils, l'actuel marquis, fut anobli en reconnaissance des services de son père.

Il restait d'autres problèmes d'ordre politique. Ces problèmes ont été résolus progressivement au fil des événements. La forme du gouvernement qui devait remplacer celui qui était tombé n'était pas la moindre de ces questions. Sur ce point, il y avait eu avant la Restauration de nombreuses divergences d'opinions. Selon l'auteur de *L'Éveil du Japon*, les « fédéralistes » de Satsuma, comme il les appelle, souhaitaient réorganiser le système féodal dans une large mesure sur les lignes qui existaient dans le demi-siècle qui précéda la domination des Tokugawa. Les dirigeants Chōshiū , nous dit-on, cherchaient leur idéal plus loin. Ils préconisaient la restauration de la bureaucratie impériale de l'époque pré-féodale. Ce point de vue, soutenu par les nobles de la cour, qui espéraient peut-être renforcer leur propre position en augmentant le prestige impérial, fut celui qui finit par prévaloir. Deux arguments puissants militent en faveur de son adoption. L'une d'entre elles était qu'il était inopportun de tenter de conserver la constitution du gouvernement précédent, même si cela avait été possible. Une autre résidait dans la nécessité de tirer pleinement parti du courant du sentiment populaire en faveur de la Restauration et, en même temps, alors que l'influence des hommes émergents était encore faible, d'œuvrer autant que possible par l'intermédiaire de la classe de la Cour. nobles qui avaient administré ce système dans les premiers temps.

La forme choisie pour la nouvelle administration était celle du système bureaucratique de l'époque pré-féodale, modifié dans une certaine mesure par des innovations copiées de l'étranger. La caractéristique principale de cette administration était sa division en huit départements. Deux d'entre eux, le Département de l'Administration Suprême et le Département du Shintō (qui ne s'occupait que des questions concernant la foi indigène, le Shintō), se classaient ensemble, et avant les six autres, dont l'un s'occupait de la législation, tandis que les cinq autres correspondaient en une voie générale vers des départements similaires dans les pays occidentaux. Cependant, entre les deux départements supérieurs, même si l'autorité était nominalement égale, le plus grand prestige revenait au département du Shintō .

On verra que le nouveau gouvernement, formé au printemps 1868 avant la capitulation définitive des forces Tokugawa, n'était, au mieux, qu'une tentative disparate de reconstruction administrative. Sa forme pré-féodale avait peu de points communs avec le féodalisme qui survivait encore, et il n'était pas non plus possible d'harmoniser les innovations empruntées à l'Occident avec un système ancien dans lequel la place la plus élevée était réservée au département qui contrôlait toutes les questions liées au Shintō primitif . culte. À l'automne de la même année et à plusieurs reprises au cours des années suivantes, de nombreux changements administratifs furent introduits. Il est inutile d'entrer longuement dans les détails de ces questions. Ils seront évoqués, lorsque cela sera essentiel, ultérieurement au cours de ce récit. Il suffira pour le moment de noter qu'un Conseil d'État, dont la constitution et les fonctions étaient modifiées de temps à autre si fréquemment qu'elles intriguaient les administrateurs eux-mêmes, fut substitué au Département de l'Administration Suprême, réduisant ainsi le nombre des administrateurs. de départements à sept ; et que le département du culte shintō a connu de nombreuses vicissitudes, pour finalement être réduit au statut relativement humble d'un bureau du ministère de l'Intérieur, position qu'il occupe aujourd'hui. Comme on pouvait s'y attendre dans le cas d'un gouvernement venu au cri de la restauration du pouvoir impérial, à une époque où une atmosphère de semi-divinité entourait encore la Cour, le nouveau ministère comprenait plusieurs princes impériaux et nobles de la cour. Le prince Arisugawa devient président du nouveau gouvernement, tandis que les deux nobles de la cour, Sanjō et Iwakura, qui ont joué un rôle déterminant dès le début dans la promotion de l'alliance clanique qui renverse le shogunat, sont nommés vice-présidents. Deux autres princes impériaux et cinq nobles de la cour furent placés à la tête des sept départements restants, la deuxième position dans trois d'entre eux étant donnée aux daimōs d' Échizen, Aki et Higo. Parmi ceux qui occupaient des postes mineurs figuraient Ōkubo et Terashima de Satsuma, Kido de Chōshiū, Gotō de Tosa, Itō et Inouyé, les deux jeunes membres du clan Chōshiū qui, à leur retour d'Angleterre en 1864, avaient tenté sans succès d'empêcher le Les hostilités Shimonoséki, Ōkuma de Hizen et d'autres dont les noms sont familiers au Japon.

Dans le groupe des princes et autres notables mentionnés ci-dessus, la seule personnalité marquante était Iwakura, qui prit immédiatement une place de premier plan dans la direction des affaires. Les autres ne prirent aucune part active à l'administration. Ils n'étaient que des figures de proue commodes, apportant stabilité et prestige au nouvel ordre de choses, leur présence apportant également l'assurance que l'objectif principal de la Restauration avait été atteint.

Malgré les innovations occidentales incorporées dans sa constitution, la forme adoptée par le nouveau gouvernement ne donnait que peu d'indications sur les réformes radicales qui étaient destinées à être accomplies au cours du nouveau règne. L'année même de sa naissance, l'attaque meurtrière contre le ministre britannique et sa suite alors qu'ils se rendaient à une audience de l'empereur à Kiōto a fourni une preuve incontestable de l'existence encore d'un fort sentiment anti-étranger. Cependant, compte tenu du fait que le cri « Expulsez l'étranger » s'est poursuivi jusqu'à la veille de la chute du shogunat, et que jusqu'au dernier moment, la majeure partie de la classe militaire dans de nombreux districts a été amenée à croire que Si la Restauration allait s'accompagner de la fermeture du pays, il n'était pas surprenant que la survivance du sentiment anti-étranger se manifeste par des explosions fanatiques de cette nature. D'un autre côté, l'emploi à des postes subalternes du nouveau ministère d'hommes de la classe militaire, connus pour être des réformateurs convaincus, fournissait la preuve que la politique du nouveau gouvernement serait, si leurs vues l'emportaient, progressiste et non réactionnaire. Et une preuve supplémentaire du départ nouveau et radical envisagé par les esprits actifs du gouvernement fut fournie par ce que l'on appelle le « Serment de la Charte » prononcé par le jeune Mikado le 6 avril 1868, après la formation du nouveau gouvernement.

Dans ce serment, il annonça ses intentions dans un langage sans équivoque qui reflétait sans aucun doute les idées et les aspirations des réformateurs. La première des cinq clauses du Serment constituait la note dominante de l'ensemble, pointant vers la création d'institutions parlementaires. Des « assemblées délibérantes » – ainsi disait-on – « seront établies sur une vaste échelle, et toutes les mesures de gouvernement seront décidées par l'opinion publique. » Et la dernière clause renforçait la résolution exprimée en déclarant que « la connaissance doit être recherchée dans le monde entier », phrase qui indiquait indirectement l'intention de puiser dans les ressources de la civilisation occidentale. Les autres passages du manifeste exposaient simplement les principes vagues et éculés de la politique chinoise, adoptés depuis longtemps par les administrateurs japonais.

la correspondance générale des intentions impériales, telles qu'exposées dans le Serment, avec les vues du dernier des Shōguns , telles qu'exprimées dans la déclaration annonçant sa démission qui fut communiquée aux représentants étrangers à l'automne de l'année précédente. . Cela montre que la politique libérale annoncée n'était pas le monopole du parti du progrès dans le nouveau ministère, mais qu'un sentiment en faveur de la réforme était très largement entretenu. Bien entendu, il n'était pas question à l'époque de donner aux masses une voix dans le gouvernement du pays, car le système féodal existait encore et la majeure partie de la population ne s'intéressait pas aux affaires publiques. Il était néanmoins clair que certaines institutions représentatives, si imparfaites que puissent être les conceptions populaires de celles-ci, étaient le but vers lequel se tournaient les pensées des hommes.

CHAPITRE VII

Nouveau gouvernement – Sentiment de clan à Satsuma – Changements administratifs – Réformateurs et réactionnaires.

Au printemps de l'année suivante (1869), lorsque l'ordre fut enfin rétabli et que le jeune Mikado eut tenu sa première audience de représentants étrangers, on tenta de donner effet pratique aux intentions impériales en créant une assemblée délibérante à laquelle le le nom de *Kōgisho* , ou parlement, fut donné. Il comptait 276 membres, un pour chaque clan. Ici encore, nous sommes frappés par la diversité des opinions progressistes dans le pays, indépendamment des sentiments de parti et des préjugés anti-étrangers, car dans un manifeste publié par l'ex-Shōgun deux mois avant sa démission, il avait déclaré son désir « de écoutez la voix de la majorité et établissez une assemblée délibérante, ou parlement »—le mot même *de Kōgisho* est utilisé.

Comme on pouvait le prévoir, cette première expérience, faite dans une atmosphère de féodalité, fut un échec ; mais Sir Harry Parkes, alors ministre britannique, décrivant un débat qui eut lieu au sujet du commerce extérieur, dit que le résultat de la discussion et son ton général étaient dignes du discernement de ce parlement embryonnaire.

Le traitement accordé aux partisans de la cause Tokugawa, lorsque les hostilités cessèrent définitivement au printemps de 1869, fut marqué par une générosité aussi sage qu'inattendue. Au Japon, jusqu'à cette époque, peu de considération avait été accordée à la partie vaincue dans les guerres civiles. De plus, en s'opposant aux impérialistes, le camp vaincu avait gagné le malheureux titre de rebelles (*Chōteki*), réservé à ceux qui prenaient les armes contre la Couronne. Dans ce cas, les conseils modérés prévalurent. Les territoires du daimō d' Aidzu , l'épine dorsale de la résistance Tokugawa, et ceux d'un autre chef du nord, furent confisqués ; dix-huit autres daimiōs furent transférés dans des fiefs éloignés avec des revenus moindres ; tandis que dans quelques cas, le chef d'un clan était contraint d'abdiquer en faveur d'un proche parent. Les représailles ne sont pas allées plus loin. Plus tard, lorsque le système féodal fut aboli, la même libéralité se manifesta en matière de pensions féodales, particulièrement visible dans le cas de deux larges sections de la classe militaire, les Hatamoto et les Gokénin, qui formaient la *suite* personnelle *héréditaire* de les Shoguns Tokugawa .

La générosité manifestée par le gouvernement a suscité beaucoup de mécontentement parmi la classe militaire de nombreux clans. Ce fut notamment le cas à Satsuma, où d'autres motifs d'insatisfaction existaient. La position du clan Satsuma a toujours été quelque peu différente de celle des autres clans. Sa situation à l'extrémité sud-ouest du royaume, loin du siège de l'autorité, avait favorisé le développement d'un esprit indépendant, et le clan était depuis longtemps réputé pour ses qualités guerrières. Bien que soumis par le dirigeant militaire qui précéda les shoguns Tokugawa et professant fidélité à la maison Tokugawa, le clan avait conservé une mesure appréciable d'importance et de prestige, voire d'indépendance, que les shoguns en question avaient pris soin de respecter. Le précédent chef du clan avait avant sa mort en 1859 adopté comme héritier le fils de son frère, alors enfant de cinq ans. Les affaires du clan étaient depuis lors dans une large mesure contrôlées par ce frère, Shimadzu Saburō , nom familier aux étrangers à propos de l'outrage qui conduisit au bombardement de Kagoshima ; mais il était en mauvaise santé et, au moment où le nouveau gouvernement fut formé, le contrôle des affaires du clan était en grande partie passé entre les mains de l'aîné Saigō , un homme à la personnalité imposante, dont le défi audacieux envers les autorités Tokugawa dans les jours de tempête. précédant la Restauration avait fait de lui un héros populaire et parmi d'autres membres de clans influents. Shimadzu et l'aîné Saigō étaient tous deux de fervents conservateurs, opposés à toutes les innovations étrangères. Mais il y avait un groupe progressiste fort dans le clan dirigé par des hommes tels qu'Ōkubo et le jeune Saigō , qui étaient loin de partager les tendances réactionnaires des dirigeants plus âgés. Cette division des sentiments au sein du clan fut une des causes des dissensions au sein du ministère qui surgirent en 1870, et elle eut des conséquences importantes, qui se manifestèrent quelques années plus tard dans l'épisode tragique de la rébellion de Satsuma.

La première note de discorde vint de Satsuma. L'un des premiers actes du nouveau gouvernement fut de transférer la capitale de Kiōto à Yedo , qui fut rebaptisée Tōkiō , ou « capitale de l'Est ». Les troupes Satsuma qui étaient stationnées à Tōkiō comme gardes du gouvernement ont soudainement demandé à être libérées de ce service. L'argument avancé était que les finances du clan, qui avaient souffert des lourdes dépenses engagées pendant la guerre civile, ne permettaient pas cette coûteuse mission de garnison. Mais les véritables raisons étaient sans aucun doute un sentiment de déception de la part d'une majorité des membres du clan face à ce qui était considéré comme la petite part attribuée à Satsuma dans la nouvelle administration, et une certaine jalousie ressentie par les deux dirigeants qui présentèrent la pétition envers leur plus jeune. et des collègues plus actifs, combinés à une méfiance à l'égard de leur enthousiasme pour la réforme.

La garnison fut autorisée à rentrer chez elle et l'aîné Saigō retourna également dans sa province. Le moment était critique. Le gouvernement ne pouvait pas se permettre de perdre le soutien des deux plus éminents dirigeants de Satsuma, ni, à ce stade précoce du travail de reconstruction qui l'attendait, d'acquiescer à la défection d'un allié aussi puissant. L'année suivante (1871), une mission de conciliation, dont Iwakura et Ōkubo étaient les principaux personnages, fut envoyée au clan offensé pour présenter au nom du Mikado une épée d' honneur sur la tombe du frère de Shimadzu, le défunt daimō. de Satsuma. La mission s'est également vu confier un message écrit du trône à Shimadzu l'exhortant à se manifester pour soutenir le gouvernement du Mikado. Grâce à cette étape, le sentiment de clan fut momentanément apaisé et Saigō retourna dans la capitale et devint membre du gouvernement.

L'instabilité de la situation à cette époque fut illustrée par les changements intervenus dans le personnel du ministère en septembre de la même année et par la révision administrative qui suivit en quelques mois. La première avait pour effet de renforcer l'élément progressiste dans l'administration aux dépens de la vieille aristocratie féodale. Le Cabinet, tel que réorganisé, se composait de Sanjō comme Premier ministre et d'Iwakura comme ministre des Affaires étrangères ; quatre conseillers d'État, Saigō , Kido, Itagaki et Ōkuma , représentèrent les quatre clans Satsuma, Chōshiū , Tosa et Hizen , tandis qu'un autre homme de Satsuma, Ōkubo , devint ministre des Finances. La révision de la constitution eut pour effet de diviser le *Dajōkwan* , ou Exécutif Central, créé l'année précédente, en trois branches, le *Sei-in* , sorte de Conseil d'État présidé par le Premier ministre ; le *Sa-in* , Chambre exerçant des fonctions délibératives, qui ne tarda pas à remplacer le *Kōgisho* ; et l' *U-in* , une émanation subordonnée du Conseil d'État, qui fut peu après fusionnée dans cet organe. Ces changements administratifs n'avaient que peu de signification réelle. Leur principal intérêt réside dans le fait qu'ils montrent à quel point certains réformateurs enthousiastes étaient obsédés par l'idée d'institutions délibératives, de méthodes parlementaires d'une certaine sorte, incarnées dans le cadre de la nouvelle constitution ; et dans le fait en outre que les nouveaux ministres d'État en chef, dans le cadre de cette réorganisation, le Daijō Daijin , Sadaijin et Udajin empruntèrent leurs titres officiels aux chambres qu'ils présidaient. Sir Francis Adams, décrivant ces changements dans son *Histoire du Japon,* mentionne que la Chambre délibérante était considérée à l'époque comme « un refuge pour les visionnaires politiques, qui avaient ainsi l'occasion d'exprimer leurs théories sans nuire » et que « les membres Les membres de la Chambre exécutive subordonnée (l' *U-in*), qui étaient censés se réunir une fois par semaine pour l'exécution des affaires, ne se sont jamais réunis.» Il a ajouté qu'il n'avait jamais pu savoir quelles étaient les fonctions de cette Chambre, ni ce que faisaient ses membres. Le véritable travail d'administration était assuré par un groupe restreint mais actif de réformateurs des quatre clans, qui concentraient progressivement toute l'autorité entre leurs mains.

Les hauts postes ministériels ainsi créés furent occupés par Sanjō , Shimadzu et Iwakura . Ce dernier, le plus jeune des trois, partageait avec Kido et Ōkubo la direction principale des affaires. Les deux autres n'étaient que des figures de proue, même si leurs positions respectives à la Cour et à Satsuma donnaient de la force au gouvernement.

KIDO JUNICHIRŌ .

En reconnaissance des services rendus à l'État avant la création de la nouvelle pairie, son fils fut anobli après la mort de son père. Sa mort est survenue avant la création de la nouvelle pairie, mais son fils, l'actuel marquis, fut anobli en reconnaissance des services de son père.

La nomination de Shimadzu était une étape supplémentaire dans la conciliation de Satsuma, un développement de la politique de concessions opportunes qui avait évité une rupture avec ce clan. La conclusion de l'alliance entre les quatre clans, qui rendit possible la Restauration, avait, comme nous l'avons vu, été une affaire difficile. Une tâche encore plus difficile attend le nouveau gouvernement. Il s'agissait de maintenir l'alliance pour des objectifs futurs, d'assurer la coopération ultérieure des mêmes clans dans l'œuvre de reconstruction. Le premier pas dans la nouvelle direction, la formation d'un gouvernement pour remplacer le shogunat , avait été franchi. Même si ce gouvernement avait les défauts de son caractère purement artificiel, même s'il n'était rien de mieux qu'une tentative futile de combiner des choses aussi incompatibles que les institutions orientales et occidentales, les systèmes féodaux et pré-féodals, il avait au moins le mérite d'être le résultat d'un véritable compromis suscité par la pression des nécessités politiques. Les éléments conservateurs et anti-étrangers ainsi que les éléments progressistes du ministère, les deux partis au compromis, devaient être plus ou moins conscients des graves difficultés que rencontrait l'œuvre de reconstruction. Le mécontentement à Satsuma n'était qu'un des nombreux symptômes des graves troubles qui se manifestèrent dans tout le pays. Un sinistre indice du déclin progressif de l'autorité des Tokugawa avait été fourni par la suppression, en 1862, de la résidence forcée des nobles féodaux à Yedo , avec tous les conséquences que cela entraînait. Cette décadence avait entraîné l'affaiblissement des liens féodaux. Le laxisme de l'administration des clans, sa conséquence naturelle, avait donné l'occasion de commettre des méfaits à la classe dangereuse des sans-clan . *samouraï* , ou *rōnin* . Ils n'ont pas tardé à en profiter, comme le montre la fréquence des attaques meurtrières contre les Japonais et les étrangers ; et la crainte d'une action combinée de la part de ces voyous qui pourraient à tout moment menacer la sécurité de l'ensemble de la communauté étrangère avait conduit au stationnement de troupes étrangères à Yokohama. L'action, en outre, des impérialistes pour encourager le sentiment anti-étranger car leurs propres objectifs immédiats avaient apporté leur propre ennemi en donnant libre cours aux impulsions turbulentes du caractère national. Les jalousies claniques, que l'alliance des quatre clans avait un temps étouffées, commencèrent également à se réaffirmer.

Avec la chute du gouvernement Tokugawa, ces influences perturbatrices ont joué pleinement leur rôle, alors que les ressources des nouveaux dirigeants pour y faire face étaient très insuffisantes. Des ruines du système complexe d'administration de Tokugawa, il ne restait guère de choses ayant une valeur matérielle pour les bâtisseurs du nouveau cadre d'État. Les méthodes de financement au corps à corps des Tokugawa, largement dépendantes de contributions féodales irrégulières, avaient abouti à un Trésor public épuisé, laissant plus de dettes que d'actifs aux successeurs des Shōguns . Les finances des clans n'étaient pas non plus en meilleur état. La monnaie du pays était dans un état de confusion désespérée en raison de la grande variété de billets et d'émissions métalliques en circulation dans tout le pays, le Shōgunat et la plupart des clans possédant leur propre papier-monnaie, qui était à prime ou à rabais. selon les circonstances. Le commerce et l'industrie furent également entravés dans leur développement par les règles rigides qui fermaient les frontières des clans et des provinces aux étrangers, et par les nombreux obstacles sous forme de barrières et de péages qui faisaient obstacle aux relations sexuelles et à l'échange de marchandises entre les différentes parties du pays. . Pour couronner le tout, la marine ne comptait que quelques navires, tous de type obsolète à l'exception d'un moniteur acheté par le gouvernement Tokugawa à l'Amérique, et il n'y avait pas d'armée régulière au service de l'État.

Les forces militaires dont disposait autrefois le shogunat constituaient sur le papier au moins une armée respectable pour l'époque, suffisante, couplée à la politique de *diviser et impera* systématiquement suivie par les shoguns Tokugawa , pour intimider la noblesse féodale dont l'allégeance était douteuse. Le nombre total de ces troupes peut être estimé à environ 400 000 hommes. Il s'agissait de prélèvements auprès des clans. Par une loi votée au milieu du XVIIe siècle, les clans étaient tenus de fournir au gouvernement des contingents fixes de troupes, lorsque l'occasion l'exigeait, le nombre d'hommes à fournir étant réglé par le revenu du clan, revenu qui, encore une fois , étant la valeur du produit annuel évalué de ses territoires. Mais l'efficacité de ces troupes s'était naturellement détériorée au cours de la longue période de paix coïncidant avec le règne des Tokugawa, et dans les jours ultérieurs des Tokugawa, on ne pouvait pas non plus compter beaucoup sur leur loyauté envers Yedo . La faiblesse militaire du shogunat avait été révélée au cours des opérations contre le clan Chōshiū , et suffisamment de temps ne s'était pas écoulé pour que les services des quelques instructeurs étrangers employés par le gouvernement Tokugawa pour réorganiser l'armée aient eu un quelconque effet positif. Pendant la guerre civile, les impérialistes eurent recours à la formation de petits corps de troupes irrégulières appelés *shimpei* , ou « nouveaux soldats », recrutés principalement dans la classe des *rōnin* déjà mentionnée, dont certains étaient armés de fusils ; mais ces troupes levées à la hâte n'étaient pas entraînées, et leur manque de discipline se manifesta lorsqu'elles servèrent d'escorte volontaire au Mikado lors de sa première visite dans la nouvelle capitale. Leur comportement à cette occasion montrait clairement qu'ils pouvaient facilement devenir un danger pour les autorités qui les employaient.

Encouragée par le succès de ses efforts à Satsuma, la mission de conciliation envoyée à ce clan se rendit sous instructions à Chōshiū , où un message du Mikado d'importance similaire à celui adressé au noble de Satsuma, Shimadzu, fut délivré. Ici, il a été rejoint par un autre membre éminent du gouvernement, Kido. La mission, ainsi renforcée, visita successivement les Tosa , les Owari et d'autres clans. Outre son objectif général de conciliation, ailleurs, ainsi qu'à Satsuma, pour la réalisation duquel il était nécessaire de s'enquérir de l'état du sentiment clanique et de prendre quelles mesures pourraient être utiles pour apaiser le mécontentement ambiant, le principal objectif du Sa mission était d'obtenir le soutien des clans concernés en faveur du gouvernement et d'organiser une force provisoire pour maintenir l'autorité centrale. Le résultat de ses efforts, en ce qui concerne l'objectif principal, fut la formation d'une force de quelque huit à neuf mille hommes, provenant de divers clans. Un augure favorable pour l'avenir résidait dans le fait qu'il incluait non seulement des membres de clans qui avaient pris part au mouvement de Restauration, mais aussi d'autres qui avaient soutenu la cause Tokugawa. C'est ainsi que fut formé le premier noyau de ce qui devait se développer peu à peu en une armée nationale.

Compte tenu des faibles ressources financières dont disposait le nouveau gouvernement, il fut décidé d'exiger une contribution forcée afin de répondre aux besoins immédiats du Trésor. Cette contribution, à laquelle on donnait le terme de « tribut », était levée sur toutes les classes du peuple, les fonctionnaires étant appelés à payer un impôt s'élevant au trentième de leur salaire.

Les points importants à noter dans l'esquisse imparfaite qui précède de la situation à laquelle étaient confrontés les nouveaux dirigeants à cette époque est que la révolution a été planifiée et exécutée par la classe militaire de certains clans, avec l'aide de la Cour, le reste de la la nation n'y prend aucune part ; et que les hommes dirigeants de cette classe qui sont venus au front et ont pris le contrôle des affaires étaient divisés en deux groupes, dont les vues sur la politique future étaient pour l'essentiel différentes. D'un côté se trouvaient ceux qui s'accrochaient aux vieilles méthodes traditionnelles d'administration, parmi lesquels se trouvaient néanmoins des hommes aux vues modérées. En nombre et en influence, ils étaient aussi supérieurs à leurs adversaires qu'ils étaient inférieurs en vigueur , en capacité et en perspicacité. L'autre groupe était constitué de quelques hommes aux vues plus éclairées et progressistes, convaincus que le moment était venu pour la nation de rompre avec son passé et que dans l'établissement d'un nouvel ordre de choses, visible encore seulement dans le les plus vagues, constituent le meilleur espoir pour l'avenir. Le parti conservateur, ou réactionnaire, comme on peut maintenant l'appeler, s'était longtemps obstinément opposé aux relations étrangères sous toutes leurs formes, sauf celles qui maintenaient les commerçants hollandais dans la position virtuelle de prisonniers d'État. Poussés par la force des circonstances à partir de cette position, ils se sont repliés sur une deuxième ligne de retranchements : la résistance aux changements de toute nature lorsque ces changements impliquaient l'adoption de coutumes étrangères. Il y avait dans leur attitude un défaut fatal d'incohérence dont ils n'étaient peut-être pas inconscients eux-mêmes. Ils firent une exception en faveur des innovations étrangères qui séduisaient la nation dans son ensemble, comme les bateaux à vapeur et le matériel de guerre. Le temps aussi jouait du côté de leurs adversaires, pas du leur. Les doctrines qu'ils défendaient faisaient partie d'un ordre de choses que la nation était devenue trop grande et qu'elle se préparait à abandonner. Des idées nouvelles s'emparaient des esprits, et les déserteurs de leurs rangs rejoignaient un à un l'étendard élevé par le parti de la réforme. Jamais, même avant Tokugawa, la nation n'avait manqué d'esprit d'entreprise. Les relations sexuelles avec les Néerlandais avaient accéléré l'appréciation de ce qu'on appelait « l'apprentissage occidental » et provoqué une rébellion secrète contre les décrets de réclusion des Tokugawa. L'esprit de progrès était désormais dans l'air. La vague de réformes, qui devait plus tard balayer les réformateurs les moins modérés, s'était installée.

Heureusement pour le pays, il y avait à ce stade un point sur lequel les deux parties étaient d'accord. Entre les dirigeants des deux côtés, il y avait une entente générale sur le fait que l'abolition de la féodalité, aussi répugnante qu'elle fût pour beaucoup, ne pouvait être évitée. L'administration Tokugawa avait, comme nous l'avons vu, été établie sur une base féodale. La survie de cette fondation féodale pourrait bien ne paraître compatible ni avec la suppression du reste de la structure administrative, ni avec les principes avoués de la Restauration, si larges que ces derniers puissent être interprétés. Le Shōgunat avait en outre rempli deux rôles , pour ainsi dire. Lui-même partie intégrante du système féodal, il constituait également le gouvernement central. Les vastes territoires, situés dans différentes parties du royaume, connus sous le nom de domaines du Shōgun , dont les revenus féodaux s'élevaient au tiers des revenus totaux du pays, avaient, sous le *régime Tokugawa* , été administrés par le gouvernement central. Il existait également, comme nous l'avons déjà expliqué, d'autres territoires féodaux qui, pour diverses raisons, avaient également été soumis, soit de temps à autre, soit de manière permanente, à la même administration centrale. Comment gérer la vaste superficie représentée par ces domaines et territoires si le système féodal devait perdurer aurait été un problème difficile. Les domaines du Shōgun eux-mêmes étaient pour le moment passés entre les mains du nouveau gouvernement qui était responsable de leur administration, mais il y avait des objections évidentes à leur donner le caractère permanent de domaines impériaux. Outre la difficulté de gérer ainsi un territoire aussi vaste, l'adoption de cette solution aurait perpétué un arrangement indésirable, la double qualité de dirigeant et de seigneur féodal ayant été l'un des points faibles du système d'administration Tokugawa. Cela aurait également abaissé la dignité du Trône, qui en principe au moins avait été maintenu à travers toutes les vicissitudes, en le plaçant sur le même plan féodal que le défunt Shōgunat, sans parler du reproche de marcher sur les traces de leurs prédécesseurs. qu'auraient encourus les nouveaux dirigeants. En faire des terres de la Couronne aurait entraîné des conséquences encore plus délicates. D'un autre côté, une redistribution de cette vaste étendue de territoire entre des feudataires nouveaux ou anciens aurait pris beaucoup de temps, et le temps était important dans le travail de reconstruction en cours. En outre, toute démarche dans cette direction, même soigneusement conçue pour concilier des revendications contradictoires, aurait ouvert la porte à de graves dissensions à un moment où la rivalité clanique se réaffirmait. Ces considérations et d'autres, dans lesquelles les questions de finances nationales – et peut-être aussi l'idée, empruntée à l'étranger, selon laquelle la féodalité impliquait un état de civilisation arriéré – ont pu jouer un rôle, ont sans aucun doute contribué à l'unanimité de la décision de trancher le nœud gordien. en abolissant le système féodal.

Il est évident que cette solution avait déjà été acceptée dans de nombreux milieux. Il est vrai qu'aucune référence directe à cette mesure n'apparaît dans le serment de la Charte d'avril 1868. Mais le manifeste annonçant la démission du Shōgun , publié à l'automne de l'année précédente, contenait la suggestion que l'ancien ordre des choses devait être modifié. et cette autorité administrative devrait être restaurée à la Cour impériale. Le langage du mémorial de Tosa qui a inspiré cette démission était encore plus clair. Il parlait du danger auquel le pays était exposé par la discorde existant entre la Cour, le Shōgun et la noblesse féodale, et préconisait « la cessation du double système d'administration » et « un retour à l'ancienne forme de gouvernement ». En tenant dûment compte du flou des expressions utilisées, si « la suppression du double système d'administration » signifiait, comme c'était clairement le cas, la cessation du règne des Tokugawa, « la restauration de l'ancienne » (c'est-à-dire pré-féodale) « forme du gouvernement » pointait non moins clairement vers l'abolition de la féodalité. La même séquence d'idées apparaît dans la lettre adressée par le Shōgun lors de sa démission aux *hatamoto* , la classe spéciale de vassaux féodaux créée par le fondateur du régime Tokugawa, et dans la communication à ce sujet présentée par ses ministres au représentants étrangers à la même occasion.

CHAPITRE VIII

Abolition du système féodal. — Reconstitution des classes. — Effets de l'abolition de la féodalité.

L'abolition du système féodal fut l'un des sujets de discussion au sein du parlement embryonnaire, le *Kōgisho* , peu après sa création en 1869. La voie avait été préparée pour cette discussion par la présentation de mémoires sur le sujet lors du mandat du Shōgun. démission dix-huit mois auparavant de plusieurs clans représentant les deux partis qui allaient si tôt s'engager dans les hostilités actives. Les mémoriaux de ce type dédiés au trône et au shogunat , ainsi que les édits et notifications émis en réponse à ceux-ci, étaient des méthodes courantes à cette époque pour parvenir à des décisions sur des questions d'État graves. Empruntés à l'origine, comme tant d'autres choses, à la Chine, ils faisaient partie de l'appareil du gouvernement central. Les recommandations proposées dans ces Mémoires révélaient une divergence d'opinions considérable. Mais ils montrèrent aussi, ce qui a déjà été souligné, la reconnaissance du lien étroit entre la féodalité et le Shōgunat ; et l'existence d'un sentiment très général selon lequel, malgré les graves perturbations de l'ensemble de la structure administrative qu'un changement aussi radical doit nécessairement impliquer, rien de moins que la cession des fiefs féodaux à la Couronne serait une solution satisfaisante au problème posé. à la chute du Shōgunat . Cette conviction avait pris racine dans l'esprit d'hommes comme Kido, Iwakura et Ōkubo , dont la mission auprès des clans, évoquée dans un chapitre précédent, était une preuve de leur position de leader dans le nouveau gouvernement.

La méthode adoptée pour donner effet à la décision prise fut la soumission *volontaire* des fiefs féodaux au trône, la direction en la matière étant prise par les quatre clans mêmes qui avaient planifié et exécuté la Restauration. En mars 1869 – date mémorable pour la nation – un mémorial dans ce sens, dont la paternité est généralement attribuée à Kido, fut présenté au trône par les daimōs de Satsuma, Chōshiū , Tosa et Hizen . Le point principal souligné dans le Mémorial était la nécessité d'un changement complet d'administration afin qu'« un corps central de gouvernement et une seule autorité universelle » puissent être établis ; et, conformément aux intentions des mémorialistes, il fut demandé au souverain de disposer comme bon lui semblerait des terres et les habitants des territoires cédés. Les circonstances dans lesquelles s'est développé le double gouvernement sont expliquées, l'accent est mis sur le défaut de ce système, « la séparation du nom de la réalité du pouvoir », et les Shōguns Tokugawa sont dénoncés comme usurpateurs . Dans cette dénonciation de la dernière lignée des dirigeants japonais, pour des raisons politiques, le fait que le système de gouvernement dual s'était développé bien avant l'apparition de la famille Tokugawa a été commodément ignoré. Quant à « la séparation du nom de la réalité du pouvoir », l'expression fait référence à une vieille expression chinoise, « le nom sans la substance », une métaphore appliquée, entre autres, au gouvernement de figure de proue. C'est une expression courante chez les écrivains chinois et japonais, qui invoquent sans cesse une règle de conduite plus honorée dans la violation que dans l'observance.

L'exemple donné par les quatre clans fut suivi par d'autres. À la fin de l'année, sur 276 feudataires, il n'y avait que dix-sept abstentionnistes du mouvement, il s'agissait de daimō des territoires de l'Est qui avaient pris le parti du Shōgun dans la guerre civile. L'un des premiers et des plus enthousiastes mémorialistes fut le daimō de Kishiū , le prince Tokugawa qui avait succédé à ce fief grâce à la promotion de son parent, le prince Kéiki , au rang de Shōgun . Seulement trois ans auparavant, il était partisan du maintien du shogunat . Ce changement d'attitude de la part d'un prince qui se classait avec les daimōs d' Owari et de Mito à la tête de la noblesse féodale peut être interprété comme montrant combien l'association de la féodalité avec le Shōgunat était naturelle dans les esprits et combien difficile pour lui. , comme pour d'autres, était la conception d'un système féodal sans Shōgun .

La réponse du Trône aux Mémorialistes était de nature évasive. On leur dit que la question serait soumise prochainement à un Conseil des nobles féodaux qui se tiendrait dans la nouvelle Capitale. Il n'y a aucune raison de supposer que la prudence manifestée dans cette réponse impliquait une hésitation de la part du gouvernement à mettre en œuvre la mesure envisagée. Le caractère radical de la proposition justifie la prudence dans son traitement, et la diversité des intérêts en jeu appelle un examen attentif. La proposition ayant été soumise à l'Assemblée des Daimiōs pour approbation formelle, un décret fut publié en août de la même année annonçant son acceptation par le Trône, qui estimait, disait-on, « que cette démarche consoliderait l'autorité du gouvernement ». .» Dans un premier temps, l'administration des territoires claniques fut remodelée pour correspondre au nouvel ordre des choses ; les daimōs appelés ensemble pour se prononcer sur leur propre destin retournèrent dans le rôle modifié de gouverneurs (*Chihanji*) dans les territoires sur lesquels ils avaient jusqu'alors régné ; et le gouvernement se mit à examiner et à déterminer en détail les diverses dispositions rendues nécessaires par les conditions nouvelles qui allaient se créer.

Deux ans plus tard, le 29 août 1871, parut le décret impérial abolissant le système féodal. « Les clans, dit-on, sont abolis et des préfectures sont établies à leur place ». La brièveté du décret, singulière même pour de tels documents, dont la longueur variait souvent d'un extrême à l'autre, peut ici s'expliquer par le fait qu'un message impérial était en même temps adressé aux nouveaux gouverneurs de clan. On faisait ici référence à la sanction déjà accordée par le Trône à la proposition de cession des fiefs féodaux, et on faisait remarquer que la sanction alors exprimée ne devait pas être considérée comme un autre exemple du défaut commun du « nom sans le fond », mais que le décret maintenant publié doit être compris dans son sens littéral, à savoir l'abolition des clans et leur transformation en préfectures. Le message fut suivi d'un ordre ordonnant aux ex- daimiōs de résider désormais, avec leurs familles, à Yedo , leurs territoires étant confiés temporairement aux soins d'anciens officiers du clan. Cette mesure, tout en renforçant sans aucun doute les pouvoirs du gouvernement, a dû rappeler avec force aux nobles concernés les méthodes de précaution de l'époque Tokugawa.

fut donné le nouveau nom de *kwazoku (nobles)*. L'abolition de la féodalité entraînait en outre la disparition des *samouraïs* , combattants des clans, et le réaménagement des classes existantes. Sous le système féodal, il y avait, en dehors de la noblesse, quatre classes : les hommes à deux épées , ou *samouraïs* , les agriculteurs, les artisans et les marchands, ou commerçants. Le nouvel arrangement désormais introduit ne comprenait que deux classes : la noblesse (*shizoku*), qui remplaçait les *samouraïs* , et le peuple (*heimin*). Ce qui avait également formé une classe paria en soi, composée de parias sociaux connus sous le nom d' *éta* et *de hinin* , a été aboli, ses membres étant fusionnés dans la classe des *heimin* . Une autre innovation fut introduite sous la forme d'une proclamation autorisant les membres de l'ancienne classe militaire à abandonner la pratique du port de l'épée, qui était une règle féodale stricte.

Le décret abolissant les clans était anticipé dans un ou deux territoires féodaux, les autorités concernées agissant sur l'annonce préalable de la sanction impériale ayant été donnée à la proposition des mémorialistes, et fusionnant, de leur propre gré, les samouraïs avec le reste de la *population* . la population. L'exemple n'a pas été généralement suivi, mais depuis cette annonce, des mémoires et des pétitions ont afflué de la classe militaire de nombreux districts demandant que la mesure envisagée soit rapidement appliquée et la permission de déposer ses épées. et exercer des métiers agricoles. Il ne manquait pas non plus l'impulsion dans la même direction fournie par les écrivains inspirés de la presse qui venait tout juste de naître sous les auspices officiels. L'un d'eux a observé que ce dont la nation avait besoin, c'était d'une armée impériale et d'une uniformité en matière de régime foncier, de fiscalité, de monnaie, d'éducation et de lois pénales — aspirations toutes destinées à se réaliser dans un avenir proche. Le sentiment général ainsi manifesté a sans aucun doute influencé le gouvernement dans sa décision finale.

Peu avant la publication du décret, une reconstruction du ministère eut lieu, renforçant la position des dirigeants du parti de la réforme et celle des clans qu'ils représentaient, tandis que l'influence de l'élément aristocratique dans le gouvernement était diminuée . Dans le Cabinet reconstitué, comme nous pouvons maintenant l'appeler, le prince Sanjō resta Premier ministre, le prince Iwakura devint ministre des Affaires étrangères, remplaçant un noble de la cour, tandis que quatre hommes éminents du clan que la Restauration avait, comme nous l'avons vu, amenés au front, ont pris leurs fonctions de conseillers d'État. Ces quatre étaient Saigō , Kido, Itagaki et Ōkuma .

A cette date appartient également un incident gênant qui a nécessité l'intervention des représentants étrangers. Les autorités japonaises, craignant le retour des troubles liés à la propagande chrétienne des XVIe et XVIIe siècles, avaient toujours considéré avec méfiance la clause du traité autorisant l'érection de lieux de culte chrétiens dans les ports ouverts. Cette appréhension s'est accrue avec la reprise de l'effort missionnaire lorsque le pays a été rouvert au commerce et aux relations extérieures. Par mesure de précaution, les anciennes affiches officielles dénonçant le christianisme comme doctrine pernicieuse avaient continué à être affichées dans toutes les régions du pays, et à Nagasaki, qui fut autrefois un centre chrétien, la population était obligée chaque année de piétiner emblèmes de la foi proscrite. Lors de l'érection en 1865 d'une église catholique romaine à cet endroit, devenu entre-temps un port ouvert, les gens du quartier y assistèrent en si grand nombre qu'ils attirèrent l'attention des autorités. On découvrit alors que les doctrines chrétiennes n'y étaient pas complètement éradiquées, comme cela avait été le cas ailleurs. Les individus fautifs reçurent en conséquence l'ordre d'être expulsés vers des districts éloignés, les représentants étrangers parvenant difficilement à obtenir une suspension temporaire des ordres. Après la Restauration, les avis officiels interdisant la religion chrétienne furent, avec la substitution de l'autorité du Mikado à celle du Shōgun , délibérément renouvelés, et en 1870 les ordres de bannissement des contrevenants furent exécutés malgré les remontrances répétées de la part des autorités. des représentants étrangers. Cependant, à en juger par les normes de l'époque, le traitement auquel les exilés furent soumis semble dans l'ensemble exempt de cruauté excessive. Ce n'est qu'en 1873 que la pratique du christianisme cessa d'être interdite. Les avis proscrivant la religion chrétienne furent alors retirés, et les bannis furent rétablis dans leurs foyers. Un curieux contraste avec cette recrudescence des persécutions était la suggestion, faite dans un pamphlet à peu près à la même époque, que le christianisme devrait être officiellement reconnu, suggestion qui aurait été poussée encore plus loin quelques années plus tard, lorsque l'attrait pour la civilisation occidentale s'est accru. à son apogée, par un membre éminent du ministère.

Pour revenir au sujet de la féodalité, dont nous a éloignés cette digression dans l'intérêt de l'ordre chronologique, son abolition fut la première, mais aussi la plus radicale, des réformes engagées par le nouveau gouvernement . Elle a touché à la racine des choses anciennes et a ouvert la voie à tous les progrès futurs. Il est dommage que le marquis Ōkuma, dans ses *Cinquante ans du Nouveau Japon* , ait écarté le sujet en quelques lignes. Lui-même l'un des principaux acteurs de la scène, personne n'était mieux qualifié pour s'en occuper. Les écrivains étrangers, moins bien armés pour cette tâche, lui ont accordé davantage d'attention. Certains d'entre eux ont adopté l'opinion superficielle, fondée sur les signatures apposées sur les Mémoriaux, que la reddition volontaire des fiefs était due à l'initiative des nobles féodaux eux-mêmes, et ont loué leur action pour ce qu'ils considéraient comme un patriotisme exalté et un caractère unique. le sacrifice de soi. Cette vision est tout à fait erronée. L'occasion a déjà été saisie de souligner comment le milieu dans lequel les daimōs de cette époque étaient élevés avait pour effet de les priver de tout caractère et de toute initiative, et comment ils n'étaient, comme le Mikado et le Shōgun , que de simples marionnettes entre les mains de d'autres, inaptes à toute responsabilité, peu habitués à diriger les affaires. Pour ne pas donner l'impression que le tableau est exagéré, il serait peut-être bon de citer les mots d'un écrivain japonais de l'époque. Ils apparaissent dans un pamphlet anonyme publié en 1869, dont des extraits sont donnés par Sir Francis Adams dans son *Histoire du Japon* .

« La grande majorité des seigneurs féodaux », dit l'auteur, « sont généralement des personnes qui sont nées et ont grandi dans l'isolement des appartements des femmes : ... qui, même lorsqu'elles ont grandi jusqu'au domaine de l'homme, présentent encore tous les traits de enfance. Menant une vie de loisirs, ils succèdent à l'héritage de leurs ancêtres... Et dans la même catégorie sont ceux qui, bien que vassaux désignés, sont nés de bonne famille dans les grands domaines.

Il existe de nombreuses preuves de la véracité de cette affirmation. Il y eut en effet quelques exemples de chefs féodaux qui détenaient une certaine part de pouvoir et d'influence. Mais ils constituaient des exceptions à la règle générale, et l'autorité qu'ils exerçaient portait plutôt sur les affaires de l'État que sur l'administration de leurs propres territoires. Bien avant la Restauration, le gouvernement des fiefs féodaux était passé des mains des dirigeants nominaux et de leurs principaux serviteurs héréditaires à celles des membres de clans de statut inférieur. Ce furent eux les véritables auteurs de la mesure de réforme qui balaya le système féodal. Ce sont les mêmes hommes qui ont réalisé la Restauration. Durant toutes les négociations pour la cession de leurs fiefs, la noblesse féodale ne comptait pour rien et, en tant que classe, n'était que vaguement consciente, voire pas du tout, de ce qui se passait sous ses yeux.

En échange de la reddition volontaire de leurs fiefs, les daimōs dépossédés recevaient des pensions s'élevant au dixième de leurs anciens revenus, le paiement des petits revenus héréditaires des *samouraïs* , dans leur statut modifié de noblesse, étant maintenu pour le moment par le gouvernement. . Cependant, de cet arrangement, les *samouraïs* d'un ou deux clans qui avaient offert une résistance prolongée aux forces impérialistes étaient exclus, une distinction qui causait beaucoup de souffrances et de difficultés.

La reddition des territoires claniques impliquait bien sûr la restitution des terres, d'étendue très variable, détenues par les deux grandes sections de la classe militaire déjà mentionnée, les hatamoto *et* les *gokenin* . Leurs pensions étaient réglementées selon un barème similaire à celui adopté pour la noblesse féodale.

Le montant des revenus acquis par le gouvernement à la suite de la cession de tous les territoires féodaux, y compris les domaines du Shōgun , dont l'administration avait été précédemment reprise, n'est pas facile à déterminer. Une estimation très approximative est tout ce qui est possible. L'ampleur de cette dernière a déjà été remarquée. Plus remarquable encore était sa large diffusion. Sur les soixante-huit provinces en lesquelles le Japon était divisé au moment de la Restauration, pas moins de quarante-sept, en raison des terres qui y appartenaient au shogunat, contribuèrent au trésor des Tokugawa. Dans la loi Tokugawa connue sous le nom des « Cent articles », le rendement total évalué du pays est fixé à 28 000 000 *koku* de riz, le rendement de toutes les terres, quelle que soit la nature de leur production, étant exprimé en termes de cette céréale. Sur ce montant, 20 000 000 *de koku* représentaient le produit des terres de la noblesse féodale et de la petite noblesse, et le reste, le rendement des domaines du Shōgun . Cette affirmation a été faite au XVIIe siècle, et il est naturel de supposer qu'au moment de la Restauration, les revenus en question auraient pu augmenter avec le progrès général de la nation. En l'absence de données exactes , nous ne nous tromperons probablement pas beaucoup si nous estimons le revenu brut acquis au gouvernement par l'abolition du shogunat et du système féodal, dont il faisait partie, à un peu moins de 35 000 000 $. *koku* de riz, équivalant, au prix moyen du riz à cette époque, à environ 35 000 000 £. Il fallait en déduire la part des cultivateurs, qui variait selon les localités. C'est également avec ce reliquat qu'il fallut payer les pensions dues à la noblesse féodale et aux autres membres de la classe militaire, de sorte que le solde net revenant au Trésor public au cours des premières années de la nouvelle administration n'aurait pas pu être payé. grand.

Les effets de l'abolition de la féodalité sur les différentes classes de la nation furent très différents, les bénéfices qu'en retirèrent les uns contrastant fortement avec les difficultés infligées aux autres. Toutefois, ces effets ont été pour la plupart progressifs dans leur mise en œuvre. Elles ne furent pleinement réalisées que quelques années plus tard, lorsque les multiples détails liés à l'exécution de cette grande entreprise eurent été laborieusement mis au point.

A l'exception du *fudai* Daimiōs et les groupes féodaux de *hatamoto* et *de gokenin* — qui constituaient la suite personnelle héréditaire des Shōguns Tokugawa , se situant entre la haute aristocratie féodale et la majeure partie de la classe militaire — il n'y a aucune raison de penser que la noblesse territoriale a beaucoup souffert de la guerre. changement, sauf, à la fois, dans la perte de leur dignité, et, plus tard, dans la commutation obligatoire de leurs pensions. Privés par la coutume de toute participation à la gestion des affaires du clan, ils n'étaient guère appelés à s'opposer à une mesure dont la véritable portée était imparfaitement appréciée, ou à faire autre chose qu'acquiescer silencieusement aux décisions des serviteurs magistraux par les conseils desquels eux et leurs les ancêtres avaient l'habitude d'être guidés. Du point de vue de la politique de l'État, le changement échappait autant à leur contrôle qu'à leurs capacités de compréhension, qui s'éloignaient rarement de l'orbite des activités et des plaisirs triviaux dans lesquels ils se contentaient de se mouvoir. Certains, en effet, ont peut-être accueilli ce changement comme une libération des conditions d'existence pénibles et comme une perspective de champs d'action plus larges. Le cas du *fudai* Les daimōs , et d'autres de la même catégorie, étaient différents. Pour eux, l'abolition du système féodal était un coup dur, car cela signifiait la perte des émoluments officiels dont, sous le shogunat , ils jouissaient comme un privilège spécial depuis des générations.

Pour les deux classes d'artisans et de commerçants, l'effet immédiat aurait très naturellement pu être malvenu dans la mesure où il impliquait une perturbation des conditions de vie existantes, des usages anciens de l'industrie et du commerce. Sous la féodalité, non seulement un système étroit de guildes claniques s'était développé, mais, comme en Europe au Moyen Âge, les artisans et les commerçants exerçant le même artisanat ou le même commerce étaient confinés dans des quartiers séparés d'une ville. Les premiers avaient peut-être aussi des raisons de regretter le patronage libéral de la clientèle féodale, qui leur permettait des loisirs et des possibilités d'exercice des compétences individuelles, et de considérer avec inquiétude la pression d'une concurrence ouverte sur le marché industriel. Mais à mesure que les nouvelles conditions se stabilisaient et que les avantages de l'uniformité de l'administration devenaient évidents, aucune des deux classes n'avait de raison d'être mécontente du changement de leur situation. Certainement pas les commerçants et les commerçants. La disparition des barrières entre provinces et entre clans était tout à leur avantage, tandis que l'ouverture de nouveaux canaux d'activité commerciale devait plus que compenser les inconvénients du nouvel ordre de choses.

Une classe, la plus importante à cette époque, celle des *samouraïs* , souffrit beaucoup du changement. Habitués depuis des siècles à un rang élevé dans l'ordre social, à une position de supériorité sur le reste du peuple, dont ils se distinguaient par des privilèges et des coutumes de longue date, ainsi que par un code de chevalerie traditionnel dans lequel ils prenaient une Fierté légitime, les *samouraïs* se trouvèrent brusquement relégués à un statut peu différent de celui de leurs anciens inférieurs. Il est vrai que la classe militaire dans son ensemble était depuis longtemps dans un état de pauvreté en raison de l'embarras des finances des clans, qui avait conduit dans plusieurs cas à la réduction des établissements féodaux, et du régime rigide qui maintenait les membres des rangs. cette classe de s'engager dans aucune des occupations lucratives ouvertes au reste de la nation ; et que les troubles et le mécontentement qui résultaient de cet état de choses pouvaient les avoir incités à considérer avec faveur tout changement qui offrait la perspective d'une amélioration possible de leur situation. Il y a aussi une part de vérité dans l'idée que l'enthousiasme enthousiaste du parti réformateur, inspiré par la croyance dans la réalisation de ses aspirations les plus chères, a pu trouver un écho dans l'esprit de la classe militaire et attiser les impulsions patriotiques si visibles dans la nation; tandis que, dans le même temps, le sentiment de loyauté féodale aurait pu dicter une obéissance implicite aux décisions des autorités claniques. En tenant compte de l'influence de considérations de cette nature, il ne fait cependant guère de doute que le changement soudain dans la fortune de la classe militaire a suscité un sentiment d'amertume, qui s'est manifesté plus tard par l'éclatement de graves troubles.

L'impopularité de la mesure était accrue par la commutation des pensions, qui pesait très durement sur la classe militaire. En introduisant en 1873 un projet à cet effet, le gouvernement fut principalement influencé par les besoins pressants du Trésor national. Dans le cadre de ce programme, des obligations d'État portant un intérêt de 8 pour cent ont été émises. *Les samouraïs* dont les revenus héréditaires étaient inférieurs à 100 *koku* de riz étaient autorisés à commuer leur pension, s'ils le souhaitaient, sur la base de six années d'achat, recevant la moitié de la somme à laquelle ils avaient droit en espèces, et le reste en obligations; tandis que la base pour ceux qui recevaient des rentes était fixée à quatre ans et demi d'achat, les faibles taux d'achat dans les deux cas s'expliquant par les taux d'intérêt élevés qui prévalaient alors.

Trois ans plus tard, le caractère volontaire de la commutation fut rendu obligatoire et étendu à tous les membres de la classe militaire, quel que soit le montant des revenus en cause. Le taux d'intérêt actuel ayant alors baissé, la base de commutation fut portée à dix ans d'achat pour tous, une légère réduction étant apportée au taux d'intérêt payable sur les obligations, qui variait selon le montant des revenus. commué. Indirectement, cette commutation a entraîné un malheur supplémentaire pour la classe militaire. Peu familiarisés avec les méthodes commerciales, sans expérience des opérations commerciales, de nombreux *samouraïs* étaient tentés d'employer le peu de capital qu'ils avaient reçu dans des entreprises non rémunératrices, dont l'échec les conduisait à l'extrême pauvreté.

CHAPITRE IX
Effets de l'abolition de la féodalité sur la classe agricole — Modifications du régime foncier — Révision de l'impôt foncier.

L'abolition de la féodalité fut une aubaine pour la paysannerie. S'il a infligé beaucoup de difficultés aux *samouraïs* , qui formaient la majeure partie de la classe militaire, alors que le verdict quant à ses résultats dans d'autres cas dépendait de la conclusion à tirer après avoir mis en balance les gains et les pertes liés à son opération, il était pour les agriculteurs une véritable bénédiction. Toutefois, sa pleine signification ne s'est fait sentir qu'après plusieurs années.

Sous le système féodal, la situation du fermier variait dans une certaine mesure selon la localité. À Satsuma, par exemple, outre la classe agricole ordinaire, il y avait des agriculteurs *samouraïs* . Encore une fois, dans certaines parties de la province de Mito et ailleurs, il existait une classe spéciale de fermiers qui bénéficiaient de certains des privilèges des *samouraïs* . Mais dans tout le pays, la majeure partie de la classe agricole était composée de paysans qui, tout en cultivant leurs terres dans des conditions similaires à ce que l'on appelle en Europe le système de métayage, n'étaient à bien des égards guère meilleurs *que* des serfs. Le paysan ne pouvait pas quitter son exploitation et aller ailleurs à sa guise ; il ne pouvait pas non plus disposer de ses intérêts, bien qu'au moyen d'hypothèques il fût possible d'échapper à la loi à cet égard. Aux appels fréquents au travail forcé , il fut obligé de répondre. Il était soumis à des restrictions quant aux cultures à cultiver et à leur rotation, tandis que dans la gestion de ses produits, il était gêné par l'ingérence des guildes claniques. L'agriculteur devait également supporter les dépenses et les risques liés au transport des produits fiscaux de ses terres jusqu'aux stations de réception, en plus d'être obligé de livrer à chaque fois une somme supplémentaire pour couvrir la perte censée se produire lors de son transport. D'autre part, même si, sous la forme féodale du régime foncier, il était lié au sol et transférable avec celui-ci lorsqu'il changeait de mains, il était pratiquement à l'abri de toute perturbation dans son exploitation tant qu'il payait son loyer, qui prenait la forme de une part des produits de la terre et d'autres impôts exigés de temps en temps par les baillis féodaux. La fixité du mandat lui plaisait donc certainement ; et, compte tenu de la nature particulière de son association avec le propriétaire féodal, il semble douteux que ses droits sur la terre qu'il cultivait ne puissent pas être considérés comme ayant beaucoup de caractère de propriété. On peut ajouter que les propriétés descendent de père en fils ou, à défaut d'héritiers directs, dans la même famille, le droit d'adoption étant bien entendu reconnu.

Les intérêts de la paysannerie furent touchés de diverses manières par l'abolition du système féodal. Le changement brusque de la situation du cultivateur provoqué par la disparition de son propriétaire féodal a ouvert toute la question du régime foncier et de la fiscalité foncière, non seulement dans la mesure où elle affectait le paysan cultivateur, mais dans ses conséquences sur les occupants de toutes les terres agricoles du monde entier . le pays, ainsi que d'autres terres non incluses dans cette catégorie. Pour permettre au gouvernement de faire face à une tâche de cette ampleur, et en même temps de réaliser ses objectifs déclarés en faveur de l'uniformité de l'administration, une législation de grande envergure était nécessaire.

Compte tenu du caractère singulier de la tenure féodale que nous avons décrite, dans laquelle propriétaire et fermier étaient associés dans une sorte de copropriété, on aurait pu supposer que l'on profiterait de l'occasion offerte par la cession des fiefs pour placer les question du régime foncier sur des bases claires en définissant avec précision la position des populations, et plus particulièrement des cultivateurs, à l'égard de la terre. Toutefois, cela n'a pas été fait. Aucun décret touchant à la vaste question posée par l'abolition du système féodal n'a été promulgué. Ce n'est que peu à peu que les intentions du gouvernement se sont manifestées. Peu à peu, la politique en vue s'est manifestée par la suppression des diverses restrictions qui avaient restreint les droits des fermiers, jusqu'à ce qu'il devienne enfin clair que, tout en conservant la théorie selon laquelle la propriété de toutes les terres était dévolue de plein droit à la Couronne , l'intention était que chaque occupant du terrain devienne virtuellement propriétaire de son exploitation.

L'un des premiers actes du gouvernement à la fin de la guerre civile a été de placer toutes les terres, autant que possible, sur un pied commun, la première mesure dans cette direction ayant été prise au printemps de 1869. Il a alors été décrété que tous les terres détenues en concession par les gouvernements précédents devraient être imposables. Cette mesure touchait tous les concessionnaires de terres, les *yashikis* , ou résidences féodales de la noblesse territoriale d' Edo , relevant de la nouvelle règle. Le terrain couvert par ces *yashikis* , dont certains étaient étendus, formant des parcs séparés aux alentours du château et dans d'autres quartiers de la ville, avait à l'origine, comme d'autres concessions de terres, été cédé en donation gratuite, sans loyer ni terre. -l'impôt à payer.

Un point essentiel dans l'uniformité de l'administration envisagée par le nouveau gouvernement était la réforme de tous les impôts, la priorité étant donnée à la révision de l'impôt foncier. Aucune hésitation n'a été manifestée pour assumer cette tâche. Les finances constituent le point faible de la situation administrative, tout comme celle du gouvernement précédent ; et la terre ayant été depuis les premiers temps la principale source de revenus, il était naturel que la question de l'impôt foncier soit la première à retenir l'attention. Avant l'abolition de la féodalité, et même si les clans conservaient leur propre administration provinciale, il n'était pas possible de prendre des mesures pratiques en faveur de changements fiscaux qui s'appliqueraient à toutes les régions du pays. Mais le mouvement en faveur de la reddition des fiefs féodaux avait commencé presque aussitôt que le triomphe des forces impérialistes était assuré, et au moment où le système féodal fut aboli par le décret d'août 1871, le sujet avait été examiné par le gouvernement. Le nouveau gouvernement dans toutes ses orientations et la forme que devrait prendre la révision de l'impôt foncier avaient été déterminés. Il était donc possible qu'un projet complet de révision soit présenté par le ministère des Finances avant la fin de la même année, c'est-à-dire dans les quatre mois qui suivraient la disparition des clans.

Avant de s'attarder sur les principaux traits de cette proposition, dont furent principalement responsables les marquis Ōkuma et marquis Inouyé , alors respectivement ministre et vice-ministre des Finances, et le baron Kanda, autorité pour toutes les questions d'administration, il convient de jeter un coup d'œil Nous reviendrons un instant sur l'ancien système de taxation foncière afin de nous faire une idée claire des changements introduits.

En bref, la situation des détenteurs de terres en ce qui concerne la fiscalité dans les derniers jours du règne des Tokugawa était la suivante. Seules les terres cultivées étaient taxées. L'impôt foncier était payable partout en riz, quelle que soit la culture cultivée, et était basé sur le rendement évalué de la terre. Mais les méthodes d'estimation de ce rendement variaient grandement. Dans un endroit, cela se ferait en prenant la mesure de la terre portant la récolte ; dans un autre, l'aspect et l'état de la récolte seraient les facteurs décisifs ; tandis que dans un troisième, il y aurait une « évaluation par échantillon », comme on l'appelait, des spécimens de la culture en croissance étant sélectionnés à cet effet. Les mesures foncières n'étaient pas non plus les mêmes partout. De plus, le principe qui régissait la répartition des produits de la terre entre le cultivateur et le propriétaire foncier — la part de ce dernier étant en fait l'impôt foncier du premier — variait selon les différentes provinces et selon les districts d'une même province. Dans certaines régions, les sept dixièmes du rendement de la terre allaient au propriétaire et les trois dixièmes au cultivateur ; dans d'autres, ces proportions étaient inversées ; il y avait des districts, comme les domaines du Shōgun , où le cultivateur recevait les trois cinquièmes, et d'autres encore, où les proportions étaient égales. Il existe une ressemblance générale, qui remonte à l'époque de la Grande Réforme, entre les systèmes fiscaux en vigueur dans tout le pays. L'ancienne classification, sous laquelle il y avait trois principaux chefs d'impôts, l'impôt foncier, l'impôt industriel et le travail forcé , tous payables par le cultivateur, fut partout conservée sous une forme modifiée. Mais chaque clan suivait sa propre voie à d'autres égards, ayant ses propres méthodes d'évaluation et de perception, ainsi que ses propres règles d'exonération et de remise d'impôts. Sauf dans les domaines du Shōgun , où les affaires étaient généralement mieux réglées qu'ailleurs, il n'y avait pas de distinction très nette entre l'impôt central et l'impôt local ; et, qu'il s'agisse d'un clan ou du shogunat lui-même auquel des impôts étaient dus, il y avait une constante responsabilité face à des exactions irrégulières imposées au gré des autorités.

Les principales caractéristiques du nouveau régime montrent l'importance des changements proposés.

Un nouveau cadastre officiel devait être réalisé dans tout le pays. Des titres de propriété devaient être délivrés pour toutes les terres, cultivées ou non. Partout, les terres devaient être évaluées, et leur valeur était indiquée dans le titre de propriété. Dans le cas des terres cultivées, l'impôt foncier devait être payable en argent, au lieu d'être en riz, comme auparavant, et devait être basé sur la valeur de vente de la terre, telle que déclarée dans le titre de propriété, et non sur la valeur de vente de la terre, telle que déclarée dans le titre de propriété. comme auparavant, sur le rendement estimé de l'exploitation. Le propriétaire – car c'est en effet ce qu'est devenu le fermier une fois la révision accomplie – devait être libre de cultiver sa terre à tous égards à sa guise, et pouvait la vendre ou en disposer à sa guise.

Le *Sei-in* — ce curieux organe du gouvernement réorganisé de 1869 qui représentait une tentative de combiner en une seule branche du pouvoir les pouvoirs législatif, délibérant et exécutif — signifia son approbation du projet, et des dispositions furent prises pour donner effet à certains de ses des provisions. En janvier 1872, à titre provisoire, des règlements sur les titres de propriété furent publiés. Ceux-ci furent d'abord rendus opérationnels uniquement dans la préfecture de Tōkiō , mais leur fonctionnement fut progressivement étendu à d'autres endroits. Peu de temps après, d'autres règlements prévoyant le paiement annuel d'un impôt foncier au taux de 2 pour cent sur la valeur du terrain, tel qu'indiqué dans le titre de propriété, furent publiés. Et en mars de la même année, les restrictions à l'aliénation des terres, qui empêchaient auparavant tout transfert de terres entre la classe militaire et les autres classes du peuple, ainsi qu'entre les membres de ces dernières, furent supprimées.

Mais avant que ce projet de révision de l'impôt foncier ne prenne sa forme législative définitive, il a subi diverses modifications. Il fut soumis au début de 1873 à une conférence des principaux fonctionnaires administratifs des provinces qui eut lieu dans la capitale. La nécessité d'une réforme dans le sens suggéré a été admise par tous les intéressés. Le point principal sur lequel les opinions divergeaient était de savoir si la révision de l'impôt foncier devait être effectuée le plus tôt possible ou graduellement. Les partisans d'une action rapide ont insisté sur le fait que la question devait être traitée rapidement et de manière décisive, arguant que les inconvénients que pourrait entraîner cette solution seraient plus que contrebalancés par les avantages résultant d'un système uniforme de taxation. L'autre partie estimait qu'il ne serait pas judicieux de supprimer brusquement les anciennes coutumes et usages et qu'il valait mieux procéder très progressivement aux changements envisagés, en prenant soin de ne pas heurter les préjugés locaux. Finalement, les partisans d'une action rapide ont prévalu et un projet de loi a été préparé. Ceci, ayant reçu la sanction du Trône, fut notifié au pays par décret impérial en juillet de la même année. Aucune référence directe n'était faite dans le décret ni au changement de gouvernement, ni à l'abolition de la féodalité, qui étaient les véritables causes qui avaient inspiré la mesure. On a peut-être jugé inopportun de se référer à un passé si chargé de souvenirs dangereux et si récent qu'il incitait à des comparaisons gênantes.

Le décret lui-même indiquait simplement l'objet de la mesure, qui était de « remédier à l'incidence dure et inégale des impôts », et le fait que les autorités locales, outre d'autres fonctionnaires, avaient été consultées lors de sa préparation. Dans la notification qui l'accompagnait, des informations complémentaires étaient fournies. Il a été expliqué que l'ancien système de paiement des impôts sur les terres cultivées en riz avait été aboli ; que dès que de nouveaux titres de propriété auraient été établis, l'impôt foncier serait payé au taux de 3 pour cent sur la valeur du terrain ; et que la même procédure serait suivie dans le cas de l'impôt foncier local, avec la condition que le taux foncier local ne dépasserait pas le tiers de l'impôt foncier impérial.

Par une formulation vague, qui a peut-être échappé à l'attention à l'époque, tant le décret que la notification parlaient de l'impôt foncier comme ayant été révisé. Il a fallu plus qu'un trait de plume pour y parvenir. Ni ceux qui, à la conférence, s'opposaient à des mesures précipitées, ni ceux qui étaient en faveur d'une action rapide, n'avaient prévu le temps qu'il faudrait consacrer à l'exécution de la réforme. Il était laissé aux exigences pratiques de la situation de parvenir à un compromis entre les deux parties que la conférence n'avait pas réussi à réaliser. L'estimation initiale du temps nécessaire à la mise en œuvre de la mesure s'est révélée tout à fait insuffisante. Bien que la tâche ait été entreprise immédiatement, plusieurs années se sont écoulées avant qu'elle ne soit achevée ; et finalement il fut décidé de laisser le nouveau projet entrer en vigueur dans chaque district, dès que les dispositions nécessaires auraient été prises, sans attendre son adoption dans d'autres endroits.

De nombreux règlements étaient annexés à la notification. Dans l'un de ces projets, il a été promis que le taux de l'impôt foncier serait réduit à 1 pour cent chaque fois que le total des revenus annuels provenant d'autres sources aurait atteint la somme de 2 000 000 de *yens* (400 000 £). Cette promesse ne fut jamais tenue. Au moment où les recettes provenant d'autres sources atteignirent le montant déclaré, les besoins du nouveau gouvernement étaient tellement dépassés par ses ressources qu'une réduction dans la mesure envisagée n'était pas possible. Une réduction de 3 à 2½ pour cent fut cependant opérée quelques années plus tard, alors que les travaux de révision étaient toujours en cours.

Quelques autres points peuvent être relevés au passage qui éclairent les principes qui sous-tendent la mesure.

Tous les propriétaires fonciers étaient tenus de les mesurer à nouveau et de fournir une déclaration de leur valeur. Ces estimations devaient ensuite être vérifiées par comparaison avec des estimations similaires réalisées par des experts officiels. Dans le cas où un propriétaire foncier refusait d'accepter la valeur fixée par les évaluateurs, le terrain devait être vendu.

L'impôt foncier de 3 pour cent ne devait être perçu que sur les terres cultivées, cette catégorie comprenant à la fois les rizières et les autres terres arables. L'impôt sur les terrains résidentiels était plus élevé, tandis que celui sur les autres catégories de terres, telles que les terres couvertes de forêts, de pâturages ou de landes, était presque symbolique.

Le plan adopté, autant que possible, pour fixer la valeur des terres dans un district était de prendre un certain village comme spécimen et, après avoir fixé la valeur des terres qui s'y trouvent, de faire de cette valeur la base pour déterminer la valeur de tous. d'autres terres du district, le principe directeur étant de déterminer le profit réel qu'elles rapportaient au cultivateur. Partant de ce principe, la méthode employée pour déterminer la valeur des terres cultivées était la suivante : Les terres étaient tout d'abord divisées en deux classes, les terres rizicoles et les terres sur lesquelles étaient cultivées d'autres cultures. Les évaluateurs officiels ayant, avec l'assistance du cultivateur, estimé le rendement annuel de l'exploitation, ce rendement était, dans le cas du riz, du blé et des haricots, converti en monnaie en prenant le prix moyen du koku sur le marché (environ cinq boisseaux) . de chacun de ces produits pour les cinq années 1870-1874 inclusivement. En fixant ce prix moyen du marché, il aurait été impossible de prendre un prix unique pour l'ensemble du pays, puisque les prix de tous les articles de première nécessité variaient dans de nombreuses régions. La difficulté a donc été résolue en fixant plusieurs valeurs de marché, à utiliser comme bases d'évaluation distinctes chaque fois que les conditions et circonstances locales exigeaient une considération particulière. Ainsi, dans certains cas, un prix de marché pour le riz ou pour le blé a servi de base à l'évaluation des terres dans une province entière ; alors que dans d'autres cas, des prix de marché distincts devaient être déterminés pour des districts particuliers, voire des villages. Dans le cas de terres sur lesquelles d'autres produits, tels que le thé, la soie, le chanvre, l'indigo, etc., étaient cultivés, la méthode adoptée consistait à estimer quelles récoltes de blé ou de haricots, une terre de même espèce située au même endroit rapportait. . Ce rendement était alors pris comme celui de la terre en question et converti en argent de la manière habituelle. Jusqu'à présent, la méthode suivie était la même pour toutes les terres, que l'homme cultive sa propre propriété ou qu'il la détienne en location auprès du propriétaire. Dans le premier cas, l'étape suivante du processus de fixation de la valeur des terres consistait à déduire de la valeur totale du rendement de la terre 15 pour cent, à titre de coût des semences et du fumier. De la somme qui restait, on déduisait de nouveau l'impôt foncier et les impôts locaux, ainsi que le coût des salaires, s'ils étaient payés, pour la main-d'œuvre employée. Le solde restant était considéré comme représentant la valeur nette du rendement de la terre. Et comme le gouvernement a décidé de fixer à 6 pour cent le taux moyen de profit revenant à un cultivateur, la valeur d'une exploitation était déterminée par un simple calcul. Cette valeur, ainsi déterminée, devenait la valeur imposable ou imposable du terrain, et c'est sur cette valeur que l'impôt foncier était levé. Le processus par lequel la valeur était obtenue dans le cas d'un cultivateur qui détenait sa terre en bail était un peu plus compliqué. Autrement dit, la valeur imposable des terres cultivées, telle que déterminée par la révision, était dans tous les cas la valeur nette de leur rendement pour le cultivateur, que celui-ci soit propriétaire ou seulement locataire.

La question des délais de paiement de l'impôt foncier a fait l'objet d'une grande attention. Les trois échéances avec lesquelles elle était initialement payable furent ensuite réduites à deux, les dates de paiement variant selon la nature de la récolte cultivée. Il convient également de noter qu'en uniformisant l'impôt foncier révisé dans tout le pays, une exception a été introduite en faveur de Yezo , ou Hokkaidō, pour lui donner son nom administratif. Là-bas, afin de favoriser le développement de ce qui était alors l'île la plus septentrionale, le taux d'imposition fut fixé à 1 pour cent.

Quatre ans après le début des travaux de révision, l'impôt foncier fut, comme nous l'avons déjà dit, réduit à 2½ pour cent. Dans le décret annonçant cette réduction, il était fait allusion aux besoins croissants du pays, qui n'avait pas encore pu, disait-on, s'adapter aux conditions changeantes provoquées par la Restauration, et à la détresse qui régnait encore parmi les agriculteurs. Des classes. La lenteur apparente avec laquelle les travaux de révision se déroulèrent fut portée à la connaissance des autorités locales par le gouvernement, et l'année 1876 fut fixée comme date à laquelle la révision devait être achevée. Mais ni cette année-là, ni la suivante ne virent la fin de l'entreprise. Il dura cinq ans de plus et fut finalement achevé en 1881.

MARQUIS INOUYE .

A pris une part active au gouvernement formé après la Restauration et a été une figure marquante dans les affaires étrangères et financières .

MARQUIS ŌKUMA .

A joué un rôle important dans la formation du nouveau gouvernement après la Restauration ; Il fut quelque temps dans l'opposition, puis revint au ministère. Remarquable en tant que défenseur du gouvernement constitutionnel, en tant qu'auteur et en tant qu'éducateur, il était le plus polyvalent de tous les hommes d'État de son époque.

Par un calcul très approximatif, et c'est tout ce que permet le manque de fiabilité des statistiques de l'époque, l'étendue des terres imposables occupées ou possédées par les gens avant la révision peut être estimée à environ dix millions d'acres. Suite à la révision, cette superficie a plus que quadruplé. En revanche, les revenus tirés de la terre ont accusé une baisse de 5 pour cent. Ce résultat s'explique par le fait qu'une partie des terres avait été auparavant surtaxée, alors qu'une grande partie de la nouvelle zone imposable était constituée de terres incultes ne payant qu'un impôt nominal et, par conséquent, contribuant peu aux revenus.

Le coût total de la révision de l'impôt foncier, selon les estimations officielles, était d'environ 7 500 000 £. Sur cette somme, environ 6 000 000 £ furent remboursés par la population, le solde étant à la charge des autorités provinciales, à l'exception d'un poste d'environ 100 000 £ qui fut facturé au gouvernement central. Aussi lourde que soit cette dépense, le gain pour le Japon aurait justifié un coût plus élevé. Pour la première fois dans son histoire, il y avait un système uniforme d'imposition foncière pour tout le pays et, à l'exception mentionnée ci-dessus, un taux uniforme.

Depuis l'achèvement des travaux de révision, le système de taxation foncière est resté inchangé *dans ses principales caractéristiques* . Mais les lourdes dépenses entraînées par la guerre russo-japonaise de 1904-1905 obligent le gouvernement à augmenter les impôts de toutes sortes. Des taxes de guerre spéciales furent alors imposées. Parmi ceux-ci figurait un impôt foncier supplémentaire. À la fin de la guerre, cet impôt supplémentaire fut conservé, tout comme notre propre impôt sur le revenu et la taxe chinoise de transit sur les marchandises (*lekin*), qui étaient également à l'origine des impôts de guerre.

Un élément à noter dans le cadre de cette réforme agraire est la modification apportée au titre de propriété foncière. Jusqu'à présent, l'inscription du terrain au registre foncier local, conformément à la pratique séculaire, ainsi que les inscriptions concernant le transfert de terrain inscrites dans le même registre foncier, constituaient le titre de propriété du titulaire. Désormais, le titre foncier était déterminé par la possession d'un titre de propriété. Cependant, le nouveau système n'est pas resté. Après un essai de plus de quinze ans , elle fut abandonnée en mars 1889, au profit de l'ancienne méthode d'inscription dans les livres fonciers d'un district qui, avec certaines modifications ultérieures de détail, est maintenant en vigueur.

Le reclassement des terres, l'un des résultats de la réforme agraire, était prévu dans un calendrier élaboré, dont il est inutile d'entrer dans les détails. Une référence aux différentes classes dans lesquelles les terres étaient divisées établit deux faits :

1.

Toutes les terres cultivées, à quelques exceptions près, appartiennent au peuple.

2.

Toutes les friches, à quelques exceptions près, appartiennent à l'État.

À cela, nous pouvons en ajouter une troisième, à savoir que toutes les terres du Japon sont soumises à l'impôt foncier, à trois exceptions près :

(*une*)

Terrain du gouvernement.

(*b*)

Terrain détenu à des fins religieuses.

(*c*)

Terrain utilisé à des fins d'irrigation, de drainage et de routes.

CHAPITRE X
Missions auprès des gouvernements étrangers — Obstacles à la réforme — Difficultés linguistiques — Attitude des puissances étrangères.

Les nombreuses mesures qu'exigeait l'abolition de la féodalité n'empêchèrent pas le nouveau gouvernement de se tourner vers les affaires étrangères. La même année (1871) qui vit la promulgation du décret donnant effet pratique à la reddition des fiefs féodaux, une mission composée d' Iwakura , ministre des Affaires étrangères, et de deux conseillers d'État, Kido et Ōkubo , fut envoyée en Europe et au Japon. États-Unis. La suite de la mission, qui comptait plus de cinquante personnes, comprenait M. (plus tard prince) Itō .

Il s'agissait de la troisième mission envoyée par le Japon auprès des tribunaux des puissances conventionnelles, et de loin la plus importante. Le premier d'entre eux, envoyé par le gouvernement Tokugawa au début de 1862, alors que les conditions entourant les relations avec l'étranger étaient rendues précaires par l'hostilité ouverte du parti de la Cour, avait obtenu un certain succès en obtenant un report de cinq ans des dates fixées pour l'ouverture des ports de Hiogo et Niigata, ainsi que des villes de Yedo et Ōsaka ; les raisons par lesquelles la demande était appuyée, ainsi que les conditions dans lesquelles le consentement était donné, étant consignées, en ce qui concerne la Grande-Bretagne, dans le Protocole de Londres de juin 1862. Les raisons étaient : « les difficultés éprouvées par le Tycoon et ses ministres pour donner effet à leurs engagements avec les puissances étrangères ayant des traités avec le Japon en raison de l'opposition offerte par un parti au Japon qui était hostile à tous les rapports avec les étrangers. Les conditions, brièvement énoncées, étaient les suivantes : le strict respect de toutes les autres stipulations du Traité ; la révocation de l'ancienne loi interdisant les étrangers ; et la cessation à l'avenir de toute ingérence officielle de quelque nature que ce soit dans le commerce et les relations.

La seconde fut envoyée par le même gouvernement en février 1864. Son objet apparent était de présenter des excuses au gouvernement français pour le meurtre de l'officier français, le lieutenant Camus, survenu en octobre de l'année précédente. Son véritable objectif, cependant, était de s'efforcer d'obtenir le consentement des puissances du traité pour la fermeture du port de Yokohama, question au sujet de laquelle les ministres du Shōgun avaient déjà fait appel en vain aux représentants étrangers ; et, accessoirement, de saisir l'occasion, si elle se présentait, d'acheter du matériel de guerre. La mission, qui ne dépassa jamais Paris, revint au Japon en août suivant au moment où les dispositions étaient prises pour forcer le détroit de

Shimonoséki par une escadre étrangère combinée. Il soumet à l'approbation du gouvernement du Shōgun une convention conclue par les membres de la mission avec le gouvernement français. Cet instrument un peu singulier, qui portait la signature de Monsieur Drouyn de Lhuys , alors ministre des Affaires étrangères, prévoyait qu'il entrerait en vigueur immédiatement après son acceptation par le gouvernement du Shōgun et serait considéré comme faisant partie intégrante du traité. partie intégrante du traité existant entre la France et le Japon. Il contenait, entre autres choses, une stipulation de la réouverture des détroits dans les trois mois après le retour de la mission au Japon, et prévoyait également la coopération, si nécessaire, de l'escadre navale française dans les eaux japonaises avec l'escadre du Shōgun . forces dans la réalisation de cet objectif. La répudiation de l'accord par le Shōgun évite l'apparition de complications qui auraient pu être gênantes, le seul résultat de l'incident étant un retard de quelques jours dans le départ pour Shimonoséki de l'escadre alliée.

L'objet apparent de cette troisième mission, comme celui de la première, concernait les stipulations du Traité. Par une clause des traités de 1858 — dont les textes étaient plus ou moins identiques, tandis que leur interprétation était régie par la stipulation du traitement de la « nation la plus favorisée » — fut prévue une révision *par consentement mutuel* en 1872. Ce consentement fut prévu. c'était le but de la mission d'obtenir. Le nombre des puissances conventionnelles était alors passé à quinze, mais les intérêts de la plupart d'entre elles étant très minimes, il était reconnu que si le consentement des principales puissances pouvait être obtenu, aucune difficulté ne serait soulevée par les autres.

Le fonctionnement des traités a été dans l'ensemble satisfaisant, aussi satisfaisant, c'est-à-dire, qu'il était raisonnable d'attendre des circonstances exceptionnelles qui ont accompagné leur négociation ; et il ne semble y avoir aucun point particulier sur lequel une révision soit urgente. Ce n'est cependant pas l'avis du Gouvernement japonais. Très peu de temps après l'entrée en vigueur des traités de 1858, les autorités et le peuple japonais semblent avoir pris ombrage des privilèges extraterritoriaux dont jouissaient les étrangers au Japon en vertu des stipulations des traités. Il est plus que probable que ce sentiment d'extraterritorialité n'ait pas été tout à fait spontané, mais qu'il ait été inspiré à cette époque par des étrangers animés par des motivations mixtes et enclins à tirer des conclusions hâtives. Quoi qu'il en soit, les Japonais prirent très tôt conscience que la jouissance de l'extraterritorialité était généralement considérée comme un privilège concédé sous la pression aux sujets de pays possédant, ou prétendant posséder, une civilisation plus avancée à certains égards que celle du pays d'origine. laquelle la concession a été obtenue. La fierté de la nation s'est rebellée contre la discrimination ainsi exercée, et il n'est pas étonnant qu'elle ait saisi la première occasion qui se présentait pour se débarrasser des odieuses clauses extraterritoriales qui faisaient obstacle à l'exercice de la juridiction japonaise sur les étrangers. Japon. C'est là le principal motif qui a motivé la volonté de révision des traités.

Il y avait cependant d'autres objectifs en vue lors de l'envoi de la mission. Aux représentants étrangers, le gouvernement a expliqué son souci de communiquer aux gouvernements des puissances conventionnelles des détails sur l'histoire intérieure de leur pays au cours des années précédant la révolution de 1868, et son désir de les informer de l'état actuel des choses et de l'avenir. politique qu'elle était censée poursuivre. Ils considéraient également qu'il était important, ajoutait-on, d'étudier les institutions des autres pays et d'acquérir une connaissance précise de leurs lois, des mesures en vigueur en matière de commerce et d'éducation, ainsi que de leurs systèmes navals et militaires.

En ce qui concerne ces objets mineurs, les travaux de la mission se sont déroulés avec succès. Cela s'est manifesté non seulement par la période de son absence à l'étranger, qui a duré plus de deux ans, bien plus longtemps que prévu, mais aussi par les progrès rapides du travail de réforme après son retour. Les informations recueillies par ses membres, parmi lesquels se trouvaient certains des hommes les plus talentueux de l'époque, furent plus tard d'une grande utilité pour leur pays ; tandis que la connaissance qu'ils avaient acquise des affaires étrangères et de la disposition des gouvernements étrangers à l'égard du Japon était de la plus grande valeur. Cependant, en ce qui concerne le but apparent de la mission, rien n'a été accompli. Les efforts des ambassadeurs dans ce sens ne rencontrèrent aucun encouragement. Les gouvernements étrangers concernés n'étaient pas disposés à ignorer les obstacles constants à l'exécution des stipulations du Traité causés par l'indifférence et la mauvaise volonté des fonctionnaires japonais. Etant donné le peu de temps qui s'était écoulé depuis que le Japon était sorti de la féodalité, ils n'étaient pas non plus pressés de satisfaire les aspirations exprimées dans la lettre de créance présentée par le chef de la mission au président des États-Unis, la première pays visité – qui parlait d'une « intention de réformer et d'améliorer les traités, afin que le Japon puisse se trouver sur un pied d'égalité avec les nations les plus éclairées ». Ils ont donc refusé d'entamer une quelconque discussion sur le sujet, estimant que le moment n'était pas encore venu où la discussion pourrait être utile.

La rebuffade ainsi administrée provoqua déception et mécontentement, et conduisit bientôt au début d'une agitation pour la révision du traité, qui fit beaucoup de mal aux relations étrangères ; était fréquemment utilisé comme un cri commode par les hommes politiques au cours d'attaques dirigées contre le gouvernement de l'époque ; et dura jusqu'à ce que le premier des nouveaux traités révisés soit signé par la Grande-Bretagne à l'été 1894. Son principal effet, cependant, en ce qui concerne les étrangers, fut de renforcer le gouvernement japonais dans sa détermination à résister à tous les efforts de la part du Japon. des puissances étrangères pour obtenir un accès plus large à l'intérieur du pays et pour restreindre par tous les moyens possibles l'octroi de facilités supplémentaires pour le commerce et les relations extérieures en vertu des traités existants.

Une grande place a été consacrée dans les chapitres précédents à l'abolition du féodalisme comme point de départ du progrès moderne du Japon. L'effet immédiat de cette mesure, ainsi que les diverses mesures relatives au régime foncier et à la fiscalité foncière, qui en étaient la suite naturelle, ont également été expliqués de manière assez détaillée. Il n'est cependant pas question de retracer avec la même minutie ou dans un ordre chronologique strict les étapes successives du travail de réforme. Notre objectif étant de donner une idée générale du processus qui a amené la transformation progressive d'un pays oriental en un empire moderne et progressiste, nous passerons à la légère sur de nombreux sujets, nous attardant principalement sur les caractéristiques remarquables et remarquables qui illustreront le plus clairement le caractère et le cours du développement moderne du Japon.

Avant d'aborder d'autres mesures de réforme entreprises dans les premières années qui suivirent la Restauration, il convient de jeter un coup d'œil sur les conditions dans lesquelles se déroulèrent les travaux de réforme. La difficulté initiale qui a gêné les réformateurs au début était l'absence de tout plan précis de reconstruction. Au-delà de la reddition des fiefs féodaux, rien de concret n'avait été pensé. Ils devaient tâtonner. Comme l'a déclaré quelques années plus tard l'un des principaux acteurs des événements de la Restauration : « Ils ne pouvaient pas regarder loin ; il suffisait qu'ils puissent se mettre d'accord sur la prochaine étape à franchir. Une autre difficulté à laquelle ils devaient faire face était la question de la langue. La propagation du christianisme aux XVIe et XVIIe siècles ne s'était accompagnée de l'introduction, dans une mesure appréciable, d'aucune des langues des trois nationalités – portugaise, espagnole et italienne – auxquelles appartenaient les premiers missionnaires. L'usage du latin dans les offices religieux et l'étude du japonais par les missionnaires avaient rendu cela inutile. Et lorsque le christianisme a disparu, le peu de portugais, ou autre langue latine qui l'accompagnait, a également disparu. Mais avec l'avènement des Néerlandais, les choses ont changé. La langue néerlandaise est devenue le moyen de commerce, et aussi le moyen par lequel tout le savoir occidental, et en fait toute la connaissance de l'Occident, était reçu. Une classe d'interprètes néerlandophones, qui trouvèrent un emploi dans le commerce extérieur, se développa ; et avec l'entreprise, non soumise à la répression officielle constante, et la curiosité pour ce qui est nouveau, qui ont toujours distingué le peuple japonais, les hommes se mirent à apprendre le néerlandais pour s'instruire.

Ainsi, lorsque les relations extérieures furent renouvelées sur une base plus large au milieu du XIXe siècle, le néerlandais devint la langue vers laquelle les Japonais et les étrangers se tournèrent naturellement comme moyen d'échange pour les relations nouvellement établies. Toutes les communications se faisaient dans cette langue, et elle devint le texte authentique de tous les traités antérieurs, y compris ceux de 1858. Harris, le premier représentant américain au Japon, nous donne dans son journal une idée des ennuis et des vexations qu'impliquèrent les deux pays . parties aux prises avec le problème de la langue. Le néerlandais que les Japonais avaient appris était, nous dit-il, un patois marchand, le néerlandais correct parlé par les interprètes hollandais attachés à sa mission leur étant tout à fait étranger. Lorsqu'il s'agissait de rédiger des accords écrits dans les deux langues, ils ont insisté pour que chaque mot de la version néerlandaise soit placé dans le même ordre que son équivalent dans la version japonaise. Ceci, dit-il, a causé certaines difficultés, et nous pensons qu'il n'exagère pas.

L'emploi du néerlandais comme moyen de communication au début de la reprise des relations avec l'étranger, bien qu'inévitable, était malheureux. Et pour cette raison. Pendant les nombreuses années de monopole néerlandais – en ce qui concerne les nations occidentales – sur le commerce avec le Japon, la Hollande était au zénith de sa puissance. Si elle n'est pas réellement maîtresse des mers, elle occupe une position de prééminence en tant qu'État maritime. Mais au moment où les premiers traités avec le Japon furent négociés, la Hollande avait perdu cette position élevée. Elle n'était plus une grande puissance et, par conséquent, la connaissance du néerlandais que possédaient de nombreux Japonais cessa d'être utile au Japon. Il fallait qu'une autre langue prenne sa place. Grâce au commerce et à la puissance grandissants de la Grande-Bretagne et des États-Unis, l'anglais fut la langue qui entra naturellement dans la brèche, et il devint nécessaire pour les Japonais d'abandonner le néerlandais et de tourner leur attention vers l'acquisition de la nouvelle langue qui avait déjà été adoptée. l'a remplacé.

jusqu'à présent sur la difficulté liée aux langues des étrangers qui avaient fait leur apparition plus ou moins malvenue sur la scène et à qui le Japon entendait emprunter les matériaux des réformes envisagées. Si nous passons maintenant à l'autre côté de la question, à la difficulté découlant de la langue japonaise elle-même, nous verrons à quel point sa propre langue représentait un obstacle sérieux au progrès moderne du Japon.

Jusqu'au VIIe siècle de notre ère, le Japon possédait, comme nous l'avons vu, sa propre langue. Cela a été dit et non écrit. Puis, par un de ces élans inexplicables qui affectent la destinée des nations, elle suivit l'exemple de la Corée, qui avait aussi parlé ses dialectes et adopté la langue écrite de la Chine. Plus tard, à partir des caractères chinois ainsi empruntés, elle a élaboré des syllabaires, remplissant pour elle la place de notre alphabet pour nous, et a ainsi développé ses propres écritures indigènes. Mais cette langue écrite indigène n'a jamais prospéré dans sa concurrence avec les caractères chinois dont elle était dérivée. Bien qu'il ait été utilisé dans la poésie et dans d'autres littératures classiques indigènes et ait servi de véhicule littéraire utile aux femmes des classes supérieures, entre les mains desquelles il montrait des potentialités inattendues, et aux masses non instruites, il a finalement trouvé sa place la plus habituelle dans la littérature comme simple complément à l'usage du chinois.

Cet incubus de deux langues, déguisées en une seule, était rendu encore plus ennuyeux par le fait que la langue écrite chinoise empruntée ne fut jamais complètement assimilée et incorporée à la langue parlée japonaise à laquelle elle était jointe, mais conservait une identité plus ou moins distincte. Cela aurait simplifié les choses si les Japonais avaient abandonné leur langue parlée et adopté le chinois à la place. Il y aurait alors eu une harmonie et une relation naturelles entre les langues parlées et écrites, telles qu'elles existent en Chine aujourd'hui. Les Japonais auraient alors écrit comme ils parlaient, et parlé comme ils écrivaient. Mais ils ne l'ont pas fait. Leur propre langue parlée était là et avait suffisamment de vitalité pour résister à l'intrusion de la langue étrangère, mais pas assez pour permettre à la nation de se libérer de l'incube qu'elle s'était volontairement imposée par cette importation massive de caractères chinois. C'est dans ces considérations que réside l'explication de l'agitation sans cesse renouvelée en faveur de l'adoption de l'alphabet romain à la place du chinois.

En ce qui concerne les caractères chinois , il ne faut pas négliger l'avantage que leur connaissance donne au peuple japonais sur les concurrents étrangers dans ses relations et ses échanges commerciaux avec la Chine. Il convient également de garder à l'esprit que la partie chinoise, pour ainsi dire, de la langue japonaise se prête avec une facilité particulière à la formation de nouveaux mots pour exprimer de nouvelles idées. À cet égard, il a servi à encourager l'introduction de la civilisation occidentale. Ces avantages sont néanmoins contrebalancés dans une large mesure par l'ajout au langage d'une multitude innombrable de mots dissyllabiques, qui ne se distinguent les uns des autres que par les hiéroglyphes qui les accompagnent. Le résultat est la création d'un vocabulaire encombrant, basé sur le chinois, qui se développe si rapidement qu'il décourage l'érudition, entravant ainsi le progrès même qu'il est censé promouvoir.

Une autre difficulté reste à considérer. En s'inspirant de l'Occident pour son travail de reconstruction, le Japon n'empruntait pas à un seul pays, comme auparavant, mais à plusieurs. Il n'y avait pas non plus d'affinité naturelle entre elle et eux, comme dans le cas du premier pays, la Chine, qu'elle avait mis en contribution. En outre, les idées nouvelles qu'elle assimilait n'appartenaient pas à la même époque, mais à des époques différentes. Il y avait autant de diversité de dates que d'origines. Mais ils se sont tous réunis et ont dû être harmonisés, dans une certaine mesure, avec un fondement de choses à son origine chinoise. Le Japon est généralement considéré comme s'étant délibérément lancé dans une politique d'éclectisme. Aucune autre voie ne lui était ouverte. Parmi la foule de nouveautés qui se présentaient, elle dut faire un choix. Et l'urgence du moment ne lui laissait que peu de temps pour y parvenir.

Nous avons remarqué certaines des difficultés qui s'opposaient au progrès du Japon et qui tendaient à compliquer l'œuvre de reconstruction. Voyons quels avantages elle avait pour l'aider. Il n'y en avait pas beaucoup, et certains étaient moraux et non matériels. Les hommes d'État réformateurs furent aidés par le sentiment d'exaltation commun à toutes les révolutions politiques, ainsi que par la vague d'enthousiasme suscitée par ce qui fut salué comme la restauration du gouvernement direct du souverain, sans se demander ce que cela signifierait, une fois accompli, au-delà du disparition du Shōgunat , aucun de ses partisans n'en avait une idée claire. Le sentiment général en faveur de la réforme qui, à l'exception de l'ancienne classe militaire, existait dans tout le pays, était également en leur faveur . Le Japon lui aussi, au cours de ces premières années, était conscient de la sympathie des puissances conventionnelles. Il est de mode parmi une certaine classe d'écrivains de dénoncer l'attitude des puissances étrangères, présentées comme antipathiques et n'ayant tendu aucune main secourable au jeune gouvernement alors en procès. C'est une vision erronée. Même avant la Restauration, à l'époque où la Cour était ouvertement hostile aux relations étrangères et où le Shōgunat , à son extrémité, se trouvait sur deux fronts : annonçant au Trône sa détermination à expulser le barbare détesté, tout en assurant ce dernier de la même manière. souffle de la convivialité de ses sentiments ; se complaisant dans l'obstruction qu'il aurait aimé diriger plus ouvertement, puis feignant l'indignation face à ses propres méfaits : l'indulgence des gouvernements étrangers et la patience de leurs agents sont des choses dont l'Occident peut bien être fier. Et dès que la sincérité des réformes japonaises fut clairement comprise, la sympathie des gouvernements étrangers prit une forme plus active.

Peut-être pouvons-nous également supposer avec certitude que le nouveau gouvernement a été aidé dans une certaine mesure dans l'introduction des réformes par la soumission du peuple qu'il était appelé à diriger. Sous l'influence des idées chinoises , la ligne de démarcation entre les gouvernants et les gouvernés fut très nettement tracée. Tant dans l'éthique confucéenne que dans l'enseignement bouddhique, les deux fondements de la morale japonaise, la plus grande importance est accordée à la vertu de loyauté envers les supérieurs, qui comprend — et c'est un point essentiel — l'obéissance aux autorités constituées. Dans la même éthique et dans le même enseignement, une importance égale est accordée au devoir correspondant du dirigeant de gouverner avec sagesse ou, comme on dit, « avec bienveillance ». La conception des relations entre gouverneurs et gouvernés, telle qu'elle se présentait à l'esprit japonais de l'époque, était que c'était l'affaire, le devoir du gouvernement de gouverner, le privilège ou le droit du sujet à gouverner. . Ces derniers se tournaient vers ceux qui détenaient l'autorité pour obtenir de la lumière et de la direction. Tant que le gouvernement était conforme à la doctrine confucianiste, mené avec « bienveillance », c'est-à-dire sans injustice ni tyrannie flagrantes, il était satisfait. L'établissement ultérieur d'un gouvernement constitutionnel et le fonctionnement pratique d'une Diète et d'assemblées locales ont quelque peu modifié cette habitude d'esprit. Mais même au cours des sessions les plus orageuses et les plus tumultueuses qui ont caractérisé ces dernières années le développement des institutions parlementaires, l'influence de cette vieille idée s'est manifestée ; tandis que dans les périodes antérieures dont nous parlons ici, c'était un facteur dominant et salutaire, allégeant très sensiblement la tâche de l'administrateur.

Il existe encore une autre agence qui travaille dans la même direction. C'est le nouveau champ d'activité ouvert par les changements accompagnant la Restauration aux énergies du peuple, plus particulièrement à celles des classes commerciales et industrielles. Leur attention était absorbée dans une large mesure par leurs propres préoccupations, que le bouleversement provoqué par la révolution dans la vie nationale rendait un intérêt accru et plus varié. Ils n'avaient donc que peu de temps, même s'ils en avaient eu le désir, pour s'enquérir de près de la direction des affaires publiques.

Il y avait aussi un avantage dans le fait que le Japon avait déjà emprunté et avait donc acquis de l'expérience dans l'art d'assimiler les idées étrangères. Elle n'était pas nouvelle dans ce travail. Elle ne faisait maintenant qu'à une échelle moins étendue ce qu'elle avait fait une fois auparavant. Et sa tâche était rendue plus simple parce que ce qu'elle prenait désormais à l'Occident se prêtait à ses besoins immédiats, peut-être d'une manière plus pratique que ses emprunts d'autrefois à une nation sœur.

Enfin, il ne faut pas négliger l'immense avantage qu'elle a eu dans l'adoption de toutes les réformes basées sur les modèles occidentaux. Sans frais pour elle-même, sans dépense de temps, de réflexion, de travail ou d'argent, elle a récolté le fruit de générations de labeur en Europe et en Amérique. Elle a imposé un tribut à tout le monde occidental. Profitant immédiatement des découvertes et des progrès réalisés au cours des siècles dans tous les domaines de l'énergie humaine, elle commença sa carrière de progrès constructif au point où d'autres pays étaient déjà parvenus.

CHAPITRE XI

Changements et réformes — Relations avec la Chine et la Corée — Rupture du ministère — Sécession des dirigeants Tosa et Hizen — Progrès des réformes — Annexion de Loochoo — Mécontentement de l'ancienne classe militaire.

Les changements introduits après la Restauration se répartissent globalement en deux sortes : ceux empruntés à l'étranger et ceux dus à l'inspiration des réformateurs eux-mêmes. Les réformes foncières que nous avons déjà évoquées relèvent essentiellement de cette dernière catégorie. Bien qu'une certaine coloration des idées occidentales puisse être apparente dans l'accent mis sur l'uniformité du régime foncier et de la fiscalité, et à certains autres égards, la réforme agraire, considérée dans son ensemble, était le résultat logique de l'abolition de la féodalité. Il s'agissait donc dès le départ d'une question dans laquelle seules entraient des considérations intérieures, et donc libre de toute influence étrangère marquée.

D'une nature différente, et portant l'empreinte manifeste d'une importation en provenance de l'Occident, fut l'introduction de la conscription sur les lignes européennes, principalement allemandes ; la création d'un système postal et l'ouverture d'un hôtel de la monnaie ; la construction des premiers chemins de fer, télégraphes et chantiers navals ; la suppression des édits antichrétiens et la cessation des persécutions religieuses ; l'adoption du calendrier grégorien ; la formation d'un Conseil pour le développement de Yezo ; l'établissement de relations conventionnelles avec la Chine conformément aux usages occidentaux ; la création de l' Université Tōkiō ; et la suppression de l'interdiction concernant l'utilisation, oralement ou par écrit, du nom du Mikado. Tous ces changements se sont succédé rapidement en l'espace de cinq ans.

En ce qui concerne le changement ou la réforme mentionnée en dernier lieu, la suppression de l'interdit concernant l'usage du nom de l'empereur , la permission semble aux étrangers aussi étrange que l'interdiction. Cela ressemble à un écho d'époques lointaines. Mais il est difficile d'exagérer l'abîme qui séparait jusqu'ici le trône du peuple. Ce n'est que dans un sens ironique que l'expression « la lumière féroce qui bat sur un trône » aurait pu être appliquée à un monarque japonais. Le trône et son occupant étaient voilés d'une ombre mystérieuse, et au respect dû à la royauté s'ajoutait la vénération rendue à un Dieu. Dans le cas du Mikado, son nom n'apparut jamais par écrit jusqu'en 1868, date à laquelle le message daté du 3 février de la même année annonçait aux gouvernements étrangers son accession à « l'autorité suprême », à la suite de la démission volontaire du Shōgun du « gouvernement » . pouvoir », a été livré aux représentants étrangers. Ce message portait la signature « Mutsuhito », qui prétendait être le manuel de signature du Souverain. Le changement introduit n'avait cependant aucune importance pratique, car personne ne souhaitait faire usage de l'autorisation accordée. Elle n'est intéressante que parce qu'elle s'écarte sensiblement des coutumes traditionnelles, et aussi parce qu'elle illustre l'esprit dans lequel toute réforme a été conçue.

La création en 1871 d'un nouveau conseil, ou département mineur, pour le développement de l'île de Yezo , alors la plus septentrionale, désormais connue sous le nom de *Hokkaidō* , ou circuit maritime du Nord, l'une des nombreuses zones géographiques distinguées par ce nom dans lesquelles le Japon est divisé – il convient de le signaler principalement parce qu'il s'agit de l'un des rares cas de réformes qui ont échoué. Pour l'entreprise en question, les services d'experts américains ont été retenus. Le projet, pour lequel au total quelque 10 000 000 de livres sterling aurait été dépensé, a traîné dès le début, même si certains bénéfices ont finalement été tirés de l'industrie de l'élevage de chevaux qui a alors été créée ; et dix ans plus tard, le Conseil fut dissous. C'est à l'occasion de l'abandon de cette entreprise, dont la direction fut confiée au général Kuroda, un des principaux membres du clan Satsuma, que le marquis (alors M.) Ōkuma quitta le ministère, qu'il ne rejoignit que sept ans plus tard.

Diverses raisons ont été avancées pour expliquer cet échec, les accusations de corruption officielle étant librement formulées. Quant à l'une des causes qui y a contribué, il ne fait guère de doute : le dégoût, ou peut-être l'inaptitude constitutionnelle du peuple japonais à ce que l'on pourrait appeler l'œuvre pionnière de la colonisation. Ceux qui diffèrent de ce point de vue peuvent souligner les succès obtenus par le Japon ailleurs, à Formose par exemple, qu'il a reçus comme une partie des fruits de sa victoire sur la Chine dans la guerre de 1894-1895. Les conditions dans cette affaire étaient cependant exceptionnellement favorables . Le secret de son succès résidait dans les grandes richesses naturelles de l'île, dues aux vertus du climat et du sol, dans l'abondance de main-d'œuvre bon marché , et dans l'industrie et le talent d'organisation qui distinguent le peuple japonais. Formose produit la quasi-totalité de la production mondiale de camphre, dont le Japon a fait un monopole d'État . Parmi les autres produits notables figurent le sucre de canne, désormais également un monopole d'État , le thé et le riz. Le développement de ces produits de base est un hommage à la rigueur des méthodes administratives japonaises. Mais les Japonais n'y furent jamais des pionniers ; ils n'ont pas non plus créé les industries qu'ils ont développées. Celles-ci doivent leur origine à la population chinoise, originaire du continent, qui se disputait les régions montagneuses avec les aborigènes à l'arrivée des Japonais. Dix ans après l'occupation japonaise de l'île, les habitants japonais, y compris de nombreux fonctionnaires, n'étaient que 40

000, contre environ 100 000 aborigènes, avec lesquels une guerre intermittente se poursuit encore, et environ 3 000 000 de Chinois. Ces chiffres parlent d'eux-mêmes.

Les conditions climatiques et pédologiques moins favorables dans lesquelles des opérations similaires ont été menées dans les îles japonaises les plus septentrionales ont conduit à des résultats très différents. Ces dernières années, grâce à l'exploitation des mines de charbon et à la croissance générale du transport maritime et du commerce, le développement de Yezo a connu un progrès marqué . Cependant, comparé aux grands progrès réalisés par le Japon dans d'autres directions, le bilan de ce qui a été accompli là-bas au cours du demi-siècle écoulé depuis la Restauration est décevant. Considéré en conjonction avec d'autres faits, cela justifie la conclusion que, même si l'industrie et l'entreprise du peuple japonais assurent des résultats remarquables dans des conditions favorables , où aucun travail de pionnier n'est requis, comme à Formose, à Hawaï et sur les côtes Pacifique du Canada et de l'Amérique. — ni par leur physique ni par leur tempérament, ils ne sont aptes à faire face, dans des circonstances défavorables, au travail acharné et aux graves difficultés de la colonisation pionnière. Et cette conclusion est étayée par ce que nous savons de l'occupation japonaise du territoire mandchou. Ce point est important car il concerne la question de savoir comment trouver un débouché pour l'excédent de population du Japon, sujet qui est fréquemment discuté dans la presse japonaise et qui sera évoqué à nouveau dans un chapitre ultérieur.

Si l'importance d'un sujet dans les affaires publiques se mesurait simplement à l'attention et au travail qui lui sont consacrés, la religion occuperait une place discrète dans la liste des réformes de l'ère Meiji. Ce n'est que dans une mesure limitée, et seulement dans la mesure où elles sont identifiées d'une manière générale aux idées progressistes d'origine occidentale, que les mesures prises en matière religieuse peuvent être considérées comme relevant de réformes empruntées à l'étranger. Hormis de légers changements dans les détails des observances cérémoniales lors des fêtes religieuses, adoptés plus tard et destinés à rendre ces célébrations populaires plus conformes aux notions occidentales de convenance et de décorum, la réforme religieuse eut dès le début un caractère purement négatif. Elle ne s'est pas étendue au-delà du retrait des mesures antichrétiennes qui étaient une survivance des persécutions chrétiennes du XVIIe siècle. Il est généralement admis que le sentiment antichrétien qui surgit alors et les lois pénales cruelles qu'il inspira furent dus à des causes politiques plus que religieuses. Dans la tolérance accordée au christianisme, qui s'est traduite par le retrait des édits antichrétiens, nous voyons à nouveau l'action de motifs politiques plutôt que religieux. L'opportunisme politique, et non l'animosité religieuse, était donc associé au début et à la fin du mouvement antichrétien.

Ceci est conforme à tout ce que nous savons du caractère japonais. Tous les récits sur le Japon, qu'ils soient écrits par des Japonais ou des étrangers, témoignent de l'absence de tout ce qui s'approche du fanatisme religieux.

Quant aux autres mesures prises par le nouveau gouvernement concernant la religion, elles n'avaient même pas une intention progressiste, car elles constituaient manifestement un retour à ce qui existait des siècles auparavant. Elles étaient cependant conformes aux principes professés par les Impériaux à l'époque de la Restauration ; et c'est la raison de leur adoption. Il sera plus commode de considérer ces changements sous le titre de la religion, qui sera traité dans les chapitres suivants.

Au retour de la mission d'Iwakura de l'étranger en 1873, ses membres prirent conscience de la grave crise des affaires intérieures qui s'était produite en leur absence. Une divergence d'opinions est apparue au sujet de la Corée. Depuis l'échec final de l'invasion japonaise de ce pays, vers la fin du XVIe siècle, dû à l'intervention de la Chine à un moment où le Japon s'était épuisé dans une longue lutte, les relations entre les deux pays se sont restreintes. à la conduite d'un commerce insignifiant, et aux missions formelles de courtoisie envoyées pour annoncer l'avènement d'un nouveau souverain, ou pour offrir des félicitations à l'occasion. Ce commerce était exercé par les Japonais au port de Pusan, sur la côte sud de la Corée, face à l'île japonaise de Tsushima. Il y avait ici un petit établissement commercial qui faisait des affaires avec les Coréens de la même manière que les Néerlandais faisaient auparavant du commerce avec les Japonais par l'intermédiaire de leur usine de Déshima (Nagasaki). Il y avait une autre ressemblance entre l'ancienne position hollandaise au Japon et celle des Japonais en Corée dans le fait que, par mauvaise volonté ou manque d'initiative de la part des Coréens, les opérations commerciales des marchands japonais étaient devenues progressivement plus difficiles. et plus restreint. À l'époque en question, l'attitude des Coréens à l'égard des habitants de la petite colonie était à l'opposé de l'amicale, et les autorités japonaises avaient retiré de Pusan tous les fonctionnaires, à l'exception de leurs subordonnés. Selon les récits japonais, les Coréens semblent avoir continué à envoyer des missions de courtoisie périodiques pendant toute la période du règne des Tokugawa. Mais lorsque la Restauration eut lieu , ils refusèrent d'envoyer l'envoyé habituel à Tōkiō , ainsi que de recevoir l'envoyé envoyé par le nouveau gouvernement japonais. Leur refus d'entretenir de nouvelles relations avec le Japon était fondé sur le motif qu'en adoptant une politique nouvelle et progressiste, celui-ci s'était montré de mèche avec les barbares occidentaux, abandonnant ainsi les traditions d'Extrême-Orient auxquelles la Chine et la Corée restaient fidèles. Cet affront à la dignité japonaise provoqua un grand ressentiment dans tout le pays. Cela s'est produit à un moment où il y avait déjà beaucoup de frictions et de rancunes latentes entre les principaux membres du gouvernement, et le Cabinet, si l'on peut ainsi considérer le groupe politique interne qui contrôlait les affaires, s'est immédiatement divisé en deux. des soirées. L'un d'eux, dirigé par l'aîné Saigō , Soyéshima , Itō Shimpei , Itagaki et Gotō ont demandé l' envoi immédiat d'une forte remontrance. Saigō tenait à en être le porteur, une ligne de conduite qui, comme tous ceux qui connaissaient l'humeur de la nation à l'époque et le caractère de l'envoyé proposé, le savait, devait, si elle était suivie, conduire à la guerre . L'autre parti, composé de Chōshiū et d'autres membres du clan centrés autour du Premier ministre, bien que peu disposé à tolérer un manque de courtoisie délibérée de la part d'un État voisin qui avait joué un rôle si important dans l'histoire du Japon, estimait que le moment était inopportun pour une guerre. . Ils se méfiaient probablement aussi, et non sans raison, des motivations qui animaient les partisans d'une politique agressive.

L'affaire a été soumise à Iwakura et à ses collègues de la mission. Leur influence a fait pencher la balance en faveur d'une solution pacifique des difficultés, de sorte que les dirigeants du parti de la guerre ont démissionné de leurs fonctions au sein du gouvernement, leur exemple étant suivi par de nombreux fonctionnaires subalternes. Saigō et un ou deux autres se retirèrent dans leurs provinces natales, le reste restant dans la capitale. Cela s'est produit en octobre 1873.

La rupture au sein du ministère, la première depuis la formation du nouveau gouvernement cinq ans auparavant, était apparemment née de la question coréenne. Mais en réalité , d'autres enjeux étaient en jeu. Cela ressort clairement du mémoire présenté au gouvernement en janvier de l'année suivante par quatre des hommes d'État à la retraite, Soyéshima , Itō . Shimpei , Itagaki et Gotō , ainsi que cinq autres fonctionnaires de moindre importance, dont les noms ne nous concernent pas. Ni dans le mémoire lui-même, ni dans la lettre commune qui le joignait, il n'est fait mention de la Corée. Les Mémorialistes se plaignent dans leur lettre du retard mis par le gouvernement à prendre des mesures en vue de la création d'institutions représentatives. L'un des objectifs de la mission Iwakura était, souligne-t-on, de recueillir des informations à cet effet. Mais depuis son retour, les mesures promises n'ont pas été mises en place. Le refus continu de la population de pouvoir débattre publiquement a créé une situation dangereuse, susceptible de provoquer de graves troubles dans le pays.

Il ressort de cette lettre que les griefs des ministres qui démissionnèrent — à l'exception de l'aîné Saigō — portaient non pas sur la question de la guerre avec la Corée, mais sur la création d'une certaine forme d'institutions représentatives, comme le prévoyait l'Empire. Serment. Leur querelle avec le gouvernement reposait sur l'idée que ce dernier n'avait pas tenu sa promesse de prendre des mesures dans la direction souhaitée.

Le Mémorial était une répétition de cette accusation sous une forme très prolixe. Il insistait sur le droit du peuple à participer à la direction des affaires publiques et sur l'urgence de créer des institutions représentatives.

L'absence de la signature de Saigō dans la lettre et dans le Mémorial n'est pas surprenante. Il n'avait aucune sympathie pour les réformes populaires d'origine occidentale. Son association, dans l'acte de démission, avec des hommes dont les opinions politiques étaient si différentes des siennes et avec lesquels il ne pouvait avoir grand-chose en commun que le mécontentement à l'égard de la conduite des affaires publiques, indique simplement l'existence d'un esprit général de troubles.

La réponse du Gouvernement aux mémorialistes n'a pas été défavorable . On leur dit que le principe d'une assemblée choisie par le peuple était excellent. La question de la création d'assemblées locales doit cependant être prioritaire et cette question occupe déjà l'attention du gouvernement.

En discutant dans un chapitre précédent les effets de l'abolition de la féodalité, nous avons souligné les grandes difficultés que cette mesure infligeait à la classe militaire. Que les *anciens samouraïs* , ou *shizoku* , pour leur donner leur nouveau nom, soient en tant que classe mécontents du changement soudain de leur fortune n'était pas surprenant. Il aurait été étrange qu'ils n'aient pas ressenti la perte de leurs nombreux privilèges : le statut social supérieur dont ils jouissaient, leurs revenus permanents héréditaires dans la famille ; une maison et un jardin gratuits ; exonération de toute fiscalité ; et l'avantage, apprécié par une classe si pauvre, de pouvoir voyager à des tarifs moins chers que les autres. Au cours de l'inévitable réaction qui suivit la réalisation de l'objectif commun qui avait uni les clans occidentaux et qui, ne l'oublions pas, était l'œuvre de la classe militaire, les shizoku eurent amplement l'occasion de réaliser tous leurs *efforts* . qu'ils avaient perdu avec la disparition de la féodalité. La hâte avec laquelle le nouveau gouvernement s'était lancé dans la voie des réformes, copiées de l'étranger, donnait ombrage aux conservateurs de cette classe, qui étaient encore plus nombreux que ceux qui étaient en faveur du progrès . L'engagement d'étrangers, dont les services étaient indispensables à l'exécution de ces réformes, n'était pas non plus moins malvenu. Les experts étrangers nécessaires provenaient de divers pays. L'assistance de la France fut invoquée pour l'armée et pour les réformes juridiques ; celui de l'Allemagne pour l'armée et pour la science médicale ; celle de Grande-Bretagne pour la marine, pour la construction des chemins de fer, des télégraphes et des phares, ainsi que pour l'enseignement technique en ingénierie ; Les Américains furent appelés à apporter leur aide en matière d'éducation et d'agriculture ; tandis que des experts d'Italie et de Hollande faisaient office de conseillers sur les questions concernant la culture de la soie et les remblais.

Parlant de l'engouement pour l'imitation de l'Occident qui prévalait à cette époque, l' *Histoire du Japon* , compilée sous direction officielle pour l'Exposition de Chicago de 1893, dit : « Au cours des premières années de l'ère Meiji, toute connaissance, si minime soit-elle, de la science occidentale était considérée comme une qualification pour un emploi officiel. Des étudiants qui s'étaient montrés intelligents furent envoyés en Europe et en Amérique pour inspecter et rendre compte des conditions qui y existaient, et, à mesure que chacun de ces voyageurs trouvait quelque chose de nouveau à approuver et à importer, la manie des innovations occidentales ne cessait de croître. Préserver ou vénérer les anciennes coutumes et modes était considéré avec mépris, et l'imagination allait si loin que certains envisageaient sérieusement le projet d'abolir la langue japonaise et de lui substituer l'anglais.

Le capitaine Brinkley, critique amical, dans son *Histoire du Japon,* confirme cette affirmation. « En bref, dit-il, les Japonais entreprirent de la manière la plus légère possible de s'habiller avec des vêtements tels qu'ils n'en avaient jamais portés auparavant et qui avaient été confectionnés pour aller à d'autres personnes. Le spectacle paraissait suffisamment étrange pour justifier les appréhensions des critiques étrangers qui se demandaient s'il était possible que tant de nouveautés soient assimilées avec succès, ou qu'une nation s'adapte à des systèmes planifiés par une bande hétéroclite d'extraterrestres qui ne connaissaient rien de ses caractères ou de ses caractéristiques. douane."

Néanmoins, à bien des égards, la vie intérieure des gens est restée épargnée par les innovations occidentales adoptées avec tant d'empressement. La nation n'était pas appelée à faire des sacrifices aussi considérables que les apparences le suggéraient. Mais le conservateur mécontent de l'ancienne classe militaire, qui observait les progrès rapides de la réforme entre les mains de réformateurs enthousiastes, n'était pas susceptible de faire de belles distinctions ; il n'était pas non plus surprenant que le zèle dont il était témoin, et peut-être aussi l'emploi d'étrangers indésirables à des salaires qui lui semblaient extravagants, aient contribué à accroître son mécontentement à l'égard du nouvel ordre de choses.

En janvier 1874, quelques jours après la présentation du Mémorial mentionné ci-dessus, le mécontentement latent s'enflamma. Itō Shimpei , l'un des mémorialistes, qui s'était retiré à Saga, chef-lieu de sa province natale de Hizen , y rassembla un corps considérable de *shizoku mécontents* et effectua avec succès un raid contre les bureaux de la préfecture. Le gouvernement a rapidement envoyé des troupes contre les rebelles. Chassés de la ville, ils s'enfuirent à Satsuma, dans l'espoir de recevoir l'aide de Saigō . Cependant, aucune aide ne fut apportée de ce côté-là, et Itō et les autres chefs insurgés furent arrêtés et exécutés.

L' insurrection de Hizen et l'existence d'un grand mécontentement dans tout le pays, qui s'est manifesté, entre autres incidents, dans la tentative d'assassinat d' Iwakura , ont suggéré l'opportunité de trouver un débouché aux énergies malveillantes des *samouraïs dissous* et de détourner leur attention. de la politique intérieure. A ce moment surgit une difficulté inattendue concernant Loochoo , qui fournit l'occasion désirée.

On se souviendra de Loochoo comme du lieu où Perry avait établi sa base d'opérations avant de négocier le traité de 1853. La principauté, car à cette époque il y avait un prince à qui ses propres sujets, les Chinois et même les Japonais, donnaient le titre de King - se composait de la grande île d'Okinawa et de neuf groupes éloignés situés à environ deux cents milles au sud du Japon, selon les limites géographiques de ce dernier à cette époque. Par un curieux arrangement du genre « Box et Cox », qui se prêtait aux relations existant alors entre Loochoo et ses voisins les plus puissants , et semble avoir eu la sanction tacite de chaque suzerain, la principauté se considérait comme une dépendance des deux Chine. et le Japon, rendant hommage à chacun en tant que « parents », selon la phraséologie de l'époque. Le paiement du tribut à la Chine datait du XIVe siècle ; celle au Japon dès le début du XVIIe, lorsque les îles furent conquises par le clan Satsuma. Au cours de l'hiver 1872-1873, certains Loochooans qui avaient fait naufrage sur la côte de Formose (qui faisait alors partie de la Chine) avaient été maltraités par les sauvages de cette île. Lorsque la nouvelle de l'attentat parvint au Japon, ce qui ne se produisit que quelques mois plus tard, le gouvernement japonais fit des démarches à Pékin. Les autorités chinoises refusant d'accepter la responsabilité des actes des sauvages, une expédition fut organisée au Japon en mai 1894, dans le but d'exiger réparation de la tribu fautive. Général Saigō Tsugumichi , le frère cadet de l'ancien conseiller d'État, dont il se distinguait par ses vues progressistes, fut placé à la tête des forces japonaises, composées de quelque trois mille hommes. La Chine a riposté en envoyant ses propres troupes à Formose, et pendant un certain temps, il y avait toutes les chances d'une collision. La difficulté fut finalement réglée grâce à l'intervention du ministre britannique à Pékin. Le gouvernement chinois accepta de payer une indemnité et l'expédition retourna au Japon après une absence de six mois.

Le différend avec la Chine à propos de Loochoo fut ainsi réglé pour le moment, mais quelques années plus tard, en 1879, lorsque le Japon annexa officiellement les îles et que le roi fut transféré à Tōkiō , le gouvernement chinois contesta son action au motif que Loochoo était un État tributaire devant allégeance à la Chine. L'incident fit l'objet de longues discussions entre Pékin et Tōkiō , au cours desquelles l'avis du général Grant, ancien président des États-Unis, alors en visite au Japon, aurait été sollicité par les ministres japonais ; mais en fin de compte, l'affaire a été laissée en suspens sans qu'un accord définitif ait pu être trouvé.

Les difficultés avec la Corée, qui avaient été la cause apparente de la première rupture du nouveau gouvernement, furent également réglées par une démonstration de force, sans recourir à de véritables hostilités. Au cours de l'été 1875, un navire d'arpentage japonais fut visé alors qu'il surveillait le fleuve menant à la capitale coréenne. Le général (plus tard comte) Kuroda et M. (plus tard marquis) Inouyé , originaire de Chōshiū , furent envoyés avec des navires de guerre pour exiger satisfaction. Le gouvernement coréen a présenté ses excuses et les envoyés ont conclu un traité ouvrant deux ports coréens au commerce japonais.

Un incident dans les relations étrangères du Japon survenu à cette époque et qui mérite d'être signalé est l'arrangement conclu avec la Russie au sujet de Saghalien . Dans le traité de 1858 entre la Russie et le Japon, l'île fut déclarée possession commune des deux puissances. Le gouvernement Tokugawa a ensuite proposé le 50e parallèle de latitude nord comme frontière entre les deux pays, mais aucune décision finale n'a été prise. Après la Restauration, le gouvernement japonais a rouvert les négociations sur ce sujet par l'intermédiaire des États-Unis, en proposant la même frontière. Le Gouvernement russe n'accepterait cependant pas cette solution au problème. Finalement, les deux puissances conclurent un accord dans la capitale russe par lequel la Russie cédait les îles Kouriles, sur lesquelles ses droits étaient douteux, au Japon en échange de Saghalien .

Ni l'expédition de Formose, ni les mesures résolues prises à l'égard de la Corée, n'eurent aucun effet salutaire sur le mécontentement général parmi les *shizoku* , le règlement pacifique des deux questions ayant frustré tous les espoirs qui auraient pu être formés d'un emploi militaire dans une campagne étrangère. Le règlement de la question coréenne fut dénoncé comme une faible capitulation, et le ministère fut condamné pour avoir conclu un traité sur un pied d'égalité avec un pays qui reconnaissait la suzeraineté de la Chine, compromettant ainsi la dignité du Japon. De plus, malgré la nomination d'éminents hommes de Satsuma au commandement en chef de chaque expédition et l'inclusion du noble Satsuma Shimadzu dans le gouvernement au poste élevé de *Sadaijin* , ou deuxième ministre d'État, il n'y a eu aucune amélioration dans l'attitude. du clan.

Au cours de l'année 1876, il y eut deux autres soulèvements, tous deux rapidement réprimés, à Chōshiū et Higo, et à cette époque la situation à Satsuma causa une grande inquiétude au gouvernement. Le ton de semi-indépendance adopté, comme nous l'avons déjà souligné, par ce clan sous le règne des Tokugawa fut maintenu après la Restauration. Dans d'autres provinces, le travail d'unification administrative avait progressé rapidement et sans heurts, les fonctionnaires locaux étant désormais fréquemment choisis dans d'autres régions du pays. Mais à Satsuma, on refusait d'accepter tout fonctionnaire qui n'était pas originaire de la province. Le gouvernement pourrait trouver un certain réconfort dans le fait que le clan s'est abstenu de faire cause commune avec les membres du clan rebelles dans d'autres provinces, et que les relations entre les deux principaux dirigeants, Shimadzu et l'aîné Saigō, continuaient d'être tendues . Mais ces considérations ont été contrebalancées par d'autres.

shizoku du monde entier s'opposèrent le plus vivement furent l'établissement de la conscription, la commutation obligatoire des pensions et l'interdiction du port de l'épée. La dernière de ces mesures entra en vigueur en janvier 1877. Que la conscription soit considérée avec défaveur par l'ancienne classe militaire était tout à fait naturelle, ne serait-ce que pour la raison que son adoption en ouvrant la carrière militaire à toutes les classes de la nation offensait l'ancienne classe militaire. préjugés, en plus de porter un coup mortel à tout espoir nourri par les membres des clans réactionnaires de faire revivre la féodalité. La commutation des pensions avait, comme nous l'avons vu, été organisée en 1871, lorsque la féodalité fut abolie. Mais le système alors mis en place était volontaire. Maintenant, c'est devenu obligatoire. Lorsque cela s'est produit, cela a provoqué du ressentiment. Le port de l'épée était également rendu facultatif à la même date. L'interdiction désormais imposée importait peu aux *shizoku* des villes, dont beaucoup avaient accueilli favorablement l'occasion de renoncer à une coutume non sans inconvénient pour les citadins et n'offrant plus aucun avantage. Mais pour ceux des provinces, dont les traditions et les habitudes étaient intimement associées au port de l'épée, le changement était des plus désagréables. C'était d'ailleurs précisément à Satsuma et dans un ou deux clans voisins que la possibilité de ne pas porter d'épée avait été le moins utilisée. Pour les mécontents de Satsuma, dont les préparatifs militaires comprenaient des exercices d'épée, il pourrait bien sembler que l'interdiction leur était spécialement destinée.

CHAPITRE XII
Révoltes locales – Rébellion de Satsuma – Gouvernement à deux clans.

En mentionnant dans un chapitre précédent l'apparition de dissensions au sein du ministère peu après la Restauration, l'attention a été attirée sur un point d'une certaine importance : la division des sentiments qui existait dans plusieurs clans. Cela était particulièrement visible à Satsuma, Chōshiū et Mito. Même avant la Restauration, les conflits entre partis rivaux avaient conduit à Chōshiū à de graves troubles, qui avaient affaibli ce clan dans son conflit avec le gouvernement Tokugawa ; tandis qu'à Mito, la lutte des factions opposées, soutenant respectivement le shogunat et le parti de la cour représenté par le vieux prince de Mito, avait abouti à des combats prolongés et féroces. Bien qu'à Satsuma la rivalité des dirigeants individuels se soit arrêtée avant d'ouvrir les hostilités, la division des sentiments n'en était pas moins marquée. Là-bas, comme nous l'avons souligné, la situation était compliquée par l'existence de pas moins de trois partis : deux groupes conservateurs dirigés respectivement par le vieux noble Shimadzu, le père du jeune ex-daimiō, et par l' aîné Saigō . ces derniers étant à la fois les plus influents et les plus nombreux ; et un troisième – le parti de la réforme – qui cherchait conseil, parmi d'autres hommes éminents, auprès d' Ōkubo , Kuroda, Matsugata , Kawamura et du jeune Saigō . Après la Restauration, la situation devint moins instable à Mito et, dans une certaine mesure, également à Chōshiū . Mais à Satsuma, la division des sentiments resta inchangée, ce qui, ajouté aux tendances séparatistes qui faisaient obstacle à une action combinée, fut, par la suite, d'un grand bénéfice pour le gouvernement.

Nous avons évoqué les causes générales et particulières qui ont provoqué d'abord une rupture au sein du ministère, puis les soulèvements antérieurs de Hizen , Chōshiū et Higo, et enfin la rébellion de Satsuma. Une autre raison, non encore mentionnée, était les jalousies et ambitions personnelles et claniques. Ce que voulaient les clans et les individus mécontents, c'était une plus grande part du pouvoir. Tous ont peut-être surestimé leur part dans l'accomplissement de la Restauration. Ils avaient, pensaient-ils, payé le prix et souhaitaient prendre les devants.

Depuis sa retraite et son retrait dans sa province natale en 1873, l'aîné Saigō était resté à Kagoshima, chef-lieu de Satsuma. Il y avait créé une institution qui, pour dissimuler son objet, était appelée « école privée ». En réalité, c'était un collège militaire. Dans ses quartiers centraux de cette ville et dans ses succursales ailleurs, la jeunesse du clan recevait une formation militaire. À l' automne 1875, elle était déjà dans un état florissant et, au cours de l'année suivante, il y avait rien qu'à Kagoshima environ sept mille élèves ou associés. A cette époque, un grand malaise régnait. L'inquiétude du public s'est exprimée librement dans la presse, qui a déclaré que la nation était divisée en deux partis, l'un pour le gouvernement, l'autre pour Satsuma, et a demandé ce qui pouvait être fait pour préserver la paix.

L'entrée en vigueur, en janvier 1877, de l'édit de l'année précédente interdisant le port de l'épée, fut suivie par la démission de Shimadzu de la haute fonction qu'il occupait au ministère. Dégoûté par cette dernière décision d'un gouvernement avec lequel il n'avait jamais été en sympathie depuis le début, il quitta Tōkiō . N'étant pas autorisé à voyager par mer, il retourna à Satsuma par voie terrestre, en suivant la route historique que lui et d'autres nobles avaient si souvent empruntée auparavant. Les membres de sa suite portaient dans des sacs de coton les épées qu'ils n'étaient plus autorisés à porter ; et quand, à la fin de son voyage, les portes du *yashiki* de Kagoshima se refermèrent sur son palanquin, il se rendit peut-être compte qu'il était à jamais sorti de la vie politique dans laquelle il avait autrefois joué un rôle si marquant . Aux hostilités qui suivirent, il ne prit aucune part, se contentant de manifester sa désapprobation du nouveau *régime* en se retirant dans une retraite dont il ne sortit plus jamais.

Au début de 1877, la rébellion éclata. Une certaine agitation a été provoquée à Satsuma par la rumeur d'un complot visant à assassiner Saigō , et le gouvernement a jugé prudent de s'efforcer de supprimer au moins une partie des magasins de l'arsenal de Kagoshima. L'exécution de ce plan fut empêchée par les cadets de « l'école privée » et un officier envoyé de Tōkiō à la mi-janvier pour arranger les choses rencontra un accueil hostile et fut obligé de revenir sans atterrir. La guerre était désormais certaine. Quelques jours plus tard , Saigō prit le terrain et, marchant rapidement vers le nord, assiégea le château de Kumamoto, chef-lieu de la province de Higo. Cette étape est généralement considérée comme fatale à son succès. On pense que sa meilleure solution aurait été de traverser immédiatement l'île principale et de se diriger directement vers Tōkiō , faisant confiance à la magie de son nom pour attirer de nouveaux adhérents sur son chemin. Les rebelles avaient certains avantages de leur côté. Leurs préparatifs étaient faits ; leur chef était un héros populaire ; et la réputation du clan pour ses qualités de combattant était sans égal. Le respect qu'inspiraient les épéistes de Satsuma à cette époque était si universel que les mères des districts plus au nord calmaient les nourrissons agités en les avertissant de l'arrivée des redoutables hommes de Satsuma, tout comme les femmes d'Europe du siècle dernier utilisaient, dans le même but, du nom de Bonaparte. En outre, on peut se demander dans quelle mesure on peut compter sur la force mixte envoyée par le gouvernement pour affronter les rebelles. Mais à tous autres égards, le gouvernement était bien mieux équipé pour la lutte que ses adversaires. Outre l'argent et le crédit, elle disposait d'importantes fournitures militaires, accumulées en prévision de ce qui allait arriver. Elle avait l'usage exclusif des chemins de fer et des télégraphes, une petite flotte, des installations de navigation et le commandement de la mer. La Couronne était également de son côté, ce qui était un point important, comme nous l'avons vu, dans la guerre japonaise ; et il avait l'avantage supplémentaire et quelque peu singulier d'être aidé par la coopération dans l'armée, la marine et l'administration civile des hommes choisis, intellectuellement parlant, du clan rebelle, qui s'étaient rangés du côté du gouvernement et savaient les ressources de Satsuma sont peut-être meilleures que celles des rebelles eux-mêmes. Un autre facteur de la lutte reste à noter : les nombreuses recrues qui affluèrent sous l'étendard impérial en provenance des districts qui avaient autrefois soutenu la cause Tokugawa. Parmi ces membres du clan Aidzu se distinguaient. Remplis de haine envers leurs derniers ennemis lors de la guerre civile de 1868-1869 et désireux de se venger du désastre qui les avait alors frappés, ils combattirent avec un courage et une ténacité tenaces et, en tant qu'épéistes, au corps à corps. - les combats au corps à corps qui étaient une caractéristique de la guerre, ils ont plus que résisté à leurs redoutables antagonistes.

L'investissement de Kumamoto par les rebelles donna le temps aux forces impériales de se concentrer, et le soulagement de cette place au début de l'été fut le tournant de la lutte. Il se termine en septembre de la même année avec la mort de Saigō à Kagoshima, où il était revenu avec quelques partisans à travers les lignes impériales. Il est mort à la manière d'un véritable *samouraï*. Chassé par des tirs d'obus depuis un fort d'une colline de la capitale Satsuma, il se retirait dans une autre partie de la ville, lorsqu'une balle l'a touché à la cuisse, lui infligeant une blessure dangereuse. Il tomba, appelant un ami à ses côtés à lui couper la tête, afin d'éviter la disgrâce qui, selon le code militaire de l'époque, serait encourue si elle tombait entre les mains de l'ennemi. Son ami fit ce qu'on lui demandait et s'enfuit avec la tête.

La guerre a pesé lourdement sur le budget du gouvernement. Une estimation officielle de son coût, faite en 1893, le plaçait à 82 000 000 £, estimation qui semble excessive. Mais les bénéfices résultant de la crise dangereuse que la nation avait traversée en toute sécurité dépassaient de loin les sacrifices en vies et en trésors. Il n'est pas non plus facile de voir comment ils auraient pu être obtenus d'une autre manière. La répression de la rébellion était plus qu'une simple victoire du gouvernement. Cela signifiait le triomphe d'une politique progressiste sur le médiévalisme du vieux Japon. Les éléments réactionnaires et inquiétants du pays avaient appris qu'il fallait accepter le nouvel ordre des choses. La nouvelle armée de conscrits avait dissipé tous les doutes sur son efficacité et avait démontré, à la surprise de tous, que l'esprit combatif n'était pas l'héritage exclusif de l'ancienne classe militaire, mais qu'une armée recrutée dans toutes les classes du peuple était une institution. sur lequel l'État pouvait compter en toute sécurité. En outre, l'organisation administrative ayant passé avec succès l'épreuve la plus sévère à laquelle elle aurait pu être soumise, le gouvernement sentait qu'il avait acquis la confiance de la nation, et aussi des puissances étrangères, à un degré inconnu auparavant. L'un des résultats de la rébellion fut donc que le gouvernement sortit de la lutte plus fort et plus compact qu'auparavant. A cela s'ajoute un autre encore plus frappant : le fait que l'influence des Satsuma au sein du gouvernement est restée intacte malgré les événements récents. Cela peut s'expliquer en partie par le fait, déjà évoqué, que le parti du clan rebelle en faveur du progrès n'a jamais faibli dans son allégeance au gouvernement, et peut-être aussi en partie par la générosité manifestée envers les vaincus par les vainqueurs. La politique libérale, tout à fait opposée aux traditions et à l'esprit de l'époque, adoptée par les impérialistes à la fin de la guerre de Restauration, fut de nouveau suivie après la rébellion de Satsuma. Aucun stigmate, une fois les hostilités terminées, attaché aux hommes qui s'étaient battus pour le clan. Le temple dédié peu après à ceux tombés dans le conflit fut érigé à la mémoire commune de tous, loyalistes comme rebelles. A partir de ce moment aussi - bien que la tendance dans cette direction se soit manifestée plus tôt - l'administration, au lieu d'être, comme après la Restauration, un gouvernement des quatre clans principaux, devint franchement un gouvernement des deux clans de Satsuma et de Chōshiū . un caractère qu'il conserve aujourd'hui.

Le fait principal qui ressort du récit qui précède est les graves difficultés avec lesquelles le gouvernement établi après la Restauration a dû faire face. On voit la lutte se dérouler entre l'ancien et le nouveau Japon, et le conflit de vues qui divisa les hommes qui ont mené la révolution ; on remarque avec quelle ténacité, malgré les édits et les règlements, les vieux instincts féodaux ont survécu ; et l'on comprend quel courage et quelle habileté il a fallu pour permettre au ministère des réformateurs de tenir une voie médiane entre ceux qui voulaient reculer les aiguilles de l'horloge et ceux qui voulaient que le progrès soit encore plus rapide.

Pendant la période de troubles civils qui s'est terminée par la répression de la rébellion de Satsuma, le travail de reconstruction n'a pas été complètement arrêté. A cette période appartiennent la naissance de la presse et la formation de la *Mitsu Bishi* , la première compagnie maritime japonaise ; la première assemblée des gouverneurs de province qui, après la répression de la rébellion de Satsuma, devint un élément annuel de la procédure administrative ; l'émission de règlements qui constituent la première étape de la révision de l'administration locale dans les villes et villages ; et la création d'une Haute Cour de Justice (*Daishinin*) et d'une Chambre Législative, ou Sénat (*Genrō - in*), composée de fonctionnaires, qui continuèrent d'exister jusqu'en 1890. Le message impérial délivré à l'ouverture de la première session annonçait le désir établir progressivement un gouvernement représentatif et a décrit la création du Sénat comme un premier pas dans cette direction. À certains égards , les fonctions de cette Chambre étaient davantage celles d'un conseil consultatif que d'un Sénat du type que l'on retrouve dans les constitutions occidentales. Il n'avait ni le pouvoir d'initier une législation, ni celui de lui donner un effet final. Mais elle remplit une place utile comme institution provisoire dans l'appareil administratif. Il a facilité le travail du gouvernement en rédigeant de nouvelles lois et en discutant et en suggérant des modifications à toute mesure soumise à son examen. Dans le domaine des affaires étrangères également, l'établissement de relations conventionnelles avec la Corée et la conclusion d'un accord avec la Russie concernant Saghalien et les îles Kouriles, dont nous avons déjà parlé, ont définitivement réglé des controverses d'un caractère difficile. Avec le rétablissement de l'ordre , le travail de reconstruction s'avança plus rapidement. Une bourse des valeurs et une chambre de commerce furent créées dans la capitale, où se tint également la première exposition industrielle nationale ; un système de monnaie bimétallique a été introduit ; tandis que les complications liées à la double allégeance de Loochoo furent mises fin par l'annexion, déjà enregistrée, de cette île. Un pas supplémentaire fut également franchi dans le sens d'apaiser la clameur populaire en faveur d'un gouvernement représentatif grâce à la promesse faite en 1878 d'instaurer au plus tôt des assemblées préfectorales.

On se souvient que dans sa réponse aux Mémoires des réformateurs impatients en 1873, lors de la première rupture du ministère, le Gouvernement avait expliqué que l'instauration des assemblées préfectorales devait nécessairement précéder la création d'un Parlement national. Son attitude à l'époque à l'égard des revendications de la section avancée des réformateurs, qui militaient pour l'établissement immédiat d'institutions représentatives, était clairement exprimée dans un article inspiré paru dans un journal de Tōkiō . Il y était souligné qu'en dehors de la classe officielle, il y avait très peu de connaissances sur les affaires publiques, que le besoin immédiat du pays était l'éducation et que le gouvernement pourrait œuvrer à un meilleur objectif en augmentant les moyens d'enseignement par la création d'écoles plutôt que d'écoles. par la création hâtive d'une Assemblée représentative. La promesse définitive faite maintenant après un intervalle de cinq ans était conforme à l'opinion alors exprimée quant à la nécessité de donner la priorité aux assemblées locales, et fut tenue deux ans plus tard.

Il paraît souhaitable d'expliquer plus en détail comment le gouvernement dirigé par les quatre clans qui effectuèrent la Restauration devint un gouvernement composé de seulement deux d'entre eux. Lorsqu'on fait référence à la concentration de l'autorité administrative, après la répression de la rébellion de Satsuma, entre les mains des deux clans de Satsuma et de

Chōshiū , on mentionne une tendance antérieure dans cette direction. C'était en 1873, lorsque les premières dissensions éclatèrent au sein du ministère. L'opposition rencontrée alors par le gouvernement venait de deux côtés opposés : d'une part les réactionnaires, et de l'autre la section des réformateurs avancés. Dans chaque cas, les jalousies et les ambitions des clans et des individus jouèrent, comme nous l'avons vu, un certain rôle. Mais alors que l'objectif des réactionnaires fermait la porte au compromis, puisqu'ils étaient opposés à toute innovation occidentale, la seule chose qui distinguait les vues des réformateurs les plus enthousiastes de celles du gouvernement était la question de l'opportunité – en d'autres termes, la question de l'opportunité. rythme auquel le progrès sur les lignes modernes, également l'objet des deux, devrait se poursuivre. Les réactionnaires comptaient sur la force pour parvenir à leurs fins. Ils furent accueillis de force et écrasés. Après l'échec des soulèvements locaux et de la plus redoutable rébellion de Satsuma, il devint clair que le gouvernement ne devait pas se laisser dissuader de poursuivre sa politique de réforme progressive par la menace ouverte des forces armées. Désormais, au-delà des attaques isolées d'assassins fanatiques, dont Ōkubo , l'un des plus forts des nouveaux ministres, fut victime au printemps 1878, le gouvernement n'avait plus rien à craindre des éléments réactionnaires du pays. Restait l'arme de l'agitation politique, ouverte à tous ceux qui n'étaient pas d'accord avec le gouvernement. C'est à cela que recoururent les réformateurs avancés.

L'accusation portée contre le gouvernement selon laquelle il n'aurait pas tenu la promesse faite dans le serment impérial concernant la création d'assemblées représentatives n'était pas totalement dénuée de fondement. Il n'y avait, comme nous l'avons vu, aucune obscurité dans la formulation du serment impérial à cet égard. Pour un document rédigé dans une langue qui manque de la précision des langues européennes, l'annonce impériale était singulièrement claire. Il a été affirmé par plus d'un auteur sur le Japon, qui a traité de cette question, que le serment impérial ne signifiait pas ce qu'il disait et que c'est une erreur de supposer que l'établissement d'institutions représentatives ait été sérieusement envisagé à cette époque. . Il n'y a aucune raison, il est vrai, de créditer les hommes entre les mains desquels la formation du nouveau gouvernement a été confiée d'autre chose que d'idées grossières de ce que l'annonce impériale était censée transmettre ; car le serment n'était pas une déclaration de droits, mais simplement une déclaration d'intentions, des principes sur lesquels le nouveau gouvernement devait être dirigé. Il est également peu probable qu'à une époque où le système féodal était en vigueur, des notions claires de droits populaires, telles qu'elles ont été conçues par la suite, aient pu exister. Il ne fait aucun doute aussi que les responsables du langage du serment impérial entendaient imposer des restrictions de classe aux droits de délibération à accorder. Cela ressort clairement du caractère donné à l'élément délibératif dans la nouvelle administration. Ce qui est cependant également certain, c'est que d'une manière générale, bien que vague, il y avait un espoir largement entretenu et soutenu par les termes du serment impérial, d'élargir et, dans un sens, de populariser les bases de l'administration ; et que le fait que le gouvernement représentatif et le débat public soient des caractéristiques importantes de l'administration dans certains pays occidentaux était bien connu de nombreux dirigeants japonais, qui les considéraient comme typiques de conditions avancées de progrès et souhaitaient l'établissement rapide de conditions similaires au Japon.

De ce point de vue, l'action des réformateurs avancés n'était pas sans justification. Le gouvernement, en revanche, en décidant d'agir avec prudence en matière de création d'institutions représentatives, était probablement guidé par la conviction que la promesse faite dans le serment impérial, telle qu'elle était, dans le premier élan d'enthousiasme révolutionnaire, ne devait pas, dans l'intérêt du pays, être interprété de manière trop littérale ; et à la lumière des événements ultérieurs, la justesse de sa décision fut abondamment prouvée.

Les opinions sur le gouvernement représentatif défendues par les réformateurs avancés, parmi lesquels prédominaient les membres du clan Tosa , avaient, comme nous l'avons vu, reçu une large reconnaissance de la part des autorités. Un élément délibératif avait été introduit dans la nouvelle administration formée après la Restauration ; et le principe, ainsi reconnu, avait été retenu dans tous les changements administratifs ultérieurs. Après la rupture du ministère, survenue en 1873, le gouvernement s'était montré de nouveau soucieux de répondre aux vœux des réformateurs avancés, qui avaient entre-temps formé dans la capitale la première association politique du Japon, à laquelle le nom de L'« Association des Patriotes » (*Aikoku-tō*) fut donnée. À peu près à la même époque, le chef Tosa , Itagaki , avait formé dans sa province natale la première société politique locale appelée *Risshi -sha* ou « Association d'hommes ayant un but précis ». Dans le chapitre sur les « partis politiques » de *Cinquante ans du nouveau Japon*, cette société est décrite comme une école politique similaire au Collège des cadets créé par l'aîné Saigō avant la rébellion de Satsuma. Au début de 1875, des ouvertures en faveur d'une réconciliation avaient été faites par le ministère, et lors d'une conférence à Ōsaka, à laquelle assistaient Itagaki et Kido qui avait démissionné de ses fonctions sur une autre question l'année précédente, un accord fut trouvé, à la fois Itagaki et Kido rejoint le gouvernement. Pour le premier, l'une des conditions de la réconciliation était la création du Sénat (*Genrō -in*), dont nous avons déjà parlé.

La réconciliation opérée avec le parti Tosa fut de courte durée. Lors de l'assemblée des préfets, déjà évoquée, qui se tint quelques semaines plus tard, la question du gouvernement représentatif fut discutée. L'avis des préfets était en faveur de la décision antérieure du Gouvernement, annoncée dans sa réponse aux mémorialistes de 1873, selon laquelle la création des assemblées préfectorales devait précéder la création d'un Parlement national. L'adhésion des préfets à l'attitude déjà adoptée par le gouvernement sur ce point, et la décision finale de ce dernier non seulement de refuser au Sénat le caractère électif souhaité par les réformateurs avancés, mais d'en réserver la composition aux seuls fonctionnaires, provoquèrent beaucoup de mécontentement au sein du parti. Tosa et, en mars 1876, Itagaki rompit de nouveau ses liens avec le gouvernement, auquel il ne revint que plusieurs années après l'établissement du gouvernement parlementaire. Depuis la première rupture au sein du ministère, il y avait eu beaucoup de sympathie entre le parti Tosa et les membres du clan Hizen qui entretenaient des vues avancées similaires sur la réforme. Le retrait définitif d'Itagaki du gouvernement conduisit à l'établissement de relations encore plus étroites. De ce moment date la formation d'un parti d'opposition régulier de radicaux avancés et le début d'une vigoureuse agitation politique en faveur des réformes populaires, qui se poursuivit, avec des intervalles de calme, pendant de nombreuses années.

À mesure que l'éloignement des membres des clans Tosa et Hizen du gouvernement devenait plus prononcé au cours de cette agitation, les relations entre les deux autres clans, plus conservateurs et en même temps plus guerriers, qui fournissaient la force militaire essentielle à l'administration, est devenu naturellement plus proche. Après la répression de la rébellion de Satsuma — qui, comme nous l'avons vu, n'altéra en rien l'influence de Satsuma au sein du ministère — une compréhension plus précise de la politique générale se développa progressivement, avec le résultat, déjà noté, que la direction des affaires passa entre les mains de Satsuma et Chōshiū , où il se trouve toujours.

CHAPITRE XIII
Religions japonaises avant la Restauration : Shintō et bouddhisme.

Dans le chapitre précédent, le déclenchement et la répression de la rébellion de Satsuma ont été enregistrés. Un aperçu est également donné du cours des événements par lesquels l'administration prend un nouveau caractère, la direction des affaires passant entre les mains des clans Satsuma et Chōshiū . Le point maintenant atteint, où le nouveau gouvernement apparaît enfin fermement en selle, semble fournir une occasion appropriée pour traiter le sujet de la religion. Bien qu'elle ne soit pas à tous égards très étroitement liée au développement moderne du Japon, elle fut, comme nous l'avons vu, indirectement associée à l'œuvre de reconstruction et de réforme ; et cette association continue, se manifestant de temps en temps dans divers changements cérémoniaux et autres innovations.

Dans le façonnement de la vie et du caractère japonais, quatre religions ont joué un rôle : le shintō , le bouddhisme, le confucianisme et le taoïsme. A ceux-ci s'est récemment ajouté un cinquième, le christianisme sous différentes formes. Cela n'a rien d'étrange, car d'autres pays ont plus d'une religion. Mais au Japon, l'existence côte à côte de religions tout à fait distinctes a eu des résultats curieux. Non seulement les quatre premières de ces différentes religions se sont influencées mutuellement à un degré marqué, cette interaction ayant abouti dans un cas à une fusion de deux fois qui pourrait presque être classée comme une nouvelle religion, ou secte, mais aussi à l'habitude singulière de professer deux religions. Les religions ont en même temps évolué – une circonstance sans précédent ailleurs. Chaque maison japonaise, que l'occupant soit un adepte de la foi shintō ou bouddhiste, possède à la fois des autels shintō et bouddhistes, sur lesquels des offrandes quotidiennes sont faites. Pour les personnes concernées, ce double culte n'apporte aucun sentiment d'incongruité et, chose étrange, il n'est pas non plus considéré comme incompatible avec l'adhésion reconnue à l'une des deux fois. Lorsqu'on les interroge sur la religion qu'ils professent, ils répondront qu'il s'agit du Shintoïsme ou du Bouddhisme, selon le cas. Et l'affaire en est là.

Se référant à ce point, l' *Annuaire du Japon* de 1915 admet que la plupart des Japonais sont dualistes en matière de religion. « Un nouveau-né », dit-il, « est emmené dans un temple shintō » — [les mots « ou bouddhiste » auraient dû être ajoutés ici] — « pour invoquer l'aide de la divinité gardienne pour sa prospérité ou sa réussite dans la vie. . Quand il meurt, il est emmené dans un temple bouddhiste pour être enterré.

Les faits qui précèdent semblent confirmer la déclaration faite par l'auteur de *Cinquante ans de nouveau Japon* quant à la liberté du peuple japonais à l'égard des préjugés sectaires. "Alors qu'en Chine", dit le marquis Ōkuma , "la coexistence du taoïsme, du confucianisme et du bouddhisme a abouti à une guerre de croyances qui a affaibli cet empire et a été la cause de son état actuel, la présence côte à côte de quatre croyances différentes au Japon » [sans compter le christianisme] « n'a donné lieu à aucun conflit sectaire. » L'affirmation du marquis Ōkuma s'applique en effet avec plus de précision au temps présent qu'au temps passé. Il semble négliger plus d'un cas dans l'histoire du Japon où un excès de zèle religieux a provoqué non seulement des conflits sectaires, mais aussi des troubles populaires, qui ont conduit à leur tour à l'ingérence des autorités. Il ne fait cependant aucun doute que la question de la religion n'a, dans l'ensemble, jamais été prise aussi au sérieux par les Japonais que par les autres peuples. Il est également clair que les autorités, dans leur attitude à l'égard de la religion, ont toujours été guidées par des opportunismes politiques plutôt que par des motifs religieux.

Nous verrons dans quelle mesure les considérations politiques ont influencé le développement religieux au Japon plus tard, au cours du chapitre suivant, lorsqu'il sera également plus pratique d'examiner la dernière des religions japonaises, le christianisme, comme étant spécialement identifiée au progrès moderne de la nation. . Arrêtons-nous d'abord brièvement sur les traits distinctifs des religions elles-mêmes, telles qu'elles existaient avant la réouverture du Japon aux relations étrangères, à commencer par le Shintō , la foi indigène.

À l'origine une forme de culte de la nature, le Shintō en est venu très tôt à inclure le culte des ancêtres. Cela était dû à l'influence du bouddhisme et du confucianisme. Le culte des divinités naturelles connu sous la désignation générale de *kami* — mot aux multiples significations — fut ainsi étendu jusqu'à inclure les héros déifiés, les souverains décédés et, enfin, les Mikados abdiqués et régnants , comme étant de descendance divine. Le rituel shintō , tel qu'il a été transmis depuis l'Antiquité, se limite à des formules de prière adressées aux divinités naturelles ; son cérémonial concerne uniquement la purification des fautes ou des souillures par contact, réel ou imaginaire, avec les morts. Il n'y avait pas de rites funéraires autorisés et il n'y avait pas non plus de cimetières shintō . Il n'y a ni livres sacrés, ni dogmes, ni code moral. Tout cela était laissé aux autres religions, principalement au bouddhisme, de pourvoir. Malgré l'absence de ces caractéristiques, communes à la plupart des religions, l'auteur d'un ouvrage sur le bouddhisme, *The Creed of Half Japan* (le révérend Arthur Lloyd), en parle comme ayant « une légère saveur de philosophie, une religiosité vague mais profondément enracinée ». » et comme lançant « un puissant appel à la fierté japonaise ». Personne ne sera enclin à contester l'exactitude de cette dernière affirmation, car c'est à l'influence des idées shintō concernant la semi-divinité des monarques japonais que le caractère ininterrompu de la dynastie est en grande partie dû.

Un trait particulier de la religion indigène japonaise, à savoir son lien avec le culte des animaux, est décrit par M. Aston dans son « Shintō » :

« Les animaux, dit-il, peuvent être vénérés pour eux-mêmes, comme des êtres merveilleux, terribles ou étranges. Le tigre, le serpent et le loup sont pour cette raison appelés *kami*. Mais il n'y a pas de sanctuaires en leur honneur et ils n'ont pas de culte régulier. Une raison plus courante pour honorer les animaux est leur association avec une divinité en tant que serviteurs ou messagers. Ainsi le cerf est sacré » [le sanctuaire de] « Kasuga , le singe à » [celui de] « Hiyoshi , le pigeon au dieu (de la guerre), l'aigrette blanche au sanctuaire de Kébi no Miya, la tortue à Matsunöo , et le corbeau à Kumano... Le faisan est le messager des Dieux en général. Le cas le plus connu de culte d'un animal associé est celui d'Inari, le dieu du riz, dont les renards qui l'accompagnent sont confondus par les ignorants » [c'est-à-dire les masses incultes] « pour le dieu lui-même, et dont les effigies ont des offrandes faites à eux." Les « chiens coréens », ajoute-t-il, vus devant de nombreux sanctuaires shintō , ne sont pas censés être des dieux mais des gardiens, comme les grandes figures de chaque côté de l'entrée des temples bouddhistes.

Les écrivains japonais fixent la date de l'introduction du bouddhisme au Japon vers le milieu du VIe siècle. Le bouddhisme alors introduit était celui de ce qu'on appelle l'École du Nord, dont les doctrines sont basées sur ce que l'on appelle le « Véhicule Mahayana ». L'un de ses premiers adeptes fut le prince impérial Shōtoku . Taishi , qui, bien qu'il n'ait jamais occupé le trône, a pratiquement dirigé le pays pendant de nombreuses années en tant qu'adjoint, ou vice-régent, de sa tante l'impératrice Suiko . C'est lui qui réalisa la « Grande Réforme », qui révolutionna l'administration japonaise à l'imitation des modèles chinois. Il fit également beaucoup pour propager le bouddhisme, qui à cette époque n'était pas sectaire. Ce n'est qu'après sa mort, en 620 après JC , que les premières sectes virent le jour. À la fin du VIIIe siècle, il existait huit sectes, dont deux seulement survivent aujourd'hui , le Tendai et le Shingon . Les principales sectes, en plus de ces deux-là, sont les sectes *Zen* , *Jōdo* , *Shin* et *Nichiren* , toutes fondées sous le règne des régents Hōjō aux XIIe et XIIIe siècles. Il est inutile d'entrer dans la question des principes qui distinguent ces différentes sectes les unes des autres. Il suffira d'indiquer les principales caractéristiques des trois sectes *Zen* , *Shin* et *Nichiren* , qui comptent de loin les adhérents les plus nombreux.

La secte *Zen* , la plus ancienne des trois, qui compte six sous-sectes, fut créée dans les premières années du XIIIe siècle, son fondateur étant le prêtre bouddhiste Eisai Zenshi . Elle a toujours été, nous dit M. Lloyd, plus ou moins influencée par le confucianisme et s'oppose à ce que ses adeptes considèrent comme les tendances anthropomorphiques des autres sectes. Elle reconnaît un être suprême, mais refuse de le personnifier, estimant qu'une telle personnification n'est qu'un pieux moyen d'adapter la vérité à la faiblesse de l'intellect humain. Outre la doctrine proprement dite, la principale caractéristique de la secte *Zen* est la pratique de la méditation silencieuse dans le but d'acquérir par la contemplation introspective une habitude d'esprit détachée et philosophique. Avant l'abolition de la féodalité , c'était la secte préférée de la classe militaire et, à ce jour, elle compte parmi ses adhérents plus de marins et de militaires que les autres sectes, tandis que son influence sur *le Bushidō* a été très marquée.

La secte *Shin* , qui compte également six sous-sectes, a été fondée par le prêtre Shinran . Shônin . La position qu'il occupe à l'égard des autres sectes bouddhistes est, à certains égards, similaire à celle du protestantisme à l'égard du catholicisme romain. Ses adeptes mangent de la viande et le clergé est libre de se marier. Le point principal de sa doctrine est le salut par la foi grâce à la miséricorde de Bouddha et, selon M. Lloyd, tout le système du fondateur « sent fortement le nestorianisme », qui s'est propagé en Chine dès le septième siècle.

Reste à remarquer la secte *Nichiren* . De toutes les sectes bouddhistes, celle-ci, la plus active et même la plus agressive, et, peut-on ajouter, la plus bruyante dans la conduite des fêtes religieuses, fut fondée par le prêtre Nichiren . Son objectif, comme nous l'apprend l'auteur cité précédemment, était de purger le bouddhisme japonais des erreurs qui, à son avis, s'y étaient glissées, et de restaurer le caractère primitif donné à la foi bouddhiste par son fondateur indien. L' ardeur avec laquelle il poursuivait son but l'amenait à se lancer dans les affaires politiques et le mettait en collision avec les autorités. Il était un farouche opposant à la secte *Zen* et à ses tendances confucianistes, la décrivant comme « une doctrine de démons et de démons ».

En raison des circonstances qui ont présidé à son introduction, les traces de l'influence chinoise dans le bouddhisme japonais sont naturellement très marquées. Cette influence fut accrue par les visites fréquentes des moines japonais en Chine, où ils entraient en contact direct avec la pensée religieuse chinoise. Néanmoins, le fait que les trois sectes les plus importantes aujourd'hui doivent leur origine et leur développement aux prêtres japonais témoigne d'une certaine tendance à l'indépendance nationale en matière religieuse. On peut ajouter que le bouddhisme compte plus d'adeptes au Japon que le shintō , même si la différence en termes de nombre n'est pas grande.

La fusion du Shintō et du Bouddhisme sous le nom de *Riōbu Le Shintō* , qui, selon les meilleures autorités, a eu lieu au IXe siècle, est généralement considéré comme l'œuvre de la secte bouddhiste *Shingon* , *bien que la secte Tendai* semble avoir été associée à ce mouvement. Par cette fusion, qui semble avoir été copiée sur les tentatives chinoises antérieures de fusionner le bouddhisme et le confucianisme, le shintō *Les Kami* , ou divinités, furent — par une pieuse fraude connue des bouddhistes japonais sous le terme *hōben* — reçus dans le panthéon bouddhiste en tant qu'avatars d'anciens bouddhas. Son caractère bouddhiste est suffisamment indiqué par le préfixe qualificatif de son nom *Riōbu* , qui signifie « deux parties », à savoir les deux mondes mystiques qui figurent dans la doctrine de la secte *Shingon ;* sa connexion shintō est démontrée par le culte des divinités shintō sous des noms bouddhistes. « Malgré ses professions d' éclectisme », dit M. Aston dans son livre déjà cité, « l'âme de *Riōbu Le shintō* était essentiellement bouddhiste. Il parle également du mouvement comme de la formation d'une nouvelle secte, une vision à laquelle le professeur Chamberlain dans ses *Choses japonaises* ne semble pas entièrement souscrire. Ce point peut être laissé à la discrétion des érudits shintō et bouddhistes. Le résultat de la fusion, en tout cas, fut que la plupart des sanctuaires shintō devinrent *Riōbu.* Temples *shintō* . Dans beaucoup de ces temples, seuls les prêtres bouddhistes officiaient, mais dans certains cas, ces temples disposaient d'établissements séparés du clergé shintō et bouddhiste, qui dirigeaient les services alternativement dans les mêmes bâtiments.

Bien que les confucianistes puissent souligner l'existence d'un temple de cette religion à Tōkiō , ni le confucianisme ni le taoïsme, tous deux arrivés au Japon avec l'adoption de la langue écrite chinoise, n'ont jamais eu le statut de religions établies. Il serait difficile de surestimer le rôle joué par l'éthique confucianiste dans le développement du caractère et de la pensée japonaise. Ceux qui ont étudié le sujet déclarent voir dans le shintoïsme et le bouddhisme l'empreinte de la philosophie taoïste. Dans les deux cas, cependant, l'influence de ces cultes sur le peuple japonais s'est exercée indirectement, par l'infiltration des principes confucianistes et taoïstes dans d'autres confessions, et non directement, comme cela aurait été le cas s'ils avaient fonctionné sous la forme de cultes distincts. et des religions distinctes.

CHAPITRE XIV
Religions japonaises après la Restauration : Christianisme — Bushidō — Observances religieuses.

Les considérations politiques qui ont influencé le développement religieux du Japon sont principalement, bien que non entièrement, liées à son progrès moderne. Sous l'administration Tokugawa, les affaires religieuses étaient confiées à des dignitaires officiels appelés *Jisha-bugiō* qui, comme leur nom l'indique « Contrôleurs des temples bouddhistes et shintō », prenaient en charge, en plus d'autres tâches administratives plus importantes, de toutes les affaires liées. avec ces deux religions. Les deux religions étaient ainsi reconnues par l'État et représentaient également un sujet de préoccupation pour le gouvernement Tokugawa, même si ses tendances étaient vers le bouddhisme. La Cour Impériale, en revanche, durant cette période, favorisa Shinto . Cela n'a pas toujours été le cas. Jusqu'à l'arrivée au pouvoir du dirigeant militaire Nobunaga au milieu du XVIe siècle, le bouddhisme était la religion dominante pendant plusieurs siècles. Les missionnaires jésuites qui atteignirent ensuite le Japon trouvèrent le bouddhisme au sommet de sa puissance. A la Cour Impériale et partout dans le pays, elle exerçait une influence suprême. Sa force militaire était également formidable à cette époque. Les abbés des monastères bouddhistes des environs de la capitale et d'ailleurs, comme les évêques militants du Moyen Âge en Europe, entretenaient des garnisons de moines combattants, ce qui constituait une menace sérieuse pour l'autorité administrative. Une campagne impitoyable menée par le dirigeant en question a mis fin à cet état de choses. Du coup qui lui fut alors porté, le clergé militant bouddhiste ne se remit jamais. À la suite du mouvement du XVIIIe siècle, connu sous le nom de « La renaissance du shintō pur », auquel il a été fait référence dans un chapitre précédent, le bouddhisme fut pendant un certain temps dans l'ombre. Mais son influence fut par la suite rétablie, le Shintō retombant à la place secondaire qu'il occupait auparavant.

Lors de la Restauration, les positions respectives des deux religions furent entièrement modifiées. Le but déclaré de la révolution étant de restaurer le système de domination impériale directe, le nouveau gouvernement adopta naturellement tous les moyens pour atteindre ce but. Et comme la croyance en la descendance divine des Mikados faisait partie de la doctrine shintō , l'encouragement de la religion indigène devint un point important du programme des réformateurs. Dans l'organisation de la nouvelle administration, formée sur un ancien modèle bureaucratique, la prééminence fut donnée à la religion sous la forme unique du shintō par la création d'un département d'État distinct pour le contrôle des affaires shintō . C'est à cela que fut donné le nom de *Jinji-jimu-Kioku* , peu après changé en *jingikwan* .

Shintō est ainsi devenu pour ainsi dire synonyme de religion ; tandis que le bouddhisme a été laissé de côté et, en tant qu'Église , a été pratiquement supprimé. Le zèle des réformateurs, qui avaient ainsi créé une religion d'État , ne s'arrêta pas là.

Une forme d'abdication fréquente au Japon était la retraite dans le sacerdoce bouddhiste. La coutume était commune à toute la nation, et sa pratique par les Mikados , princes de la maison impériale, nobles de la cour et aristocratie féodale, avait accru le prestige du bouddhisme, tout en enrichissant les sectes dont les temples étaient ainsi favorisés . Le nouveau gouvernement interdit cette coutume, en ce qui concerne la maison impériale et la noblesse ; tous *les Riobu Les temples shintō* ont été restaurés à leur ancien statut de sanctuaires shintō ; et en même temps, de nombreux temples bouddhistes à travers le pays furent privés des terres d'où provenaient en grande partie leurs revenus. Cet acte de spoliation répondait à un double objectif. Cela profita au trésor national épuisé et découragea les adeptes de l'ex- Shogun , dont la famille avait toujours soutenu le bouddhisme.

Une innovation introduite à cette époque, dans le but apparemment de populariser le shintō et de l'aligner, pour ainsi dire, sur les religions d'ailleurs, fut l'institution des funérailles shintō ; l'exercice des droits funéraires, ainsi que l'entretien des cimetières, ayant été confiés jusqu'ici à des prêtres bouddhistes.

Que ces mesures aient été dictées par la politique et n'étaient pas dues à un sentiment sectaire, cela ressort clairement de l'ensemble des actions ultérieures en matière religieuse. En 1871, le *jingikwan* fut aboli et le shintō cessa d'être la seule religion d'État, tout en conservant dans une certaine mesure son caractère privilégié. La place du défunt département qui avait rang auprès du Conseil d'État fut prise par le *Kiōbusho* , ou Département de la Religion, dans lequel le shintoïsme et le bouddhisme bénéficiaient, comme auparavant, d'une reconnaissance officielle. Pour des raisons de commodité administrative, une distinction était faite entre les affaires profanes et le culte religieux, ce dernier étant placé sous le contrôle d'un Bureau des Rites et Cérémonies. Cette distinction est toujours maintenue. La reconnaissance officielle dont jouit chaque religion a été tacitement étendue au christianisme ; mais le principe de la politique de l'État à l'égard du Shintō survit. C'est toujours la religion de la Cour *par excellence* , même si le fait qu'à l'avènement d'un nouveau souverain ses robes soient bénies dans un certain temple bouddhiste de Kiōto montre que le bouddhisme a toujours une place acceptée à la Cour. Il existe un bureau shintō au sein du département de la maison impériale et un sanctuaire shintō se trouve dans le palais.

Les services dans le sanctuaire du palais où l' empereur officie personnellement, et le culte des membres de la famille impériale, ou de leurs mandataires, dans les principaux sanctuaires du pays, assurent à la foi shintō la première place dans l'estime du public. En outre, l'érection dans la capitale, depuis la Restauration, d'un sanctuaire national à la mémoire de tous ceux qui sont morts au combat dans le pays ou à l'étranger, a créé un nouveau centre de culte shintō , où la religion indigène, en association directe avec le sentiment militaire et patriotique gagne une nouvelle emprise sur la sympathie populaire. Plus récemment également, les fonctions du clergé shintō ont été étendues de manière à inclure la cérémonie du mariage, autrefois étrangère à toute religion, tandis que depuis l'annexion de la Corée, un sanctuaire shintō a été créé à Séoul.

Le caractère purement national de la religion indigène japonaise exclut l'idée de sa propagation à l'étranger. Aucun obstacle de ce type n'existe dans le cas du bouddhisme. Après la Restauration, plusieurs sectes bouddhistes se tournèrent vers l'effort missionnaire à l'étranger. Depuis lors, une propagande plus ou moins active s'est poursuivie dans les pays asiatiques, et le droit des sujets japonais de s'engager dans une œuvre missionnaire en Chine est reconnu dans le traité conclu avec ce pays en 1905 après la guerre russo-japonaise. L'activité du clergé bouddhiste s'est manifestée ces derniers temps de deux manières tout à fait étrangères à la propagande religieuse. De longs voyages en Asie centrale à des fins politiques et scientifiques ont été entrepris par des voyageurs bouddhistes qui, au cours de leurs pérégrinations, ont acquis de nombreuses informations précieuses ; tandis que d'autres ont accompli un travail utile en répondant aux besoins spirituels des communautés japonaises à l'étranger.

La réouverture du Japon aux relations étrangères en ajouta une autre à la liste des religions japonaises, même si ce n'est qu'après le retrait des édits antichrétiens en 1870 que le peuple japonais fut autorisé à adopter ouvertement la nouvelle foi. Si les progrès accomplis par le christianisme depuis lors sont défavorablement comparables à sa propagation rapide lors de son introduction au XVIe siècle, cela s'explique par les circonstances moins favorables qui ont accompagné sa réintroduction. Lorsqu'il fut introduit par les missionnaires jésuites, il était considéré dans certains endroits comme étant simplement une nouvelle forme de bouddhisme, les autorités étant induites en erreur par une certaine ressemblance rituelle. Lors de sa réintroduction ultérieure, il dut lutter contre les préjugés officiels et populaires dus aux persécutions antérieures, tandis qu'au lieu d'être prêché, comme autrefois, sous la forme unique du catholicisme romain, il se présenta sous plusieurs formes, dont le nombre augmenta à mesure que les missionnaires sont arrivés. Cependant, un avantage à peu près similaire a marqué son introduction à chaque fois. Tout comme le christianisme, lorsqu'il fut introduit sous les auspices des Jésuites, fut d'abord encouragé pour le commerce qui en découlait, de même, lors de sa réintroduction, il fut accueilli comme un moyen d'apprendre l'anglais. Cet avantage, il le conserve toujours. Un récit, rédigé en 1917, sur l'œuvre religieuse menée par la « Young Men's Christian Association » depuis sa création dans la capitale en 1880 contient la déclaration suivante : « L'une des phases les plus fructueuses du mouvement a été la sécurisation des chrétiens. diplômés universitaires du Canada et des États-Unis pour enseigner l'anglais dans les écoles japonaises. Bien que ces enseignants soient nommés et salariés par les écoles, ils sont libres d'utiliser leurs loisirs pour un travail chrétien parmi les étudiants. Il y a aujourd'hui vingt-sept enseignants de ce type. La preuve, en outre, du lien étroit entre le christianisme et le progrès moderne du Japon, et du bénéfice que le premier tire de l'étude accrue des langues étrangères, qui est l'un des résultats de ce progrès, est fournie par un évêque japonais. le révérend Y. Honda et M. Y. Yamaji dans le chapitre sur le christianisme qu'ils ont contribué au livre déjà mentionné, *Cinquante ans de nouveau Japon* .

Les opinions divergent quant à l'avenir du christianisme au Japon. Les rapports des sociétés missionnaires étrangères fournissent des données encourageantes sur les résultats des efforts missionnaires au cours du dernier demi-siècle. Néanmoins, un sentiment d'incertitude quant aux perspectives du christianisme prévaut tant dans les cercles japonais qu'étrangers. On a tendance à considérer comme douteuse une éventuelle christianisation du pays, même si les progrès déjà réalisés sont librement reconnus. Entrer dans les diverses considérations qui influencent l'opinion sur ce point exigerait plus d'espace que celui dont nous disposons. Une idée cependant répandue par de nombreux observateurs attentifs est que, si le christianisme devenait dans un avenir lointain la religion dominante du Japon, ce serait le christianisme sous une forme nouvelle élaborée par le peuple pour lui-même. Ils feront, pense-t-on, du christianisme comme ils ont fait du bouddhisme importé de l'étranger, et le façonneront à leur goût. Cette vision est soutenue dans une certaine mesure par deux mouvements distincts : l'un vers l'indépendance, c'est-à-dire l'affranchissement du contrôle étranger ; l'autre vers des fusions – qui ont eu lieu ces dernières années dans plusieurs églises chrétiennes japonaises. Un exemple notable du premier de ces mouvements s'est produit il y a quelques années dans le cas de l'Université congrégationaliste de Kiōto . Dans ce cas, l'agitation pour l'indépendance aboutit à ce que le contrôle du collège passe aux mains des directeurs japonais, les missionnaires américains liés à l'institution restant simplement comme conseillers. L'influence américaine prédomine aujourd'hui dans l'entreprise missionnaire étrangère, la caractéristique marquante du travail des missions américaines étant la création d'établissements d'enseignement sur une base chrétienne. Selon les statistiques officielles de 1917, le nombre de chrétiens japonais s'élevait cette année-là à un peu plus de 200 000.

Aucun récit des religions japonaises ne peut être complet sans une mention du *Bushidō*, la religion du guerrier, comme son nom l'indique. Produit de la féodalité japonaise, autour duquel se sont développés beaucoup de sentiments romantiques et encore plus de littérature philosophique, il peut être décrit comme une règle de conduite non écrite devant être observée par les membres de la classe militaire. Son représentant le plus connu est Yamaga Sokō, dont les conférences et les écrits au milieu du XVIIe siècle sur le Bushidō, le confucianisme et la stratégie militaire, tels qu'ils étaient compris à l'époque, lui ont valu une grande réputation. Ōishi, le célèbre chef des Quarante-Sept *rōnin*, était l'un de ses élèves. Les vertus sur lesquelles l'éthique du *Bushidō* mettait l'accent étaient principalement la loyauté féodale, le sacrifice de soi, la piété filiale et la simplicité de vie, qui pourraient peut-être toutes être résumées dans un seul mot devoir. L'effort des *samouraïs* fidèles aux idéaux *du Bushidō* était de vivre une vie de retenue, afin d'être prêt à répondre à l'appel du devoir à tout moment. Ceci explique l'attrait pour les adeptes du *Bushidō* qui appartenaient à la secte *zen* du bouddhisme avec sa pratique de la méditation silencieuse. Cela les a aidés à cultiver l'habitude d'esprit austère et détachée qui était censée être essentielle au bon respect des règles spartiates du *Bushidō*. Dans le même temps, la forte influence, quoique non reconnue, de l'école confucianiste Song sur la doctrine *Zen* affecta indirectement les idées *du Bushidō*, leur conférant une teinte de la philosophie abstruse de cette école. En outre, l'association de la secte *Zen avec le cérémonial pittoresque de la consommation du thé connu sous le nom de « Cha-no- yu »*, a eu pour résultat que la pratique de ce cérémonial a été largement adoptée dans les cercles *du Bushidō*. En aucun cas une religion au sens strict du terme, malgré ses liens avec le bouddhisme et le confucianisme, *le Bushidō*, au cours de son développement ultérieur, en est venu à être identifié au patriotisme. C'est cet aspect qui a été le plus marquant depuis la disparition de la féodalité. Les écrivains japonais modernes font constamment référence à ce sujet au *Yamato Damashii*, ou esprit japonais, qu'il est considéré comme représentant ; et bien qu'une grande partie de ce qui est dit soit tiré par les cheveux, et peut-être destiné à une consommation étrangère, les simples préceptes du *Bushidō* ont sans aucun doute servi un objectif utile en stimulant dans toutes les classes du peuple l'exercice des vertus qu'il inculque. Rapidement conscient de l'utilité de son enseignement éthique, le gouvernement japonais a eu recours aux services du *Bushidō*, en collaboration avec le Shintō, pour renforcer le tissu monarchique. Son action dans cette direction, due apparemment à des motifs similaires à ceux qui influencèrent la politique allemande avant la Grande Guerre en encourageant une croyance de culte d'État, fut critiquée judicieusement, bien qu'un peu durement, il y a quelques années dans un article de magazine intitulé "Le Invention d'une nouvelle religion.

Le peuple japonais peut, comme cela a été suggéré, être disposé à prendre la religion moins au sérieux que les autres nations. Quant au grand rôle qu'elle joue dans la vie nationale, sous forme de pèlerinages et de fêtes religieuses, cela ne fait aucun doute. A certaines périodes de l'année, réglées par la coutume de manière à gêner le moins possible les opérations agricoles, des milliers de pèlerins des deux sexes, non contents de visiter des sanctuaires moins éloignés , font de longs voyages vers des sanctuaires célèbres à travers le pays. Le pèlerin qui a ainsi visité le Grand Sanctuaire d' Isé , gravi l'une des nombreuses montagnes sacrées du Japon ou vénéré dans d'autres sanctuaires éloignés, non seulement « acquiert ainsi de la vertu », mais acquiert également un prestige social dans son cercle d'origine, dans sa ville ou son village, de même que le *hadji musulman* qui a été à la Mecque, ou le paysan russe qui a vu les lieux sacrés de la Terre Sainte. Ces pèlerinages ont aussi indirectement un but pédagogique. Parmi les innombrables fêtes religieuses qui varient la monotonie de la vie quotidienne au Japon, les foires aux fleurs sont celles les plus typiquement japonaises. Chaque soir de l'année, une foire aux fleurs, associée au festival d'un sanctuaire local, a lieu dans un quartier de la ville de Tōkiō . Ces foires ne sont pas non plus particulières à la Capitale. On peut les voir dans la plupart des villes de province importantes, bien que le petit nombre de sanctuaires urbains empêche leur apparition quotidienne. Ni les pèlerinages ni les fêtes religieuses, il convient de le noter, ne sont entièrement dus au sentiment religieux. Ils font appel à l'amour des cérémonies et à la passion du tourisme qui distinguent la nation.

Avant de quitter le sujet de la religion, il serait peut-être bon de souligner un point qui n'a reçu qu'une attention passagère. Dans les trois religions qui ont le plus contribué à façonner le caractère et la pensée japonaise, le bouddhisme, le shintō et le confucianisme, le principe du culte des ancêtres est ancré. Le résultat a été qu'une association plus étroite et plus intime du passé avec le présent, des morts avec les vivants, est peut-être possible au Japon qu'ailleurs. La belle fête bouddhiste des esprits disparus ; les services plus simples, quoique plus primitifs, dans les sanctuaires shintō à la mémoire des parents décédés ; le culte quotidien sur les autels familiaux décorés de tablettes ancestrales ; la tenue minutieuse des anniversaires des décès ; le soin religieux accordé aux tombes ; et l'idée, pour ne pas dire la croyance, en la participation des esprits défunts aux fêtes nationales, toutes tendent non seulement à garder frais dans l'esprit des hommes le souvenir de leurs morts, mais à encourager le sentiment de leur existence continue dans le pays des esprits. Ainsi les méfaits causés par le temps sont atténués, tandis que la mort est privée d'une partie de ses terreurs.

CHAPITRE XV

Troubles politiques – La presse – Lois sur la presse – Conciliation et répression – Réformes juridiques – Échec du projet de colonisation de Yezo – Retrait d'Ōkuma – Agitation politique accrue.

Lorsque le fil principal de notre récit fut interrompu afin de permettre au lecteur de se faire une idée des religions japonaises et de leurs relations avec le progrès moderne du pays, la suite des événements qui aboutit à la concentration de l'autorité entre les mains du Les clans Satsuma et Chōshiū , ainsi que la formation d'un parti d'opposition régulier composé de réformateurs avancés, ont été brièvement décrits. A cette époque, comme cela a été souligné, il n'y avait pas de grande différence de principe, en ce qui concerne les réformes intérieures, entre les hommes politiques progressistes du gouvernement et ceux de l'extérieur. Tous deux étaient d'accord sur l'importance d'élargir les bases de l'administration et d'associer le peuple au travail du gouvernement. L'idée également de ce que l'on entend par *peuple* s'est développée au point d'inclure toutes les classes de la nation. Le point de désaccord était simplement le rythme auquel les progrès sous forme de réformes sur le modèle occidental devraient se poursuivre. Entre réformateurs modérés et avancés, les choses auraient donc dû être ouvertes au compromis. Mais la situation n'était pas aussi simple qu'elle le paraissait. Une circonstance qui faisait obstacle à un compromis entre les deux sections des réformateurs était le grand nombre de *samouraïs dissous* que l'abolition de la féodalité avait jeté dans le pays et qu'il fallait absorber dans d'autres occupations sous le nouvel ordre de choses. pas encore été le moment. Beaucoup d'hommes de cette classe n'avaient en réalité rien de commun avec les réformateurs avancés, sinon le mécontentement. Paresseux et impécunieux, ils étaient prêts à commettre des méfaits de toute sorte et se joignaient avec empressement à une agitation pour des choses qu'ils ignoraient pour la plupart. Mûs par le simple désir de pêcher en eaux troubles, ces gens ont fait beaucoup de mal à la cause qu'ils défendaient, lui donnant un caractère de turbulence qui excitait l'appréhension des autorités. Un autre facteur qui a pu influencer la situation est la réaction qui a suivi la période troublée que le pays a traversée. Pleinement conscient de la gravité de la crise qu'il avait surmontée avec succès et, en même temps, conscient de sa force retrouvée, le gouvernement n'était probablement pas d'humeur à tolérer une quelconque opposition, aussi bien intentionnée soit-elle, à sa politique désormais bien établie. de réforme progressive. En outre, le fait que le ministère était désormais constitué de deux clans, et non plus de quatre comme à l'origine, accentuait la ligne de clivage entre ceux qui dirigeaient les affaires et ceux qui, forcément, regardaient de l'extérieur. Le sentiment de clan a aigri le mouvement lancé par les réformateurs avancés, non seulement au début, mais tout au long de son parcours. Une grande partie de la sympathie et du soutien qu'ils ont reçus de nombreux côtés, au fur et à mesure que l'agitation progressait, avait peu de rapport avec leurs objectifs déclarés, étant dû en grande partie à l'aversion et à la jalousie de la prédominance continue des hommes de ces deux clans au ministère, surnommé le « Gouvernement Satchō .»

Le retrait définitif d' Itagaki du gouvernement au printemps 1876 a été mentionné comme le moment à partir duquel l'agitation organisée en faveur d'un gouvernement représentatif peut être considérée comme ayant commencé. Il est difficile de fixer des dates précises pour des mouvements politiques de ce type. On peut tout aussi bien considérer qu'elle a commencé en 1873, lorsque le leader Tosa a démissionné pour la première fois, ce qui est le point de vue défendu par M. Uyéhara dans *The Political Development of Japan* . Le point est de peu d'importance, mais il semble permis de considérer que l'agitation n'a pris la forme d'un mouvement organisé qu'après la sécession définitive d'Itagaki du ministère.

Avant cela, le gouvernement, sans doute bien informé des intentions des réformateurs avancés, avait pris le premier pas d'une série de mesures répressives destinées à réprimer l'agitation. Il s'agit de la loi sur la presse promulguée en juillet 1875. On voit mal comment le gouvernement aurait pu, à cette époque, faire autrement et rester au pouvoir. La tentative d'assassinat d' Iwakura par des mécontents de Tosa avait révélé le danger à craindre de la part d'extrémistes d'une classe dangereuse, dont le mécontentement face au règlement pacifique des difficultés coréennes avait, on le savait, été partagé par le chef de Tosa . L'état troublé du pays avait également été démontré par les soulèvements provinciaux avortés et devait être démontré encore plus clairement par la rébellion de Satsuma.

Jusqu'alors, il y avait eu peu d'interférences avec la presse. Les premiers journaux sont apparus à la fin des années soixante. Celles-ci étaient de nature éphémère, mais quelques années plus tard, la presse, sous sa forme plus développée et permanente, voyait le jour. Il s'accroît très rapidement, tandis que sa vitalité peut se mesurer au fait que certains des journaux qui firent alors leur apparition sont aujourd'hui en circulation. Dans la seule capitale, il y eut bientôt six ou sept quotidiens d'une certaine importance, qui tous, à une exception près, prêtèrent leur concours à l'agitation. Dans la croisade pour les droits populaires, la jeune presse se lança avec enthousiasme, trouvant son avantage dans les circonstances mêmes qui embarrassaient le gouvernement. Parmi l'ancienne classe militaire – la section instruite de la nation – que l'abolition de la féodalité avait laissée sans moyens de subsistance, il y avait de nombreux hommes possédant des connaissances littéraires, comme on l'entendait à l'époque. La presse pouvait en tirer une quantité abondante d'écrivains, tous animés de griefs réels ou imaginaires, certains favorables aux réformes populaires, d'autres encore dotés d'un vernis de savoir occidental qui faisait office d'érudition. Les articles politiques parus dans les journaux de l'époque n'étaient guère d'une qualité comparable à celle d'aujourd'hui. Ils regorgeaient de citations d'écrivains européens sur l'égalité et les droits de l'homme, entrecoupées de phrases tirées des classiques chinois, qui constituaient le fonds de commerce de tous les journalistes ; et, aussi étrange que soit le contraste présenté par des documents provenant de sources si différentes, ils étaient tous également efficaces dans le but recherché, qui était de dénoncer ce qui était décrit comme la politique tyrannique du gouvernement.

Les influences éducatives, autres que celles agissant par l'intermédiaire de la presse, ont donné de la force à l'agitation. La fusion des classes, un des premiers résultats de la Restauration, eut pour effet d'ouvrir les écoles publiques et privées à toutes les couches du peuple, mettant ainsi à la portée de tous l'éducation qui était auparavant le privilège de la classe militaire. et le clergé bouddhiste. Grâce aux enseignants de ces écoles, aux pédagogues écrivant dans le but exprès de diffuser les idées occidentales et aux conférenciers, le travail d'éducation de la nation s'est poursuivi à un rythme soutenu.

Nulle part de plus grands services n'ont été rendus dans cette direction que par Fukuzawa . Yukichi . Remarquable dans chacun de ces rôles , comme maître d'école, auteur et conférencier, ainsi que dans la double qualité de fondateur d'une école qui a atteint les dimensions d'une université et de professeur principal de celle-ci ; et en tant que propriétaire et rédacteur en chef de l'un des meilleurs journaux japonais, le *Jiji Shimpō* , son nom restera toujours célèbre dans l'histoire de son temps. Le « Sage de Mita », comme on l'appelait du quartier de la ville où il vivait, restera dans les mémoires comme celui qui, en plus d'aider la cause de l'éducation, s'efforça dès le début de réaliser la fusion des classes en encourageant un esprit d'indépendance dans les couches du peuple dont le respect d'eux-mêmes avait été affaibli par des siècles de féodalité. Fukuzawa n'avait guère de goût pour la politique purement partisane , peut-être parce qu'il n'avait aucun lien de clan avec les affaires politiques et que son journal n'était jamais identifié à une quelconque association politique. Mais il était un défenseur actif des droits populaires, et ses nombreux écrits, dont la popularité était si grande qu'un seul livre fut imprimé à plus de trois millions d'exemplaires, contribuèrent indirectement à l'agitation en faveur de réformes populaires.

À l'indignation publique suscitée par la loi sur la presse, succéda la consternation devant la manière rigoureuse avec laquelle elle était appliquée. L'emprisonnement de rédacteurs en chef pour ce qui serait désormais considéré comme des infractions insignifiantes à la loi était monnaie courante, tandis que les revues publiant tout sujet considéré par les autorités comme répréhensible étaient rapidement suspendues. L'ingérence dans la presse fut telle qu'à un moment donné, plus de trente journalistes furent emprisonnés rien qu'à Tōkiō . L'épuisement constant du personnel des journaux, qui suscitait le mécontentement des autorités, entraîna l'évolution d'une classe de rédacteurs factices, dont le devoir était d'être les « fouets » des journaux qu'ils représentaient et de subir les peines d'emprisonnement imposées. L'agitation se poursuivit néanmoins sans relâche et des associations politiques, dans les programmes desquelles la revendication d'un gouvernement représentatif, jamais très clairement défini, occupait la première place, surgirent en divers endroits. Une figure marquante du mouvement, qui s'est fait remarquer peu après sa création et qui a joué pendant plusieurs années un rôle de premier plan, en compagnie d' Itagaki à la fois en tant que conférencier et dans la formation de clubs politiques, était Kataoka Kenkichi , également originaire de Tosa . . Son arrestation et celle d'autres membres du parti, au plus fort des troubles politiques qui culminèrent avec la rébellion de Satsuma, provoquèrent un arrêt temporaire de l'agitation et stoppèrent pour un temps la croissance des clubs politiques. Mais avec le rétablissement de l'ordre dans le pays, les agitateurs reprirent leur activité. Les dirigeants ont fait des tournées dans les provinces pour stimuler l'effort local, à la suite de quoi vingt-sept associations provinciales, représentant quelque 90 000 membres, ont été créées ; et lors d'une réunion tenue à Ōsaka, ceux-ci furent fusionnés sous le nom d'« Union pour l'établissement d'un parlement ». Le gouvernement répondit en promulguant en 1880 la loi sur les réunions publiques, qui restreignait considérablement les droits dont jouissait jusqu'alors le public à cet égard. Mais les agitateurs ont continué à travailler avec une énergie intacte et le fait que, malgré l'adoption de cette loi, une réunion tenue à Tōkiō à l'automne de la même année a réuni des représentants de plus de la moitié des préfectures dans lesquelles le Japon fut alors divisé, ce qui montre à quel point le mouvement avait acquis à cette époque une forte emprise sur le pays.

Nous avons vu comment le travail de reconstruction entrepris par le gouvernement, bien qu'entravé, ne s'est jamais arrêté pendant la période des troubles civils. Il en fut de même pendant la longue agitation populaire qui suivit. Parallèlement à la répression, il y a toujours eu des réformes. Des progrès constants ont été réalisés dans le travail long et difficile de la révision de l'impôt foncier. Impliquant, comme cela a été le cas, un nouvel arpentage et l'évaluation de toutes les terres, ainsi que l'enquête sur les titres fonciers et les limites, c'était une tâche de première ampleur. Dans le même temps, une attention particulière a été accordée à la réorganisation du gouvernement local. Cela comprenait, outre le réajustement de la fiscalité locale, les dispositions nécessaires à la création éventuelle des assemblées préfectorales et autres assemblées locales, faisant partie du schéma général de l'autonomie locale, qui, a-t-on considéré, devait nécessairement précéder la création d'un parlement national. Ce n'est qu'après le rétablissement de l'ordre, lorsqu'il fut enfin possible de procéder plus rapidement à la reconstruction, que les résultats de ce travail fastidieux et peu remarqué devinrent apparents.

Au printemps de 1878, le premier de ces résultats fut l'achèvement, lors de la deuxième conférence des préfets, dont nous avons déjà parlé, des projets des « trois grandes lois », comme on les appelait alors. Celles-ci, qui accordaient une large mesure d'autonomie locale, concernaient la fiscalité locale, les assemblées préfectorales et d'autres organismes similaires plus petits à créer dans les districts urbains et ruraux, les villes et les villages.

La loi instituant les assemblées préfectorales est entrée en vigueur en 1880 ; les dispositions relatives aux organismes plus petits n'auront lieu que quelques années plus tard. Ces mesures seront évoquées à nouveau lorsque nous aborderons toute la question de la révision du gouvernement local.

On a dit qu'au début de l'agitation en faveur des réformes populaires, le gouvernement ne faisait jamais de concession avant d'y être contraint par la force des circonstances. Et cette affirmation a été étayée par la suggestion d'un lien dans le temps entre certaines manifestations du sentiment populaire et certaines des mesures libérales adoptées par le gouvernement. La tentative d'assassinat d' Iwakura fut certainement suivie peu après par le décret instituant les conférences annuelles des préfets. D'un autre côté , l'achèvement des projets de lois des trois lois mentionnées ci-dessus lors de la deuxième de ces conférences a eu lieu seulement un mois avant l'assassinat d'Ōkubo . Dans ce cas, il n'y avait aucun lien possible. Il ne semble pas non plus possible, au cours des années suivantes, d'établir un lien du genre suggéré. Si la trace est possible, cela peut être considéré comme dû simplement à une coïncidence.

Une opinion quelque peu similaire quant à la pression exercée sur le gouvernement par l'agitation est adoptée par M. Uyéhara , l'auteur déjà cité, qui ne cache pas sa sympathie pour les réformateurs avancés. Il parle du mouvement comme étant dès le début une lutte pour une réforme constitutionnelle, dans laquelle les agitateurs ont réussi, et considère l'introduction du gouvernement représentatif comme une preuve de leur succès. Il est en effet plus que probable que l'agitation qu'ils ont menée pendant si longtemps, renforcée par un soutien croissant de la part du public, a accéléré dans une certaine mesure l'établissement des institutions représentatives qu'ils réclamaient à grands cris . Mais l'impression que l'on a en étudiant la ligne d'action adoptée par le gouvernement est que, tout en n'hésitant pas à contrôler l'agitation par des mesures répressives, selon les circonstances, il était prêt à concilier l'opinion publique en se ralliant aux vues du parti avancé chaque fois que cela se présentait. cela semblait opportun; poursuivant ainsi dans l'ensemble, avec cohérence, dans des circonstances particulièrement difficiles, la politique de réforme graduelle qu'elle s'était tracée. En supposant que cette impression soit exacte, les étapes progressives par lesquelles l'établissement d'un gouvernement représentatif a finalement été atteint peuvent, avec plus de raisons, être considérées comme une justification réussie de cette politique plutôt que comme un triomphe pour les agitateurs. Il est important de garder à l'esprit que ces derniers n'étaient pas les seuls partisans de la réforme. Le gouvernement lui-même était un gouvernement de réformateurs qui avaient largement justifié leur titre d'être considéré comme tel. Certains de ses membres avaient pensé à des institutions représentatives avant même la Restauration. Les hommes au pouvoir étaient mieux placés que d'autres pour estimer correctement l'étendue de la préparation, le travail de fond qui était nécessaire avant qu'une quelconque étape de réforme pratique puisse être accomplie ; et s'ils étaient réticents à aller aussi vite que le souhaitaient des enthousiasmes plus empressés et, peut-être, déséquilibrés, leur hésitation ne peut pas être injustement attribuée à un sens politique prudent.

Néanmoins, dans l'adoption par le gouvernement de cette double politique de conciliation et de répression, il ne faut pas négliger l'influence de l'élément conservateur au sein du ministère. Cela a sans doute modifié les impulsions ministérielles antérieures vers un programme plus avancé ; a accru l'hésitation à faire des expériences considérées comme dangereuses au vu de la récente sortie de la nation du féodalisme ; et a créé la tendance qui s'est finalement manifestée dans la décision de chercher des conseils pour la définition des institutions représentatives, ainsi que pour d'autres questions de réorganisation administrative, dans des pays moins gouvernés par des idées démocratiques que ceux dans lesquels les dirigeants du mouvement de la Restauration avaient puisé leurs idées. première inspiration. Une autre raison de la tendance prudente de la politique ministérielle peut également être trouvée dans l'expérience acquise par certains, au moins, des membres du gouvernement dans l'étude de la croissance et du développement des institutions occidentales qu'il était proposé de copier.

L'année 1880 voit l'achèvement des premières réformes juridiques. Au cours de cette année, un nouveau Code pénal et un Code de procédure pénale, pour la préparation desquels les services d'un juriste français, M. Boissonade , avaient été utilisés, furent promulgués. Les premières étapes de l'élaboration de ces lois importantes, basées, il faut le noter, sur les modèles français, avaient été franchies sept ans auparavant, lorsqu'un comité d'enquête avait été formé au ministère de la Justice. Ces deux codes sont entrés en vigueur au début de 1882. Le Code de procédure pénale a été remplacé par un code ultérieur en 1890. Le Code pénal a également subi une révision ultérieure, entrant en vigueur sous sa forme révisée en 1908.

À l' automne 1881, les rangs du parti avancé furent renforcés par la retraite du ministère d' Ōkuma . Depuis la rupture de 1873, lorsque les principaux politiciens de Tosa et Hizen se retirèrent de leurs fonctions, il était le seul représentant de la province et du clan de Hizen . La rumeur attribuait plus d'une raison à son retrait. Désaccord sur diverses questions avec les hommes d'État Chōshiū , dont l'influence augmentait ; l'indignation face à la conduite des affaires de deux clans ; l'adoption d'opinions sur la réforme qui étaient en avance sur celles du gouvernement en tant qu'organisme ; et les intrigues avec la Cour étaient des sujets qui occupaient une place importante dans les commérages politiques de l'époque. Que le libéralisme d'Ōkuma ait été d'un type plus prononcé que celui de ses collègues semble très probable à la lumière des événements ultérieurs. Des considérations personnelles, cependant, ont peut-être eu quelque chose à voir avec son départ du gouvernement. La force de caractère, associée à un talent exceptionnel et polyvalent, qui le distinguait comme un leader, lui rendait difficile l'acceptation du leadership des autres et nuisait à son utilité en tant que collègue.

Peu de temps avant sa démission, un scandale administratif s'était produit en relation avec la suppression du Conseil pour le développement de *Hokkaidō* , dont il a déjà été question. Son abolition impliquait la cession de biens gouvernementaux et, au cours de l'examen d'un projet à cet effet qui avait été soumis au gouvernement, de graves irrégularités officielles ont été révélées. Le projet, qu'il avait été parmi les premiers à condamner, fut donc abandonné, mais l'incident jeta le discrédit sur le ministère.

La retraite d' Ōkuma fut suivie presque immédiatement par la publication d'un décret fixant l'année 1890 comme date de création d'un Parlement.

Cette promesse définitive à ce stade du Parlement a été interprétée dans certains milieux comme une concession rendue nécessaire par le discrédit que le gouvernement avait encouru à cause du scandale administratif et du fait que sa position était affaiblie par le départ à la retraite d' Ōkuma . Mais la question quasi simultanée de la loi imposant des restrictions aux réunions publiques et à la liberté d'expression semble justifier l'idée que ces deux mesures n'étaient qu'une illustration de la double politique de répression alternée avec les réformes que menait le gouvernement.

Avec l'importante concession faite maintenant par le gouvernement, on peut considérer que la première période, pour ainsi dire, de l'agitation pour les droits populaires, touche à sa fin. Les principaux traits de cette période ont été relevés ; le déclenchement et la répression de troubles graves, qui menacèrent autrefois de mettre un terme à tout progrès national ; la création d'un gouvernement fort de deux clans ; la croissance d'un mouvement politique qui tirait un large soutien du sentiment public ; et les mesures prises pour son contrôle par le Gouvernement. Nous avons également vu à quel point le parti d'opposition qui dirigeait le mouvement était peu homogène dans son caractère ; comment il comprenait d'authentiques réformateurs, d'autres motivés principalement par la jalousie du clan, des politiciens déçus et *des shizoku impécunieux* , débris du système féodal, qui furent longtemps un élément perturbateur de la politique, et qui se développèrent plus tard dans la classe des voyous politiques connus sous le nom de *sōshi* .

Pour tous ces associés disparates, la revendication des droits populaires était un cri de ralliement commode. Pour l'opposition ainsi formée, qui devenait progressivement plus compacte à mesure qu'elle se débarrassait de ses éléments les moins désirables, le retrait d' Ōkuma du ministère signifiait l'avènement d'un allié puissant, même si son indépendance de pensée et son tempérament quelque peu intransigeant ne lui permirent jamais de s'identifier également. étroitement avec les opinions d'autres hommes politiques. Avec l'énergie et la polyvalence qui caractérisent toutes ses actions, il se lance dans le mouvement dirigé par les réformateurs avancés et apparaît bientôt dans le nouveau rôle d'éducateur. Suivant l'exemple donné par Fukuwaza quinze ans plus tôt, il fonda le Collège Waséda , aujourd'hui université , qui reste un monument à la hauteur de ses capacités. Comme son prédécesseur, il fut un auteur volumineux, n'écrivant cependant jamais lui-même mais dictant à un amanuensis, et fonda un quotidien qui circule toujours. Comme lui encore, il peut se targuer d'avoir formé un très grand nombre de ceux qui occupent aujourd'hui des postes officiels au Japon.

Les croyances politiques des réformateurs avancés, avec lesquels Ōkuma devait être associé pendant les sept années durant lesquelles il resta dans l'opposition, furent nécessairement façonnées dans une certaine mesure par les influences étrangères avec lesquelles le peuple japonais entra en contact pour la première fois après la réouverture du gouvernement. pays aux relations sexuelles avec l'étranger. La littérature politique occidentale de toutes sortes, dans laquelle figurait en grande partie le produit de la pensée américaine avancée, était alors étudiée avec avidité par un peuple privé pendant des siècles de tout contact avec le monde extérieur. Dans ces circonstances, il est tout à fait naturel que l'atmosphère républicaine du voisin occidental le plus proche du Japon , le premier à avoir noué des relations conventionnelles avec lui, ait coloré dans une certaine mesure les aspirations politiques de ceux qui réclamaient des réformes populaires, et ait même affecté le études des étudiants dans les établissements d'enseignement sur lesquels l'attention a été attirée.

CHAPITRE XVI

**Promesse d'un gouvernement représentatif — Partis politiques —
Troubles renouvelés — Éclosions locales.**

Le décret annonçant la décision impériale de créer un Parlement en 1890 fut
publié le 12 octobre 1881. Dans ce décret, l' Empereur fait référence à son
intention dès le début d'établir progressivement une forme constitutionnelle
de gouvernement, dont la preuve avait déjà été fournie par la création d'un
Sénat (*Genrŏ -in*) en 1875 et la rédaction, trois ans plus tard, des lois
concernant le gouvernement local – mesures destinées, explique-t-on, à servir
de base aux réformes ultérieures envisagées. Conscient de sa responsabilité
dans l'exercice de ses fonctions de souverain envers les ancêtres impériaux,
dont les esprits observaient ses actions, il déclare sa détermination à
poursuivre le travail de réforme et charge ses ministres de faire les préparatifs.
pour la création d'un Parlement au moment fixé ; se réservant le soin de
trancher plus tard les questions des limitations à imposer à la prérogative
impériale et du caractère du Parlement à créer. Le décret insiste sur le
caractère indésirable de changements soudains et surprenants dans
l'administration et se termine par un avertissement au peuple, sous peine de
mécontentement impérial, de ne pas troubler la paix publique en faisant
pression pour des innovations de cette nature.

Bien que l'octroi d'une Constitution ne soit pas expressément mentionné
dans le décret, la référence aux limitations à imposer à la prérogative
impériale impliquait clairement que la création d'un Parlement et l'octroi
d'une Constitution allaient de pair. Il ressort également clairement des
circonstances de l'époque et des méthodes déjà suivies par le gouvernement
dans la mise en œuvre de sa politique de réformes législatives que cette
dernière, une fois promulguée, serait une Constitution écrite.

On ne perdit pas de temps pour commencer les préparatifs mentionnés dans
l'annonce impériale. En mars de l'année suivante, comme nous le lisons dans
les souvenirs qu'il a contribué à *Cinquante ans du nouveau Japon* , feu le prince
(alors M.) Itō reçut l'ordre de l'empereur de préparer un projet de
Constitution, et le 15 mars le même mois, il entreprit, nous dit-il, « un long
voyage dans différents pays constitutionnels pour faire une étude aussi
approfondie que possible du fonctionnement réel des différents systèmes de
gouvernement constitutionnel, de leurs diverses dispositions, ainsi que des
théories et des théories ». opinions réellement défendues par des personnes
influentes sur la scène même de la vie constitutionnelle. Dans la poursuite de
cette enquête sur les questions constitutionnelles, qui occupa son attention
pendant dix-huit mois, le prince Itō fut assisté par une nombreuse équipe
d'assistants.

Par la promesse définitive d'un Parlement, accompagné d'une Constitution , la position des agitateurs a été modifiée. Avec la disparition de leur principal grief, le sol avait été coupé sous leurs pieds. Il ne s'agissait plus de savoir s'il devait y avoir un Parlement ou non, mais de quelle sorte de Parlement serait celui qui serait créé en 1890. Mais ni sur ce point, ni sur l'élaboration de la Constitution, il n'y avait aucune intention de consulter la nation. Le décret avait expressément stipulé que ces questions seraient réservées à la décision impériale ultérieure. Pendant que le gouvernement poursuivait donc ses préparatifs en vue de l'établissement d'institutions représentatives, il incombait aux dirigeants du parti d'opposition de se préparer de leur côté au moment où un gouvernement constitutionnel d'une sorte serait un fait accompli et d'achever leurs efforts. organisation en préparation pour le Parlement, dont l'ouverture leur fournirait le terrain souhaité pour leurs activités. Ainsi, le décret impérial eut pour effet d'accélérer le développement des partis politiques. Pour ceux-ci, une fois formés, il n'y avait pas grand-chose à faire jusqu'à ce que les institutions représentatives entrent effectivement en activité ; et leur portée restreinte d'utilité était encore réduite par la sévérité croissante des mesures répressives adoptées par le gouvernement. Néanmoins, les mêmes éléments qui avaient auparavant contribué au progrès de l'agitation en faveur de réformes populaires encourageaient désormais le développement des partis politiques. C'étaient : la magie des expressions « discussion publique » et « opinion publique », entendues pour la première fois à l'époque de la Restauration, et qui avaient d'autant plus captivé l'oreille publique, peut-être, qu'elles étaient imparfaitement comprises ; et la nouveauté, toujours attrayante pour le peuple japonais, des méthodes adoptées par les réformateurs avancés sous la forme de réunions publiques et de discours publics, phénomène nouveau dans l'histoire du pays.

Des associations politiques s'étaient, comme nous l'avons vu, formées auparavant, en relation avec l'agitation en faveur de réformes populaires, tant dans la capitale que dans les provinces. Créés principalement par le chef du parti Tosa et ses lieutenants, la plupart d'entre eux avaient mené une existence assez précaire, s'épanouissant ou s'éteignant selon le degré de sévérité qui caractérisait les mesures de contrôle prises par les autorités. Ni par leur organisation, ni par la définition de leur objectif, ils ne pouvaient être considérés comme des partis politiques. La dernière et la plus importante de ces associations avait été l'Union pour l'établissement d'un Parlement, créée en 1880, qui, comme nous l'avons déjà mentionné, représentait entre vingt et trente sociétés dans diverses parties du pays. De ce corps encombrant est né le premier parti politique, prenant la place de la société mère qui a été dissoute. Il s'agissait du *Jiyūtō* , ou Parti libéral, créé par Itagaki en octobre 1881, quelques jours seulement après la publication du décret impérial. Sa naissance fut marquée par un affrontement avec les autorités, malheur qui n'aurait pas pu être interprété à tort comme le présage d'une carrière mouvementée. Les dirigeants du parti auraient, semble-t-il, omis de prévenir la police des rassemblements du parti, enfreignant ainsi la loi sur les réunions publiques. Pour cette omission, les dirigeants ont été condamnés à une amende et l'infraction a eu pour autre conséquence que, bien qu'elle ait été effectivement fondée à la date mentionnée ci-dessus, le parti n'a reçu une reconnaissance officielle qu'en juillet de l'année suivante. Itagaki a été élu président du parti et l'un des quatre vice-présidents était Gotō. Shōjirō , dont on se souviendra du lien avec la démission du dernier des Shōguns .

Le programme du Parti libéral était complet, quoique plutôt vague. Ses intentions, comme annoncé dans le manifeste publié, étaient « de s'efforcer d'étendre les libertés du peuple, de maintenir ses droits, de promouvoir son bonheur et d'améliorer sa condition sociale ». Le manifeste exprimait également le désir du parti « d'établir un gouvernement constitutionnel du meilleur type » et sa volonté de coopérer avec tous ceux qui étaient inspirés par des objectifs similaires. Son président, Itagaki Taisuké , avait été dès le début le principal moteur de l'agitation en faveur de réformes populaires, qui, sans son inspiration et ses conseils, n'auraient jamais atteint l'ampleur qu'elles ont atteint ; à temps et à contretemps, il avait attiré l'attention du gouvernement et du pays sur l'opportunité d'élargir chaque fois que cela était possible les bases de l'administration ; et il partagea avec Ōkuma la distinction d'être un pionnier dans l'organisation de partis politiques en préparation de la création du Parlement et un chef de parti couronné de succès après la mise en place des institutions représentatives. Manquant de la polyvalence de son contemporain et collègue Hizen , il était néanmoins une figure de proue dans les cercles politiques, où sa sincérité et sa ténacité commandaient beaucoup de respect. L'indignation du public suscitée par l'attentat manqué contre sa vie commis au printemps 1882 était un hommage à sa popularité, et les mots qu'il aurait prononcés lorsqu'il fut poignardé : « Itagaki peut mourir, mais pas la liberté », sont toujours cités . S'il avait vécu davantage à Tōkiō et moins dans sa province natale , comme d'autres hommes politiques de son époque , il aurait pu être mieux connu en dehors du Japon.

Au printemps 1882, deux autres partis politiques virent le jour. L'un d'eux était le « *Rikken-Kaishintō* », ou Parti de la réforme constitutionnelle, créé par Ōkuma avec la coopération d'un certain nombre d'hommes célèbres qui l'avaient suivi jusqu'à sa retraite lorsqu'il avait quitté le ministère l'année précédente. Parmi ces anciens fonctionnaires figuraient notamment Shimada Saburō , un écrivain distingué, qui devint ensuite président de la Chambre des représentants ; Yano Fumiō , un autre écrivain distingué, qui occupa plus tard le poste de ministre japonais en Chine ; et Ozaki Yukiō , qui fut ensuite ministre de l'Éducation, ainsi que maire de Tōkiō , et occupe aujourd'hui une position de premier plan en tant que président, écrivain et parlementaire. Le programme du *Kaishintō* était plus précis que celui du Parti libéral. Outre les phrases habituelles sur le maintien de la dignité du trône et la promotion du bonheur du peuple, il insistait sur la nécessité du progrès interne comme étape préliminaire à « l'extension des droits et du prestige nationaux » et prônait le développement des politiques locales. l'autonomie gouvernementale, l'extension progressive du droit de vote *pari passu* avec le progrès de la nation, l'encouragement du commerce extérieur et la réforme financière.

Les points de divergence entre le Parti libéral et les *Kaishintō* , ou Libéraux modérés, comme nous pouvons les appeler, étaient de nature à distinguer les deux chefs de parti l'un de l'autre. La plus grande culture et le plus grand raffinement, ainsi que la modération, de l' homme d'État Hizen se reflétaient dans les vues plus sobres de son parti, qui séduisaient une partie plus instruite du peuple que les doctrines et méthodes plus grossières et plus radicales du *Jiyūtō* .

Le tiers parti créé à cette époque était le *Rikken. Teisei -to* , ou Parti impérialiste constitutionnel. Fukuchi, rédacteur en chef du *Nichi Nichi Shimbun* , qui était alors un organe semi-officiel, prit une part active à sa formation. Sa *raison d'être* était le soutien au gouvernement, auquel les deux autres partis s'opposaient. C'est pourquoi on l'appelait généralement le parti gouvernemental. Certains points de son programme élaboré étaient à eux seuls une indication suffisante de ses sympathies officielles. La date (1890) fixée pour la création d'un parlement fut approuvée ; de toute forme de Constitution qui pourrait être décidée par le gouvernement avec la sanction impériale ; qu'il y ait deux Chambres ; de la nécessité de qualifications pour les membres ; et de la décision finale dans toutes les questions relevant de l' Empereur . Mais d'autres points du programme suggèrent une certaine indépendance d'opinion. Le parti était favorable à la séparation de l'armée et de la marine de la politique ; l'indépendance des juges ; liberté des réunions publiques dans la mesure où elle est conforme à la tranquillité nationale ; ainsi que la liberté d'expression publique, de publication et de presse dans les limites légales et la réforme financière.

Le même esprit qui a conduit à la formation de ces trois partis politiques dans la capitale a inspiré la naissance de plusieurs autres partis politiques en province. Plus de quarante d'entre elles poussèrent comme des champignons, et la confusion qui accompagnait naturellement l'apparition soudaine d'un si grand nombre fut accrue par la règle qui exigeait que chacune d'elles soit enregistrée en tant qu'organisation distincte, même lorsque le nom et les associations indiquaient clairement son lien avec la partie mère dans la Capitale. Presque chaque préfecture pouvait se vanter d'avoir son propre parti politique, généralement affilié à l'un des trois principaux partis de Tōkiō , dont l'exemple était généralement suivi par l'inclusion du mot «

Constitutionnel » dans le titre, fait qui montre l'importance accordée à ce parti. principes constitutionnels comme base du gouvernement. Parfois aussi, l'absence d'idées politiques fixes se manifestait par le flou général du nom choisi. Un exemple de cela s'est produit dans le cas du parti politique formé dans la province de Noto, qui a pris la désignation évasive de *Jiyū-Kaishintō*, ce qui était censé signifier le Parti de la Liberté et de la Réforme, mais se prêtait à l'interprétation d'être le Parti libéral et libéral modéré. Dans ce cas comme dans de nombreux autres cas, le nom n'était qu'une simple étiquette sans grande signification.

Malgré le retentissement des trompettes qui accompagna la formation de ces trois partis politiques et de leurs nombreuses branches, car il y en avait pour la plupart, en province, le mouvement s'effondra aussi brusquement qu'il était né. En moins de dix-huit mois, l'un des trois, le Parti impérialiste, avait décidé de se dissoudre. Un an plus tard, son exemple fut suivi par le Parti libéral ; tandis que le troisième, le parti des libéraux modérés, dirigé par Ōkuma, bien qu'il ait échappé à la dissolution, était à la fin de 1884 dans un état moribond, sans président ni vice-président.

Plusieurs raisons expliquent ce brusque déclin des espoirs de la nouvelle classe politique. En premier lieu, conformément à ce qu'on avait appelé sa politique établie d'alternance de conciliation et de répression, le gouvernement, après la promulgation du décret impérial promettant la création d'un parlement, s'était engagé dans une nouvelle voie législative répressive. La loi restreignant le droit de réunion et de parole publiques, qui avait été promulguée en 1880, fut révisée en 1882 et rendue beaucoup plus stricte. En vertu de cette loi révisée, les pouvoirs de la police à des fins inquisitoriales ont été accrus ; les partis politiques étaient tenus de fournir des informations complètes concernant les règles d'association et les listes de membres ; aucune réunion ne pouvait avoir lieu sans l'autorisation de la police trois jours auparavant ; il était interdit d'annoncer les sujets de conférences et de débats politiques, ou d'inviter à assister à une réunion ; il était interdit aux associations politiques non seulement d'avoir des succursales ailleurs, mais encore d'avoir des communications ou d'entretenir des relations de quelque nature que ce soit avec d'autres partis politiques — disposition qui, disait-on, était inspirée par la crainte d'une fusion de partis opposés au gouvernement ; et, au simple motif que cela était nécessaire à la préservation de l'ordre public, la police avait le pouvoir, à tout moment, de mettre fin à une réunion publique. Et pourtant, chose étrange à dire, le gouvernement qui a fait ces choses, qui n'a ménagé aucun effort pour contrecarrer les desseins de politiciens suspects, était lui-même un gouvernement de réformateurs et a trahi par moments une certaine sympathie pour la cause populaire qu'il était. lutte.

La sévérité de la politique adoptée par le gouvernement s'est étendue à la presse. Au printemps 1883, la loi sur la presse de 1875, dont l'application avait donné naissance à une classe spéciale de « rédacteurs de prison », fut révisée dans un esprit de plus en plus sévère. Dans les cas relevant de ce qu'on appelait la « Loi sur la diffamation », non seulement le rédacteur en chef d'un journal, comme auparavant, mais également le propriétaire et le directeur étaient tenus solidairement responsables ; la loi elle-même a été interprétée de manière à ne laisser aucune possibilité d'évasion au délinquant présumé ; et les conditions imposées à l'entreprise journalistique rendaient presque impossible la création d'un journal ou sa survie une fois lancé.

Les partis politiques nouvellement formés étaient également désavantagés en ce qui concerne le lieu qui était nécessairement leur centre d'opérations. Nous avons vu comment, avant la réouverture du Japon aux relations étrangères, Tōkiō , alors appelé Yedo , avait été pendant près de trois siècles le siège de l'administration ; comment, avec le déclin progressif de l'autorité des Tokugawa, le centre de l'activité politique s'était déplacé pendant un certain temps vers l'ancienne capitale, Kiōto ; et comment, après la Restauration de 1868-1869 , Tōkiō , désormais appelée sous son nouveau nom, avait plus que retrouvé sa position, devenant, en tant que nouvelle capitale, le lieu où se concentraient la nouvelle vie de la nation et ses intérêts . Sa position est désormais plus forte que jamais, car l'abolition de la féodalité a mis fin à toutes les tendances séparatistes et les villes de province ont perdu une grande partie de leur importance d'antan. Ce changement n'a pas été sans effet sur l'organisation des partis politiques. Quelle que soit l'influence locale des dirigeants, c'est à Tōkiō que s'effectue la constitution des partis. Les provinces comptaient peu. Ils fournissaient peut-être les dirigeants, mais la capitale était le centre des opérations. Là, en tant que siège de l'administration, le gouvernement était le plus fort, tandis que les politiciens des partis étaient en revanche désavantagés. Hors de portée des liens locaux de clan ou de province, dont ils dépendaient pour leur soutien, ils travaillaient dans un environnement étrange et peu convivial. De plus, l'application de la règle interdisant la formation de branches provinciales et le regroupement avec d'autres corps politiques les a condamnés à une position d'isolement relatif.

Une autre difficulté à laquelle les partis politiques ont dû faire face était l'absence de questions concrètes et bien définies sur lesquelles les hommes politiques pouvaient se concentrer. De même que, lors de la première rupture ministérielle de 1873, au cours de laquelle les partis politiques ont vu le jour, aucune grande question de principe, en ce qui concerne les réformes, n'avait divisé les hommes d'État sortant de leurs collègues restés à la tête des affaires. avec les partis politiques à cette époque et pendant de nombreuses années par la suite. Aucune ligne de démarcation claire ne les séparait les uns des autres. Tous étaient également partisans du progrès et de la réforme, tous soucieux, quoique dans une mesure inégale, de l'extension des droits du peuple. Il est vrai que les programmes publiés par les différents partis au moment de leur formation, ainsi que les discours des dirigeants des partis, présentaient certaines divergences, mais les opinions qui y étaient exprimées étaient des opinions pieuses, et rien de plus. Ils traitaient de choses abstraites et non de questions pratiques qui n'avaient pas encore été soulevées. Il n'est donc pas surprenant qu'en l'absence de préoccupations plus matérielles, du temps ait été perdu en controverses vagues et futiles sur des sujets aussi abstraits que les droits souverains et leur exercice ; les libéraux déclarant que la souveraineté appartenait au peuple, les impérialistes qu'elle appartenait au souverain ; tandis que le parti de la réforme constitutionnelle affirmait qu'il résidait dans quelque chose qui représentait les deux, à savoir un parlement qui n'existait pas encore. Dans de telles circonstances, l'enthousiasme populaire a décliné et même les politiciens sérieux ont perdu tout intérêt pour le bien-être de leur parti.

De nombreux dégâts furent également causés par la désunion, résultat de l'inexpérience et du manque de discipline. Cela a été aggravé dans le cas du Parti libéral par le départ en tournée d'observation en Europe et en Amérique de son président, Itagaki , et de Gotō , l'un de ses vice-présidents. Le gouvernement fut accusé d'avoir organisé cette tournée dans le double but d'affaiblir le *Jiyūtō* en le privant des services de ses hommes politiques les plus compétents, et de créer la discorde entre les libéraux et le Parti de la réforme constitutionnelle. Si tel était son plan, il a certainement réussi. Non seulement le *Jiyūtō fut* affaibli par des dissensions internes, mais les relations entre les deux partis s'éloignèrent aussitôt. L'un accusa l'autre d'avoir reçu des pots-de-vin du gouvernement, et lorsqu'ils disparurent tous deux pratiquement de la scène, la querelle fut léguée à leurs successeurs.

Cependant, une seule raison, en l'absence d'autres raisons, aurait probablement suffi à rendre vaine cette première expérience de création de partis à des fins parlementaires. Il n'y avait pas de parlement et personne ne savait quel genre de parlement il y aurait. Dans ces circonstances, les débats des partis politiques manquaient de réalité et donnaient l'impression d'une représentation scénique.

Les résultats de l'activité politique de la nation dans le sens que nous avons décrit n'étaient certainement pas encourageants. Tout ce qui restait des trois partis après deux ou trois années d' efforts acharnés était un reste brisé et sans chef, les deux autres ayant complètement fondu ; et de leur travail, rien n'a survécu, à l'exception d'un léger tracé des lignes le long desquelles s'est déroulé le développement ultérieur des partis politiques.

Plus d'une fois dans les pages précédentes, l'attention a été attirée sur l'embarras et le danger que représente pour le pays le grand nombre d'anciens *samouraïs* avec peu de moyens et moins d'occupation, que l'abolition du système féodal avait laissés en rade et qui sont maintenant comme un fléau sur la terre. Pour certains des anciens membres de la classe militaire les plus instruits, la presse, en développement rapide, avait fourni un emploi. Les énergies agitées du reste avaient trouvé pour un temps une occupation dans le mouvement pour la formation de partis politiques. Mais dès que le premier élan du mouvement eut épuisé sa force et avant la dissolution effective d'un des partis, son attention se tourna vers d'autres voies d'activité politique qui promettaient des résultats plus immédiats ; et l'apparition de plusieurs épidémies et de plusieurs complots se succédant à de courts intervalles, témoignait des graves méfaits qu'il restait encore à craindre de la part de cette classe indisciplinée.

Le premier à appeler à l'intervention des autorités fut un soulèvement qui eut lieu en 1883 dans une préfecture au nord de la Capitale. La cause des troubles était un différend entre les fonctionnaires et les habitants du district au sujet de la construction de routes. Dans la question de la construction des routes, comme dans celle de tous les autres travaux publics, entra la question de la *corvée* . Il s'agissait là d'une caractéristique importante de l'administration rurale, qui remontait à l'Antiquité, et consistait en un service personnel, ou en sa commutation par un paiement en argent. Elle ouvrait la porte à de nombreux abus, mais, imposée sous forme de service personnel dans les saisons où les travaux extérieurs étaient peu nombreux, elle était préférée par le paysan aux autres modes de taxation. Dans le cas en question, il n'y avait pas d'objection de principe contre la *corvée* , mais l'action des autorités a été mal accueillie au motif que les routes qu'il était prévu de construire n'étaient pas nécessaires. En conséquence, lorsque le gouverneur demanda des travaux pour les routes, la population refusa de travailler, et les troubles qui s'ensuivirent devinrent si graves qu'il fallut recourir aux troupes pour les réprimer. Avant la Restauration, les troubles ne se seraient pas étendus au-delà d'une simple émeute agraire. Ce qui le rendait plus important et lui donnait un aspect politique, c'était le mélange de l' élément *shizoku* , ou ancien *samouraï* , ce qui n'aurait jamais pu se produire à l'époque féodale. L'un des meneurs de ce soulèvement, qui avait échappé à une peine de prison pour un délit qui, quelques années auparavant, lui aurait coûté la tête, devint ensuite président de la Chambre des représentants. À ce titre, il acquit rapidement une nouvelle notoriété grâce à une action résolue conduisant à la dissolution immédiate du Parlement et à l'extinction de sa carrière parlementaire.

D'autres soulèvements et complots, sans rapport avec les revendications locales, mais résultant du mécontentement et de l'anarchie, se produisirent dans diverses régions du pays. Le plus singulier, car c'était le dernier de la série, fut une tentative fantastique faite en 1885 pour semer le trouble en Corée, dans l'espoir que cela pourrait réagir sur la situation politique au Japon et accélérer l'établissement d'un gouvernement représentatif. Les personnes impliquées dans le complot étaient toutes d' origine *samouraï* et prirent par la suite un rôle important dans les débats des partis parlementaires.

La complicité de nombreux membres du Parti libéral, avant et après sa dissolution, dans ces mouvements insurrectionnels est admise par les écrivains japonais, qui sont disposés à l'attribuer principalement à la sévérité excessive des mesures de répression prises par les autorités.

CHAPITRE XVII
Élaboration de la Constitution — Nouvelle pairie — Réorganisation du ministère — Influence anglaise — Réforme financière — Échec des conférences de révision des traités.

Avec le retour de la mission Itō en septembre 1883, la tâche d'élaboration d'une Constitution fut commencée. A cette époque, les tendances conservatrices au sein du ministère étaient devenues plus marquées. Ils allaient encore s'accroître grâce à l'étude des systèmes politiques occidentaux dans laquelle la mission s'était engagée. La plupart de son temps avait été passé en Allemagne. Les progrès rapides de ce pays depuis son expansion en empire, la base bureaucratique de son administration, le parti pris conservateur de ses dirigeants et la personnalité de Bismarck étaient probablement des raisons qui indiquaient l'adoption des modèles allemands en matière constitutionnelle et politique. d'autres questions administratives, comme celles qui conviennent le mieux à une nation qui vient de sortir de la féodalité. Pour un gouvernement également qui souhaitait conserver autant de pouvoir que possible entre les mains de la Couronne, une Constitution, comme celles des États allemands, en vertu de laquelle le souverain et ses ministres étaient indépendants du Parlement, présentait un attrait naturel. Et il se peut qu'il y ait eu une conviction de la nécessité d'un contrepoids aux idées démocratiques dérivées des relations avec les pays républicains et de la littérature occidentale d'un type avancé, dont les effets néfastes avaient été démontrés par les vues extrêmes et les méthodes encore plus extrêmes. des agitateurs politiques qui réclamaient des institutions représentatives.

Au printemps 1884, Itō devint ministre de la Maison impériale et un bureau spécial fut formé dans ce département dans le but de rédiger une Constitution sous sa direction. Le choix du Département des ménages pour cette tâche a été déterminé par des considérations politiques. On voulait souligner que la constitution avait été accordée de son propre chef par le souverain et non arrachée par ses sujets. On souhaitait également faire comprendre à la nation que le trône était la source de toute autorité. Cette disposition présentait également l'avantage de désarmer les critiques, tandis que le caractère privé des débats d'un service représentant la Cour écartait tout risque d'ingérence extérieure.

Peu de temps après la nomination d'Itō au poste de ministre de la Maison, de nouveaux ordres de noblesse furent créés, le modèle adopté étant celui du continent européen. Avec la chute du Shōgunat et l'abolition du système féodal, tous les titres territoriaux avaient disparu. Finis également les titres vides de cour ou officiels, si ardemment recherchés, dont l'attribution avait été l'une des dernières prérogatives survivantes de la Couronne.

Un compte rendu de ces titres anciens a déjà été donné. Beaucoup d'entre eux étaient devenus héréditaires dans les familles qui les détenaient, et leur disparition avait été regrettée dans de nombreux milieux. La création des nouveaux ordres de noblesse gagna donc beaucoup de popularité auprès du nouveau ministre de la Maison. Il y avait en effet une raison particulière à cette mesure. C'était le premier pas vers l'établissement d'un *régime constitutionnel*. Une Chambre des pairs devait être un élément majeur de la Constitution en cours de préparation, et il était essentiel de créer une nouvelle noblesse avant que l'institution dont elle devait faire partie ne puisse fonctionner. Au total, quelque cinq cents pairs furent créés, dont 12 princes, 24 marquis, 74 comtes, 321 vicomtes et 69 barons. Les récipiendaires de ces nouveaux titres étaient les ex- *Kugé*, ou nobles de la Cour, les ex- daimiōs, qui sous le système féodal avaient constitué la noblesse territoriale, et les ex- *samouraïs*, toujours en fonction, qui avaient rendu d'éminents services à l'État à l'époque. l'époque de la Restauration. Il n'est pas surprenant que la part du lion des titres reçus par les roturiers revienne aux hommes Satsuma et Chōshiū. En supposant que le nombre des ex- *Kugé* soit de 150, et celui des ex- daimiōs de 300, on verra que le nombre des roturiers anoblis ne s'élevait qu'au dixième du total. Le nombre disproportionné de vicomtes créés s'explique par le fait qu'il y avait peu de différence dans les positions de la plupart de la noblesse territoriale, bien que chacun ait sa place fixe dans le tableau de préséance officielle. Il était donc difficile de faire une quelconque discrimination dans ces cas où l'ancien système de choses était transposé dans le nouveau. Il semblerait d'ailleurs que tel soit également le cas de l'ancienne noblesse de cour. Parmi les anciens *samouraïs* à anobli se trouvaient les hommes d'État Chōshiū, Itō, Yamagata et Inouyé, ainsi que trois membres Satsuma du gouvernement, Kuroda, le jeune Saigō et Matsugata, qui devinrent tous comtes. Les services d'autres ex- *samouraïs* qui s'étaient illustrés au moment de la Restauration, mais étaient dans l'opposition lors de la création de la nouvelle noblesse, furent reconnus quelques années plus tard, Ōkuma, Itagaki et Gotō recevant alors le même titre de comte.

Dans la réorganisation du système administratif qui eut lieu l'année suivante, on put encore voir la main du nouveau ministre de la Maison. La précédente réorganisation du ministère avait eu lieu en 1871. Les changements opérés alors étaient de deux ordres : la substitution dans le nouveau gouvernement des esprits dirigeants de la Restauration aux représentants de l'aristocratie féodale, renforçant ainsi l'élément progressiste dans le ministère. Ministère; et la séparation de l'exécutif central en trois branches dirigées par les trois principaux ministres d'État (le *Daijō Daijin*, ou Premier Ministre, le *Sadaijin*, ou Ministre de la Gauche, et l' *Udaijin*, ou Ministre de la Droite). Dans ce système, qui dans ses grandes lignes s'est maintenu depuis lors, il n'y avait pas de division claire entre les différents départements de l'État et le Premier ministre, au nom duquel tous les décrets étaient pris, n'avait pas non plus de contrôle adéquat sur les ministres en charge de l'État. eux, qui étaient tous indépendants les uns des autres. L'effet du changement maintenant introduit, à l'imitation du système de cabinet allemand, fut de donner une importance et une autorité accrues au poste de premier ministre qui reçut la nouvelle désignation de ministre-président du cabinet. Avec la création d'un nouveau ministère de l'Agriculture et du Commerce, le nombre de départements d'État fut porté à neuf. Les ministres de ces départements, ainsi que le ministre-président, constituaient le Cabinet. La Maison Impériale formait un département distinct, le Ministre de la Maison n'étant pas compris dans le Cabinet. Dans le cadre du nouvel arrangement, le Premier ministre dirigeait virtuellement la politique de l'État et était éligible à un portefeuille s'il choisissait d'en détenir un. Comme les chanceliers allemands sous le règne des Hohenzollern, il était responsable de toute l'administration, tout en exerçant un contrôle général sur tous les départements. Les changements entraînés par cette réorganisation administrative, qui existe toujours, eurent aussi une autre signification, plus profonde. Ils signifiaient le triomphe final des idées occidentales et la prise ouverte des rênes du gouvernement par les hommes qui travaillaient jusque-là dans les coulisses.

D'autres changements intervenus à cette époque, et dus à l'initiative du même homme d'État, furent la création du poste de Seigneur Gardien des Sceaux (*Naidaijin*) qui présidait un corps de quinze conseillers de cour (*Kiūchiū-Komonkwan*), dont les fonctions étaient donner des conseils concernant les cérémonies et les usages de la Cour ; et la mise en place d'un système de concours pour l'emploi dans la fonction publique. Cette réforme, que l'on est tenté de considérer comme l'application d'un des principes mentionnés dans le serment impérial, bien que le motif puisse être simplement le même que celui qui a motivé d'autres innovations occidentales, a mis fin à une grande partie du favoritisme qui avait jusque- là influencé nominations officielles, et avait fourni aux agitateurs politiques un cri utile. Une autre indication des tendances progressistes a été fournie par l'adoption de l'anglais comme matière d'étude dans les écoles primaires. Cette démarche était une reconnaissance officielle de l'influence qu'elle avait exercée et qu'elle exerçait encore sur le développement moderne du Japon. Cette influence a été pleinement reconnue par les écrivains japonais. Dans *Cinquante ans du nouveau Japon* , livre auquel il a été fait plus d'une fois référence dans ces pages, le professeur Haga , parlant des effets de la réouverture du Japon aux relations étrangères, nous dit que cela s'est toujours fait à travers des livres en anglais. langue dans laquelle le peuple japonais a formé sa conception des choses européennes et a obtenu un aperçu des caractéristiques générales du monde extérieur. Ailleurs dans le même ouvrage le professeur Nitobé , qui a étudié principalement aux États-Unis, remarque que « l'effet de la langue anglaise sur les habitudes mentales [? mentalité] du peuple japonais est incalculable » ;

et il ajoute que « l'influence morale de certains manuels simples utilisés dans nos écoles ne peut être surestimée ».

L'année 1886 est associée à une réforme financière de première importance : la reprise des paiements en espèces, c'est-à-dire la substitution du papier-monnaie convertible au papier-monnaie inconvertible. En s'attardant un instant dans un chapitre précédent sur les difficultés financières auxquelles était confronté le nouveau gouvernement formé après la Restauration, on mentionnait l'état confus du système monétaire à cette époque, et plus particulièrement l'état chaotique du papier-monnaie à cette époque. en circulation. D'une *Histoire de la monnaie* publiée par le gouvernement l'année mentionnée ci-dessus, nous apprenons que la monnaie en usage au début de l'ère Meiji (1868) comprenait quatre sortes de pièces d'or (l'une étant une pièce de monnaie peu utilisée) ; deux espèces de pièces d'argent, outre des lingots et des boules d'argent de poids fixes ; six sortes de pièces de cuivre, de laiton et de fer, connues sous le terme général de *zeni*, ou « espèces » (l'une d'elles étant simplement un jeton d'argent, et non une véritable pièce de monnaie) ; et pas moins de 1600 monnaies différentes de papier-monnaie. Une grande partie de la monnaie a été dégradée. Le papier-monnaie émanait en partie du gouvernement central Tokugawa et en partie des autorités féodales locales. Plus des deux tiers des quelque 270 clans qui existaient alors, et huit territoires *hatamoto*, possédaient leur propre monnaie papier et, dans de nombreux cas, des émissions de dates différentes circulaient ensemble. Ce papier-monnaie était également de diverses sortes. Il y avait des billets d'or, des billets d'argent, des billets *sen*, des billets représentant des montants fixes en cuivre, en laiton et en fer, ainsi que des billets de riz représentant des quantités définies de riz et utilisés pour le paiement des impôts, qui étaient principalement levés en nature. . Il existait également ce qu'on appelait des « billets de crédit », émis en échange de l'argent déposé par les établissements commerciaux qui faisaient alors office de service pour les banques, représentant de l'or, de l'argent, de l'argent liquide ou du riz, selon le cas. Le mal était intensifié par les idées erronées alors répandues sur le juste rapport entre l'or et l'argent, et entre ces deux métaux et le cuivre, qui permettaient au commerçant étranger de réaliser des profits illégitimes et causaient de grandes pertes au pays. Les mesures prises par le gouvernement, après la création d'une monnaie et l'abolition du système féodal, pour remédier à cet état de choses, comprenaient le retrait des émissions courantes de pièces de monnaie et de papier-monnaie, et l'émission d'autres monnaies à leur place. Le premier effet de ces mesures fut donc d'accroître la confusion existante. La question de la nouvelle monnaie frappée à la Monnaie d'Ōsaka tendait également à obscurcir la situation. Bien que l'étalon adopté soit nominalement un étalon en or, dans son fonctionnement, il est devenu bimétallique ; car en 1878, le gouvernement autorisa la mise en circulation générale et sans restriction des pièces d'argent d'un yen, mesure qui équivalait à changer l'étalon monométallique en étalon bimétallique.

PRINCE ITŌ .

A pris une part active au gouvernement formé après la Restauration ; il fut le principal rédacteur de la Constitution japonaise et des institutions parlementaires, et fondateur du Seiyūkai . Son dernier poste était celui de gouverneur général de Corée.

Entre-temps, par la création en 1872 de banques nationales, habilitées à émettre des billets dans une certaine proportion de leur capital, on cherchait à faciliter le retrait de l'ancien papier-monnaie, à encourager l'entreprise bancaire sur un système moderne et à placer les choses généralement sur un pied d'égalité. une assise plus satisfaisante. Au bout de quatre ans, seules quatre banques nationales, pionnières du système bancaire moderne au Japon, ayant vu le jour, il fut jugé nécessaire de réviser les règlements de la Banque nationale. La révision a eu un effet immédiat. En cinq ans, le nombre de banques nationales est passé de quatre à cent cinquante et une, dont beaucoup, cependant, comme l'explique le baron Shibusawa, le banquier bien connu, dans son chapitre sur les banques dans Cinquante ans du nouveau Japon , étaient entreprises locales d'importance limitée. L'un des objectifs de la création des banques nationales, l'encouragement de l'entreprise bancaire, avait ainsi été atteint. Des progrès avaient également été réalisés dans la réalisation d'un autre objectif, le rachat des anciennes monnaies papier par l'émission d'obligations d'échange de papier-monnaie (*Kinsatsu*) et d'obligations de pension, que les banques nationales étaient autorisées à détenir en garantie de leur émission de billets. Mais l'autorisation accordée aux Banques nationales d'émettre des billets avait été utilisée trop librement, de sorte que la valeur du papier-monnaie s'était considérablement dépréciée ; et lorsque, pendant la rébellion de Satsuma, le gouvernement eut recours à une nouvelle émission importante de billets afin de faire face à des dépenses accrues, une nouvelle baisse de valeur se produisit. Le prix du papier-monnaie a atteint son niveau le plus bas au printemps 1881, avec une décote de plus de 70 pour cent. La création de la Banque du Japon l'année suivante a doté le pays d'une place bancaire indépendante des banques nationales, en mesure d'exercer un contrôle sur leurs opérations et habilitée à émettre des billets convertibles sur la base d'une réserve en espèces que les Les banques nationales étaient tenues d'y déposer ; et un an plus tard, le ministre des Finances de l'époque, M. (plus tard marquis) Matsugata , introduisit un projet prévoyant la cessation du privilège d'émission de billets accordé à ces banques, le retrait progressif de leur émission de billets en circulation et la modification de leurs statut à celui des banques privées. L'adoption de ces mesures et d'autres, dont il est inutile d'entrer dans les détails, rendit enfin possible la reprise du numéraire sur base d'argent. Une notification à cet effet fut publiée en juin 1885 et la mesure entra en vigueur le 1er janvier 1886. L'étalon-or qui existe actuellement ne fut établi que onze ans plus tard.

La même année (1886) voit une reprise de l'agitation politique. Comme nous l'avons vu, cette tendance s'est apaisée après l'échec de la première tentative d'organisation de partis politiques en vue du parlement promis, et les membres extrémistes du parti désormais nombreux des réformateurs avancés ont été tentés d'employer des méthodes plus violentes pour obtenir le parlement promis. leurs fins, avec les résultats déjà décrits. En septembre de la même année, une réunion de politiciens de toutes tendances libérales et radicales s'est tenue dans la capitale pour concerter des mesures en vue d'une action unie. Parallèlement à cette activité renouvelée, le champ d'action s'est élargi. Depuis que l'agitation avait pris une forme plus ou moins organisée, les hommes politiques qui la menaient avaient limité leur attention presque exclusivement aux affaires intérieures. Mais maintenant, une question étrangère importante se présentait au public sous une forme plus précise qu'auparavant. C'était la question de la révision des traités.

Cela a déjà été expliqué dans un chapitre précédent, à propos de la mission d' Iwakura en Europe et en Amérique en 1872 dans le but apparent d'obtenir une révision des traités avec les puissances étrangères, combien de temps après la réouverture des relations étrangères et avec quelle force , la nation japonaise était mécontente de l'exemption des étrangers de la juridiction japonaise en vertu des traités de 1858 ; quelle importance le gouvernement japonais attache-t-il à une révision des traités qui supprimeraient les privilèges extraterritoriaux ; et quelle déception et quel ressentiment, ainsi que d'autres résultats fâcheux, ont été provoqués par l'échec de la mission à persuader les gouvernements étrangers intéressés d'entamer des négociations sur la question. Il sera plus commode de donner plus tard une place à cette question importante, lorsque le cours de notre récit aura atteint le point où l' objet des négociations si longtemps poursuivies fut enfin atteint avec succès. Pour le moment, il suffira de mentionner que la question n'a pas été abandonnée en raison du mauvais succès de la mission d'Iwakura : que les négociations ont été rouvertes par le gouvernement japonais en 1882, lorsqu'une conférence préliminaire s'est tenue à Tōkiō ; qu'une nouvelle conférence plus formelle a eu lieu dans la même capitale quatre ans plus tard ; et qu'à aucune de ces occasions aucun résultat définitif n'a été atteint.

Telle était la situation des choses lorsque, au cours de la renaissance de l'agitation politique, cette question, si embarrassante pour le gouvernement et si irritante pour les susceptibilités de la nation, en vint à jouer un rôle plus important dans les controverses publiques. Un grief national de ce genre, ressenti par toutes les personnes instruites, était naturellement partagé par les hommes politiques. Cette situation a été rendue plus aiguë par la reconnaissance du fait, désormais de notoriété publique, que l'absence de toute durée déterminée pour la durée des traités existants constituait un obstacle sérieux à leur révision. La révision des traités est donc devenue un élément majeur du programme des agitateurs politiques, et une importance accrue lui a été accordée par l'échec de la deuxième Conférence à obtenir des résultats précis et par la démission, à la suite de cet échec, du alors ministre des Affaires étrangères, le comte (plus tard marquis) Inouyé , qui, en tant que principal délégué du Japon, avait présidé ses réunions.

Une certaine confusion croissante dans le pays et un sentiment général d'instabilité étaient également provoqués à cette époque par les tendances pro-étrangères qui caractérisaient depuis quelques années la politique du gouvernement. Associé à l'origine au désir d'une révision des traités qui devrait soulager les susceptibilités japonaises, et à la conviction bien fondée que l'adoption des institutions, lois et coutumes occidentales s'attirerait la sympathie des pays étrangers et contribuerait ainsi à la réalisation de En dépit du but recherché, le mouvement prit de telles proportions dans les cercles officiels et judiciaires de la capitale qu'il conduisit à supposer qu'il ne s'agissait rien de moins que l'européanisation du Japon. Plus grave que d'autres dans son caractère, et plus durable dans ses effets, il suivit son cours comme d'autres mouvements similaires, dont la récurrence témoigne du caractère impulsif du peuple ; et lorsqu'il s'est éteint, le processus a été si silencieux et si progressif qu'aucune vague réactionnaire n'est venue gonfler la marée normale du sentiment anti-étranger.

L'échec en 1887 de la deuxième Conférence, qui dura plus d'un an, fut une opportunité bienvenue pour les agitateurs politiques. Le moment était propice pour semer le trouble. Le renouveau de l'activité politique fut marqué par la formation d'une confédération d'hommes de tous partis, comprenant même une poignée de conservateurs, sous le nom d'Union de l'Accord Général (*Daidō-Shō-i Danketsu*), titre destiné à signifier qu'il s'agissait d'une association de personnes dont les opinions s'accordaient pour l'essentiel et ne différaient que sur des points non essentiels. Il ne s'agissait pas d'un parti politique au sens strict du terme, mais d'un conglomérat de personnes unies uniquement par leur mécontentement à l'égard du gouvernement. Encouragée par la naissance de cette nouvelle et puissante association, la classe des voyous politiques se multiplia ; la loi qui imposait des restrictions à l'organisation des partis politiques a été contournée par la formation de sociétés secrètes ; et finalement, la situation devint si grave que le gouvernement prit la mesure la plus énergique adoptée depuis la Restauration et publia ce que l'on appelle les Règlements de préservation de la paix (*Hō - an Jōrei*). Ces règlements interdisaient sous de lourdes peines la tenue de réunions secrètes, la formation de sociétés secrètes et la publication de livres ou de brochures de toute sorte de nature à troubler la paix publique. Ils donnèrent également aux autorités le pouvoir d'arrêter et de bannir pour trois ans du quartier où il résidait toute personne soupçonnée de troubler l'ordre public et résidant dans un rayon de sept milles du Palais Impérial de la Capitale.

Les règlements furent mis en vigueur à la date de leur promulgation, le 25 décembre 1887. Plus de cinq cents personnes furent arrêtées et bannies à vingt-quatre heures d'avis de la capitale et de ses environs, parmi lesquelles plusieurs hommes éminents , qui par la suite, il a occupé des postes élevés en tant que ministres du Cabinet ou présidents de la Chambre basse. Les précautions prises par les autorités ne s'arrêtent pas là. La garnison de Tōkiō fut augmentée, les départements d'État et les résidences officielles des ministres furent gardés par des patrouilles de police, et les ministres eux-mêmes ne s'aventurèrent jamais sans une escorte de deux ou trois détectives armés. La nature des mesures de précaution prises indique que l'on craignait moins des troubles populaires que de dangereux troubles politiques. Leur nécessité est prouvée par le fait qu'au cours de l'année 1889, un ministre fut assassiné, tandis qu'un autre fut dangereusement blessé par des mécontents politiques.

Comme auparavant, la conciliation allait de pair avec la répression. Trois jours après la promulgation des Règlements sur la préservation de la paix, la publication d'une nouvelle loi sur la presse, plus clémente, a encouragé une expression plus libre des opinions populaires. Et en février de l'année suivante (1888), l'opinion publique fut encore plus conciliante par l'inclusion dans le cabinet d' Ōkuma , dont les opinions sur les questions constitutionnelles avaient toujours été en avance sur celles du ministère qu'il rejoignit. Son retour au Cabinet a été d'une grande utilité pour le pays à un moment critique, aidant le gouvernement à surmonter l'intervalle inconfortable qui restait encore avant la promulgation de la Constitution.

CHAPITRE XVIII

Autorité impériale — Conseil privé — Gouvernement autonome local — Promulgation de la Constitution — Prérogatives impériales — Les deux chambres du Parlement — Caractéristiques de la Constitution et premières élections parlementaires.

Le Règlement sur la préservation de la paix prévoyait, comme nous l'avons vu, entre autres choses, l'expulsion des personnes soupçonnées de desseins de troubler la paix publique des zones de la capitale et de ses banlieues, dans un rayon de sept milles du palais impérial. Cette mention du Palais Impérial montre à quel point la force de l'habitude était et est encore forte au Japon. Le maintien de « la sécurité du trône », expression empruntée aux classiques chinois, fut pendant des siècles une idée maîtresse de l'administration japonaise. L'expression, généralement associée à une autre expression classique, « la tranquillité du peuple », revient très tôt dans toute la littérature officielle, dans les décrets, les mémoriaux et les manifestes. Aussi remarquable que soit la continuité de la dynastie, dont la nation n'est pas anormalement fière, cette sollicitude constante pour le bien-être impérial, cette manifestation de ce qui aux yeux étrangers peut paraître un degré de respect quelque peu excessif pour le trône, était souvent en raison inverse. à l'autorité qu'il exerçait. Nous avons vu, par exemple, comment la politique du fondateur de la lignée des Shōguns Tokugawa était d'accroître le respect extérieur accordé à la Cour en l'entourant d'un semblant de dignité accru, tout en réduisant sensiblement son autorité. À aucun moment le cérémonial régissant les relations entre ce qui restait de la Cour et le Shōgunat ne fut plus élaboré que sous le règne des Shōguns de cette lignée ; jamais, peut-être, l'autorité du trône ne fut moins efficace. C'était cependant l'effet d'une politique délibérée, dans laquelle on peut retrouver le désir de tromper la nation et de dissimuler les desseins ambitieux de ses dirigeants. Lorsque, dans les dernières années du règne du shogunat , son prestige déclina, la réaffirmation de l'autorité impériale s'accompagna d'une tendance à mettre davantage l'accent sur le respect immémorial dû au trône. C'est ce sentiment qui a conduit le parti de la Cour, avant la Restauration, à insister pour qu'aucun « port de traité » ne soit ouvert dans les cinq « provinces d'origine » en raison de la proximité de Kiōto , où résidait l' empereur . Lorsque l'ouverture du port de Hiogo ne put plus être supportée, le même sentiment inspira le rétrécissement des « limites du traité » – nom donné à la zone située à proximité d'un « port traité » dans laquelle les étrangers étaient autorisés, en vertu des traités, à entrer. faites des excursions — en direction de la vieille capitale ; maintenant, plusieurs années plus tard, après que le gouvernement personnel du souverain eut été rétabli, du moins en théorie, nous remarquons le même souci pour la sécurité du trône, encore étroitement lié au maintien de la tranquillité publique . Et la preuve du même respect exalté pour le Trône sera visible dans la Constitution qui allait bientôt être promulguée, et dans les « Commentaires » officiels qui accompagnèrent sa promulgation. Mais le contexte inhabituel dans lequel l'allusion indirecte au trône apparaît dans le Règlement de préservation de la paix montre qu'une autre raison se cache derrière cette mention du palais impérial. Il était d'usage, à l'époque comme aujourd'hui, que la mesure officielle de toutes les distances par rapport à la nouvelle capitale soit prise à partir d'un point central de la ville. C'était le *Nihonbashi* , ou Pont du Japon, situé au centre de la vieille ville. Cependant, étant généralement entendu que toutes les distances étaient mesurées à partir de ce centre , il a été jugé inutile de mentionner ce point. Le fait que, dans le cas présent, le point à partir duquel les distances devaient être mesurées ait été mentionné, ainsi que le remplacement du pont en question par le palais impérial, ne pouvaient manquer d'attirer l'attention. Le public était ainsi rappelé à la fois à son devoir en matière de sollicitude pour la sécurité du trône et à l'autorité impériale qui soutenait la ligne de conduite adoptée par le gouvernement. Durant toute la période mouvementée qui suivit la création des institutions parlementaires au Japon, l'invocation de l'autorité impériale, directement ou indirectement, servit de baromètre politique permettant d'évaluer avec précision la gravité d'une crise politique.

En avril 1888, deux mois après le retour d' Ōkuma au ministère avec le titre de comte, le Conseil privé (*Sūmitsu -in*) fut créé. Le décret annonçant sa création précisait que l' Empereur jugeait opportun « de consulter les personnages qui avaient rendu des services signalés à l'État » sur les questions importantes, précisant ainsi que les fonctions du Conseil seraient de nature purement consultative. point confirmé plus tard par la Constitution — et que ses membres seraient choisis parmi des fonctionnaires possédant une vaste expérience. L'étendue de ses fonctions, telles que définies dans les règles régissant son organisation, couvrait un vaste domaine comprenant, entre autres, l'élaboration et l'examen de nouvelles mesures administratives, la révision des lois existantes, les amendements à la Constitution, la présentation de ses opinions sur les traités avec les pays étrangers et les questions financières.

Avec des fonctions similaires à certains égards à celles de l'organisme correspondant en Grande-Bretagne, le Conseil privé japonais occupe une place plus grande dans l'appareil politique de l'État et prend une part plus active à la législation, bien qu'il n'ait pas de fonctions judiciaires. Plus encore que chez nous, c'est le but final auquel aspirent tous les fonctionnaires et où leurs services restent à la disposition de l'État. Mais c'est autre chose aussi. Elle a une influence politique qui n'existe pas dans le cas de notre propre institution du même nom ; ses membres sont éligibles à la réintégration au ministère ou à d'autres emplois publics ; et ils sont en contact constant et étroit avec les affaires publiques.

Le besoin de quelque chose de ce genre était bien plus grand au Japon qu'en Europe. Pour se rendre compte de sa nécessité , il faut se rappeler que les mêmes tendances au Japon qui encourageaient le système de gouvernement de figure de proue favorisaient l'existence de conseils consultatifs, dont les fonctions étaient de suggérer ou d'émettre un avis sur la politique administrative, dont la mise en œuvre était confiée à aux responsables exécutifs. Lorsque l'ensemble du système de gouvernement fut réorganisé sur une base occidentale, l'occasion d'introduire cette caractéristique des systèmes administratifs occidentaux fut saisie avec empressement, car on pensait que cela comblerait en quelque sorte le vide embarrassant causé par la disparition des groupes de conseillers. qui avait joué un rôle si important sous l'ancien *régime* .

On fit promptement appel aux services du nouveau Conseil. La Constitution avait alors été rédigée et était prête à être examinée par le Conseil privé. Ainsi, quinze jours après sa création, les nouveaux conseillers privés , conformément aux devoirs qui leur étaient assignés, discutaient le projet de Constitution dans une série de réunions auxquelles la présence de l' empereur donnait une importance accrue.

L'année 1888 fut marquée par l'adoption d'une autre mesure importante. Il s'agissait de la loi sur l'autonomie locale, connue sous le nom de loi sur les cités, villages et villages (*Shi- chō - som-pō*). Le premier pas dans la réforme du gouvernement local, par lequel il lui donnait un caractère représentatif, avait été franchi en 1878, lorsque les projets des « Trois Grandes Lois », comme on les appelait populairement, furent préparés par la Conférence des Préfets. L'une d'elles, la loi créant les assemblées préfectorales, est entrée en vigueur, comme nous l'avons vu, deux ans plus tard. La mise en œuvre des autres dispositions élaborées à la même époque et touchant des domaines plus restreints de l'administration locale a été reportée. Celles-ci sont entrées en vigueur au printemps 1889, quelques modifications ayant été apportées entre-temps. L'année suivante, ces dispositions, ainsi que l'ensemble du système de gouvernement local, subirent une nouvelle révision. Le système révisé alors introduit est désormais en vigueur dans quarante-cinq des quarante-six préfectures qui composent le Japon proprement dit, à l'exception de Loochoo , connue depuis son annexion sous le nom de préfecture d'Okinawa. La base du système actuel est la séparation de l'administration locale en deux branches principales, urbaine et rurale. Chacune de ces préfectures – dont trois (Tōkiō , Kiōto et Ōsaka) ont un statut distinct de préfectures urbaines (*Fu*), le reste étant des préfectures rurales (*Ken*) – est désormais divisée en districts urbains, ou « villes » (*Shi*). et les districts ruraux, ou comtés (*Gun*). Un district rural, ou comté (*Gun*), est à nouveau subdivisé en villes (*Chō*) et villages (*Son*). La classification d'une ville en district urbain, ou « ville » (*Shi*), ou « ville » (*Chō*), dépend de sa population. Sauf décision contraire du ministre de l'Intérieur, auquel appartient la décision finale, toutes les villes de plus de 25 000 habitants ont le statut de « villes », jouissant en tant que telles d'une autonomie un peu plus grande que celles qui n'entrent pas dans cette catégorie. Dans chaque préfecture il existe une assemblée préfectorale (*Kenkwai* ou *Fukwai* , selon les cas) et un conseil exécutif (*Sanjikwai*). Des assemblées et des conseils exécutifs similaires existent dans chaque district rural et dans chaque « ville », mais les villes et les villages, bien qu'ils soient pourvus d'assemblées, n'ont pas de conseils exécutifs, les fonctions de ces derniers corps étant confiées aux maires.

MARQUIS MATSUGATA .

A pris une part active au gouvernement formé après la Restauration. En tant que ministre des Finances, il procéda au rétablissement du numéraire sur une base d'argent en 1886 et introduisit l'étalon-or actuel en 1897.

MARÉCHAL PRINCE ŌYAMA.

A rendu des services distingués dans la guerre avec la Chine et a été
commandant en chef dans la guerre russo-japonaise.

Le système d'élection des organes administratifs locaux est plus ou moins le
même dans chaque unité administrative. Dans les préfectures où la
population ne dépasse pas 700 000 habitants, une assemblée compte trente
membres. Lorsque la population est plus importante, un autre membre peut
être élu pour chaque tranche de 50 000 habitants supplémentaires. Les
assemblées « municipales » comptent davantage de membres, leur nombre
variant de trente à soixante, ce dernier nombre étant le maximum. Le
Sanjikwai , ou conseil exécutif, d'une préfecture est composé de dix
conseillers choisis par l'assemblée parmi ses membres. Le préfet préside et
est assisté de deux agents préfectoraux. Dans les districts ruraux, le président
est le *Gunchō* , ou administrateur de district, qui, comme dans le cas des
préfets, est nommé par le ministre de l'Intérieur. Dans les « villes », le maire
de la ville préside, assisté d'un ou plusieurs adjoints, selon le cas. Le devoir
principal de toutes ces assemblées est de régler les dépenses et de répartir les
impôts nécessaires pour y faire face. Dans le système d'imposition locale, la
corvée occupe toujours une place importante, bien que, sauf cas d'urgence, des
substituts puissent être prévus ou des paiements en espèces effectués en guise
de commutation. Pour l'élection des membres, le vote se fait au scrutin secret.
Les droits de propriété des électeurs et des personnes éligibles en tant que
membres sont déterminés par le montant annuel des impôts nationaux ou
impériaux payés par un individu. L'âge minimum est fixé à vingt-cinq ans,
âge légal de la majorité. La possession des droits civils est également
nécessaire.

L'activité législative manifestée dans la série de mesures administratives mentionnées ci-dessus montre l'ampleur de l'effet produit par la décision de créer un Parlement, dont une Constitution est devenue dans ces circonstances un corollaire essentiel. Dans certains cas , cette législation était le fruit direct de cette décision. La nouvelle pairie, la réorganisation du ministère, le Conseil privé, tout avait sa place distincte dans le plan de la Constitution. Dans d'autres cas , le lien, bien que moins étroit, était néanmoins évident ; car il n'était pas possible d'élaborer une Constitution et de l'insérer dans le cadre de gouvernement existant, mis en place, comme celui-ci l'avait été, pièce par pièce, sans quelques modifications sensibles de l'appareil administratif. De ce point de vue, on voit que la réforme du gouvernement local, et même l'institution de conseillers judiciaires , qui pourraient être choisis pour siéger à la Chambre haute, avaient une incidence certaine, quoique indirecte, sur la Constitution et sur la Parlement national sur le point d'être créé.

La Constitution ayant été examinée et approuvée par le Conseil privé, dont les délibérations sur le sujet avaient, comme nous l'avons vu, donné une dignité accrue par la présence du Souverain, fut promulguée par l'Empereur en personne le 11 février 1889 . La cérémonie a eu lieu dans la salle du trône du palais nouvellement construit à Tōkiō , un bâtiment d'architecture japonaise, modifié dans certaines de ses caractéristiques par un léger mélange de dessins étrangers. L'Empereur et l'Impératrice occupaient des estrades de hauteur inégale à une extrémité de la salle, qui était remplie des dignitaires de l'Empire et des fonctionnaires de haut rang. Les sièges à l'extérieur du cercle de la Cour ont été disposés selon les nouvelles règles de préséance. Les trois premières places furent attribuées aux ex- daimiōs de Satsuma et Chōshiū et au nouveau chef de la famille Tokugawa, dans l'ordre nommé, tous trois ayant rang de princes dans la nouvelle noblesse. Le chef de la maison Tokugawa était le cousin et héritier adoptif de l'ex- Shōgun. Kéiki , et succéda à la tête de la famille après la retraite forcée du dernier des Shōguns à la fin de la guerre civile . Les dignitaires et fonctionnaires présents portaient tous un costume de cour moderne de style européen, à l'exception marquée du prince Shimadzu de Satsuma, dont l'apparence en costume japonais, avec des cheveux coiffés à l'ancienne, témoignait du conservatisme enraciné du clan qu'il avait. représentée. Jamais auparavant dans l'histoire du pays une scène plus impressionnante ne s'était produite, ni d'ailleurs moins conforme aux idées traditionnelles japonaises. Si grande qu'ait toujours été, depuis des temps immémoriaux, le respect éprouvé par toutes les classes du peuple pour la Couronne, c'était un respect teinté d'opportunisme politique, qui se manifestait dans la politique constante de cacher à la vue du public l'objet de la vénération. L'atmosphère de mystère et de solitude qui entourait le monarque s'était naturellement étendue au palais et à son enceinte et, à un degré plus élevé encore, pour des raisons communes à tous les pays orientaux, à la personne de l'époux impérial. Alors, pour la première fois, le palais fut ouvert à un rassemblement si nombreux qu'il le privait de tout caractère très sélect ou exclusif, et la tradition séculaire était brisée d'une manière contraire, pour ne pas dire répugnante, à toutes les idées précédentes par le roi. présence du Souverain et de son Époux en personne, le premier prenant une part active aux débats. La cérémonie symbolisait donc, dans un certain sens, l'esprit nouveau qui inspirait la nation, ouvrant la voie à un ordre de choses différent. Outre le faste et la magnificence de son environnement, il a scellé le nouveau départ de la politique de l'État et a représenté le pont final entre l'ancien et le nouveau Japon.

Le discours lu par l'empereur à cette occasion était rédigé dans le style vague et grandiloquent commun à toutes les paroles du trône. Il parlait de la Constitution comme d'une « loi fondamentale immuable » et décrivait les fondations de l'Empire comme ayant été posées par le fondateur de la maison impériale et d'autres ancêtres impériaux, avec l'aide de leurs sujets, sur une base qui devait durer. pour toujours , un exploit dû aux glorieuses vertus des ancêtres impériaux et à la bravoure et à la loyauté du peuple ; et il exprimait l'espoir que la même coopération loyale entre souverain et sujet assurerait à jamais la stabilité du tissu étatique légué par les ancêtres impériaux.

Le décret impérial, ou rescrit, publié le même jour que celui où la Constitution a été promulguée, et portant le manuel de signature du souverain et les signatures des neuf ministres d'État, apparaît comme préambule dans le texte officiel anglais de les « Commentaires sur la Constitution », bien qu'ils ne se trouvent pas dans le texte japonais original. Il prévoyait que la Diète impériale (nom donné au nouveau Parlement) serait convoquée pour la première fois en 1890, et que la date de son ouverture serait celle à laquelle la Constitution entrerait en vigueur. La date ainsi fixée était le 29 novembre 1890. Dans ce décret, qui contenait une référence à la promesse d'un Parlement faite en 1881, l'Empereur manifestait son intention d'exercer ses droits souverains conformément aux dispositions de la Constitution, pour le dont l'exécution serait confiée aux ministres d'État. L'accent a également été mis sur la condition importante que toute proposition d'amendement de la Constitution à l'avenir doit émaner du trône et qu'en aucune autre manière, aucune tentative de la part des descendants ou des sujets de l'empereur pour la modifier ne serait possible . permis.

Une solennité supplémentaire fut donnée à la promulgation de la Constitution par un serment prêté par l'empereur dans le sanctuaire shintō (appelé le « Sanctuaire » dans le texte officiel anglais des « Commentaires ») attaché au palais. Dans ce serment – le deuxième du genre, le premier ayant, comme nous l'avons vu, été prêté en 1869 – l'Empereur s'engageait « à maintenir et à garantir du déclin l'ancienne forme de gouvernement » et, tout en reconnaissant l'aide reçue de les ancêtres impériaux du passé imploraient le maintien de leur soutien dans le futur.

La Constitution, telle que promulguée, comprenait soixante-seize articles divisés en sept chapitres, traitant respectivement de la position et des prérogatives du Souverain, des droits et devoirs du peuple, des fonctions de la Diète, des relations entre le Cabinet et le Conseil privé, le pouvoir judiciaire et financier ; et l'une des règles supplémentaires qui y étaient attachées prévoyait sa révision, point réservé, comme nous l'avons vu, à l'initiative de la Couronne. Parallèlement à sa promulgation, diverses lois accessoires ont été promulguées. Il s'agissait de la Loi de la Maison Impériale, mentionnée dans le Serment Impérial, de l'Ordonnance Impériale concernant la Chambre des Pairs, de la Loi des Chambres, de la Loi sur l'Élection des membres de la Chambre des Représentants et de la Loi des Finances.

Les lignes générales de la Constitution suivent celles de la Constitution bavaroise, qui a servi de modèle. Ses principes directeurs sont les légères limitations imposées à la prérogative impériale et à l'indépendance du Cabinet, qui est responsable devant le Souverain seul, et en aucune manière devant la Diète. Aucune mention du Cabinet ou du Ministre-Président n'apparaît dans la Constitution, bien qu'ils soient mentionnés dans les « Commentaires » du prince Itō . Mais l'article LXXVI de la Constitution prévoit que toutes les lois existantes, dans la mesure où elles ne sont pas en contradiction avec elle, resteront en vigueur. La loi de 1885 réorganisant le ministère relève de cette règle. Par conséquent, la position du Ministre-Président et du Cabinet qu'il présidait est restée inchangée après l'entrée en vigueur de la Constitution.

L'énumération des prérogatives impériales occupe une grande place dans la Constitution. Les principaux points à noter sont que le Souverain exerce le pouvoir législatif avec le consentement de la Diète ; que sa sanction est nécessaire pour toutes les lois ; qu'il est habilité, dans les cas d'urgence qui surgissent lorsque la Diète ne siège pas, à émettre des « ordonnances impériales » qui ont provisoirement force de loi, mais qui nécessitent l'approbation de la Diète lors de sa prochaine session, lorsque, si elles ne sont pas approuvées, elles cesser d'être opérationnel ; qu'il détermine le statut de paix de l'armée et de la marine ; et que le pouvoir de déclarer la guerre, de faire la paix, d'annoncer l'état de siège et de conclure des traités lui appartient. Toutes ces questions échappent au contrôle de la Diète, qui n'a pas non plus voix au chapitre dans les modifications futures de la loi de la Maison impériale. Le respect remarquable pour le trône qui caractérise le peuple est illustré par la déclaration, dans l'un des premiers articles, du caractère sacré et inviolable de la personne de l' empereur . Ceci, nous dit-on dans les « Commentaires », est une conséquence de sa descendance divine. Il doit en effet, explique-t-on, « respecter la loi, mais la loi n'a aucun pouvoir pour lui demander des comptes » – une affirmation qui semble impliquer une contradiction dans les termes, car il est difficile de comprendre comment un Un souverain qui n'est pas responsable devant la loi peut être tenu de la respecter.

Parmi les devoirs des sujets japonais, tels que définis dans la Constitution, figure l'obligation de servir dans l'armée ou la marine. Il convient cependant de préciser que si le service dans l'armée repose uniquement sur la conscription, le recrutement dans la marine repose en pratique sur le système du volontariat, complété par la conscription. Leurs droits comprennent l'immunité contre l'arrestation, le procès ou la punition, sauf conformément aux dispositions de la loi ; immunité similaire en matière d'entrée ou de perquisition dans les maisons, ainsi qu'en matière de correspondance privée ; et la liberté de croyance religieuse. En ce qui concerne l'omission de consigner le fait qu'il existe deux religions officiellement reconnues, le shintō et le bouddhisme, on peut, après avoir lu les explications données sur ce point dans les « Commentaires », être tenté de penser que le dernier mot n'a pas été prononcé. été dit à ce sujet. En même temps , on reconnaîtra que la solution adoptée représente la solution la plus simple de la question.

La Diète, ou Parlement — car les écrivains japonais, lorsqu'ils écrivent en anglais, utilisent les deux termes indifféremment — comprend deux Chambres, une Chambre des pairs et une Chambre des représentants. La Chambre des pairs est composée de membres de cinq catégories différentes : 1° Les membres de la famille impériale ayant atteint la majorité, fixée dans ce cas à vingt ans ; 2° les princes et marquis ayant atteint la majorité légale, soit vingt-cinq ans ; (3) les autres membres de la noblesse choisis par leurs ordres respectifs ; 4° des personnalités distinguées spécialement nommées par l' Empereur ; et (5) des personnes (une pour chaque district urbain et rural) élues par et parmi les contribuables les plus élevés. Ceux qui relèvent des première, deuxième et quatrième catégories sont membres à vie ; ceux relevant des troisième et cinquième catégories sont élus pour sept ans. Le nombre de membres de la Chambre des représentants, tel qu'initialement fixé par la Constitution, était de 300, et il y avait une condition de propriété pour en être membre. Ils sont élus par les électeurs ayant atteint la majorité légale et paient chaque année des impôts nationaux directs s'élevant à environ 1 £. En vertu de la loi électorale révisée entrée en vigueur en 1902, il n'existe plus de conditions de propriété pour devenir membre, les seules conditions étant désormais une limite d'âge de trente ans et la possession des droits civils. La même loi réduisit les conditions de propriété et d'âge des électeurs, cette extension du droit de vote ayant pour résultat de porter le nombre des électeurs à 1 700 000 ; remplacé le vote secret par le vote ouvert ; et il a porté le nombre des membres de la Chambre basse à 381, les districts urbains en revenant à 73 et les districts ruraux à 308. La grande majorité des membres de cette Chambre a toujours appartenu à la classe agraire. La durée naturelle du mandat de la Chambre des représentants est de quatre ans. La dissolution, qui est une des prérogatives impériales, ne s'applique qu'à la Chambre basse. Lorsque cela se produit, la Chambre haute (ou Chambre des pairs) est prorogée. De nouvelles élections doivent avoir lieu dans les cinq mois à compter de la date de dissolution, la prochaine session de la Diète devenant ce qu'on appelle une session extraordinaire.

La loi de la Maison Impériale contient diverses dispositions relatives à la succession au trône, qui est limitée à la lignée masculine ; la nomination d'un régent, auquel sont éligibles dans certaines circonstances l'impératrice, l'impératrice douairière et d'autres dames de la cour, et, pendant la minorité du souverain, d'un gouverneur ou d'un tuteur ; et l'âge (18 ans) auquel un souverain atteint la majorité. Il convient de noter la restriction de la coutume de l'adoption dans le cas de la famille impériale, dont aucun membre n'est autorisé à adopter un fils.

En concluant ce bref aperçu de la Constitution et des lois accessoires, il convient de mentionner un point qui a une incidence importante sur le fonctionnement pratique du système parlementaire japonais, à savoir le contrôle exercé par la Diète sur le budget. Cela remédie dans une certaine mesure à la faiblesse des partis d'opposition parlementaire – par rapport aux partis similaires ailleurs – qui découle du fait que le Cabinet est indépendant de la Diète. En cas de conflits sur le budget, la Diète peut, en retenant les crédits, forcer la dissolution. Dans ces cas , aux termes de la Constitution, le Gouvernement est obligé de substituer, au budget rejeté, le budget de l'exercice précédent, voté lors de la session précédente. Par conséquent, tout nouveau programme financier auquel le gouvernement s'est engagé dans le budget rejeté est par conséquent retardé et ne peut être mis en œuvre tant qu'un nouveau budget n'a pas été adopté lors d'une session extraordinaire ultérieure du Parlement. Cela signifie un retard d'au moins plusieurs mois. Cependant, le gouvernement n'en est pas nécessairement toujours la victime financière, car, comme le souligne le marquis Ōkuma dans son livre déjà mentionné, l'effet des dissolutions survenant pour cette cause a généralement été une réduction des dépenses plutôt que des recettes.

Les premières élections parlementaires eurent lieu à l'été 1890, la première session de la Diète ayant lieu à l'automne suivant.

CHAPITRE XIX

Fonctionnement du gouvernement représentatif.—Procédures orageuses à la diète.—Réforme juridique et judiciaire.—Chahut politique.—Fusion des classes.

La création simultanée au Japon d'un Parlement et d'une Constitution offre un contraste avec la séquence de l'histoire politique ailleurs. Il n'y a pas de lien essentiel entre les deux. Certains pays ont bénéficié de droits parlementaires de diverses natures avant d'être dotés de Constitutions. Dans d'autres encore, l'ordre de préséance a été inversé. Le fait qu'au Japon les deux se soient réunis peut être considéré comme le résultat naturel de la décision du nouveau gouvernement formé sous la Restauration de réorganiser l'administration générale du pays sur les lignes occidentales. La création d'institutions parlementaires, sous une forme ou une autre, était l'idée fixe de tous les réformateurs. L'œuvre de cette idée directrice peut être retracée tout au long du processus de reconstruction administrative. Il y est fait référence dans le serment impérial de 1869, que les Japonais appellent « le serment de la nation » lorsqu'ils écrivent en anglais. Cela se voit dans l'introduction d'un élément délibératif dans la forme par ailleurs archaïque donnée à la nouvelle administration ; dans la création ultérieure d'un Sénat (*Genrō -in*) ; dans la création des assemblées préfectorales en 1880 ; dans la promesse définitive d'un Parlement, accompagné d'une Constitution, en 1881 ; dans la création en 1890 d'assemblées locales plus petites, sur les mêmes bases représentatives que les assemblées préfectorales ; et, enfin, dans la promulgation en 1889 de la Constitution qui entra en vigueur l'année suivante, en même temps que la Diète, signalant l'accomplissement du but recherché dès le départ. Si la Constitution, une fois promulguée, était d'un type moins libéral que celle qui avait été initialement prévue, et qu'elle était toujours souhaitée par les réformateurs avancés, c'était dû à la pression des influences réactionnaires déjà décrites. Ceci, ainsi que le court laps de temps qu'a duré la transition du féodalisme au gouvernement constitutionnel, dont la nation n'avait aucune expérience, hormis le peu qui avait été acquis dans le cadre de la révision du gouvernement local, explique en grande partie Sans parler du caractère orageux qui marqua les travaux de la Diète pendant plusieurs années après sa création.

La mise en place définitive d'un gouvernement représentatif s'est accompagnée, la même année, de nouveaux progrès substantiels dans le sens de la réforme juridique et judiciaire. Le Code de procédure civile et le Code de commerce ont été complétés. Parmi ceux-ci, le premier est entré en service immédiatement ; ce dernier seulement huit ans plus tard, date à laquelle il avait fait l'objet d'une révision minutieuse. La loi sur l'organisation des tribunaux judiciaires fut également promulguée, et le Code pénal et le Code de procédure pénale, en vigueur depuis 1882, apparurent sous des formes nouvelles et révisées. Dans la préparation de toutes ces lois, ainsi que dans l'élaboration de la Constitution et d'autres mesures subsidiaires, une grande aide a été apportée par des juristes étrangers, parmi lesquels les noms de M. (aujourd'hui Sir Francis) Piggott et de feu M. Feodor Satow peuvent être cités . mentionné.

L'intervalle de près de deux ans qui s'est écoulé entre la promulgation de la Constitution et son entrée en vigueur a été une période d'agitation et de troubles politiques accrus. Le matin même de la promulgation de la Constitution, le ministre de l'Éducation, le vicomte Mōri , dont les tendances pro-étrangères avaient suscité beaucoup d'irritation dans les milieux réactionnaires, fut assassiné par un prêtre shintō en présence de ses gardes alors qu'il montait dans sa voiture. pour se rendre au Palais. C'est à son initiative que l'on doit l'ajout de la langue anglaise au programme des écoles primaires. On rapportait à l'époque que son assassinat était le résultat d'un affront réel ou imaginaire de la part de l'homme d'État décédé lors d'une visite officielle d'inspection aux sanctuaires nationaux d' Isé . On ne saura probablement jamais quelle vérité il y avait dans cette rumeur .

La reprise à cette époque des négociations pour la révision des traités avec les puissances étrangères a conduit à de nouvelles agitations également sur ce sujet. Lorsqu'on apprit que les nouvelles propositions avancées par le gouvernement japonais envisageaient la nomination de juges étrangers, l'indignation populaire face à ce qui était considéré comme une atteinte à la dignité du Japon s'est manifestée dans une tentative, à l'automne de la même année, de la vie du nouveau ministre des Affaires étrangères, le comte (plus tard marquis) Ōkuma . Bien qu'il ait survécu, il a été si gravement blessé par l'explosion d'une bombe lancée par un fanatique politique, originaire de sa propre province de Hizen , qu'il a été contraint de démissionner. L'ouverture de la première session de la Diète n'a pas non plus eu d'effet apaisant sur l'agitation générale qui régnait. En fait, la recrudescence du sentiment anti-étranger était si grave qu'au printemps 1891, le défunt tsar de Russie, Nicolas II, qui, en tant que prince héritier, était en visite au Japon, échappa de peu à une blessure aux mains. d'un policier en service qui l'a attaqué avec une épée. Si toutefois l'état des choses, à la veille de l'ouverture de la Diète et après le plein fonctionnement des institutions parlementaires, présentait un aspect inquiétant, les inquiétudes du gouvernement étaient atténuées par le manque d'unité entre les diverses factions politiques. en opposition. La dissolution de l'Union de l'Accord général, dont l'un des dirigeants éminents, le comte Gotō , rejoignit le gouvernement, montra que les dissensions internes étaient plus fortes que les motifs qui rassemblaient ses adhérents, et son exemple fut suivi par d'autres associations également éphémères. Lors de la reconstruction des partis politiques qui eut lieu par la suite, le *Jiyūtō* fut relancé sous la direction du comte Itagaki , son nombre étant réduit à de très petites dimensions ; l'Union de l'Accord Général réapparut sous la forme d'un parti politique organisé, un caractère qu'elle n'avait pas possédé auparavant, et sous le nouveau nom de *Daidō* Club ; tandis que le *Kaishintō* , qui avait échappé de peu à la dissolution, conservait sa constitution d'origine, mais sans ses dirigeants les plus éminents.

Entre-temps, les premières élections à la Diète avaient eu lieu au cours de l'été 1890. Le résultat était conforme à ce qu'on aurait pu attendre étant donné la confusion des idées qui régnait alors dans le monde politique et le sentiment local qui faisait obstacle. d'action combinée. Les députés élus au premier Parlement devaient faire allégeance à dix groupes politiques différents, le plus nombreux d'entre eux étant les free lances, qui n'appartenaient à aucun parti et étaient regroupés sous le nom d'Indépendants. Ce n'était donc pas une opposition organisée, ni en aucun cas unie, qui affrontait les ministres à la Diète ; mais, même s'ils pouvaient différer entre eux sur les questions de l'heure, les divers groupes étaient capables de former des alliances temporaires qui, en raison de l'incertitude résultant du grand nombre de membres indépendants, ne causèrent pas peu d'embarras au « bi-clan ». » Gouvernement qui les avait appelés à la vie parlementaire. Le ton général de la première Chambre des représentants était incontestablement démocratique.

Buckle, dans son *Histoire de la civilisation* , fait quelques remarques sur les conditions sociales prévalant en France à la veille de la Révolution française qui sont applicables à celles existant au Japon à l'époque dont nous parlons. Dans ce dernier pays, cependant, ces conditions étaient le résultat, et non le précurseur, d'une révolution. « Tant que les différentes classes se bornèrent à des activités particulières à leur propre sphère , dit-il , elles furent encouragées à conserver leurs habitudes distinctes ; et la subordination ou, pour ainsi dire, la hiérarchie de la société était facilement maintenue. Mais lorsque les membres des divers ordres se réunirent au même endroit dans le même but, ils se lièrent d'une sympathie nouvelle. Le plaisir le plus élevé et le plus durable de tous, celui provoqué par la perception de vérités nouvelles, était désormais un lien qui unissait ces éléments sociaux autrefois enveloppés dans l'orgueil de leur propre isolement. Et il poursuit en soulignant comment le nouvel enthousiasme pour l'étude des sciences à cette époque en France stimulait le sentiment démocratique.

Au Japon, la séparation des activités, à laquelle Buckle fait allusion, était une caractéristique frappante de l'époque précédant la Restauration. Non seulement il y avait des distinctions de classe, rigidement maintenues, entre le *samouraï* , le fermier, l' artisan et le marchand ; mais deux de ces classes, celles des marchands et des artisans , étaient divisées en corporations à caractère exclusif. D'ailleurs, comme celles de l'Europe médiévale , les villes étaient divisées en quartiers habités par ceux qui exerçaient le même métier ou artisanat. La fusion des classes avait commencé avant même la Restauration. La première impulsion dans cette direction était née de la situation économique qui existait à la fin de l'administration Tokugawa. La détresse du paysan et la pauvreté des *samouraïs* provoquèrent des brèches dans les barrières qui séparaient les classes les unes des autres, et notamment dans celles qui séparaient les deux classes mentionnées du reste de la nation. Il ne s'agissait là pourtant que de symptômes prémonitoires. La véritable fusion des classes s'est produite après la Restauration, lorsque l'abolition de la féodalité a mis fin à la position privilégiée des *samouraïs*, diminuant en même temps, sans toutefois éteindre complètement, les préjugés de classe. Les différentes réformes qui suivirent : la création d'écoles et de collèges qui rendirent l'éducation à la portée de tous ; les mesures affectant le régime foncier et la fiscalité ; la codification des lois ; et la conscription – pour n'en citer que quelques-unes – tendaient toutes à promouvoir l'uniformité ; le dernier facteur du processus étant la création d'institutions parlementaires, qui fournissaient un lieu de rencontre pour toutes les couches de la nation et un champ d'intérêt commun pour tous.

L'accroissement du sentiment démocratique était donc une conséquence logique de la politique de réforme à l'occidentale dans laquelle le gouvernement s'était engagé après la Restauration. Lorsque le monarque et ses ministres proclamèrent d'une seule voix leur intention d'associer le peuple à l'œuvre du gouvernement, lorsque l'autonomie locale fut peu à peu introduite, qu'une Constitution était en vigueur et qu'un Parlement siégeait, il eût été vraiment étrange que le courant général des tendances populaires ne s'était pas orienté vers les idées démocratiques. De telles tendances n'étaient pas non plus incompatibles avec le sentiment impérialiste, sentiment qui avait tant compté dans le renversement du *régime précédent*. Car ce dernier sentiment n'était qu'une habitude d'esprit, une tradition passive, un principe qui, en ce qui concerne la politique, avait rarement été mis en pratique, bien qu'il constituait la base d'une loyauté plus active, quoique quelque peu artificielle, et d'une loyauté plus active. un patriotisme exagéré.

Avec l'entrée en vigueur de la Constitution, l'ancienne monarchie entra dans une nouvelle phase de son existence. Pendant la longue période d'ascendant des Tokugawa, la couronne dormait, comme auparavant, en toute sécurité, son repos étant gardé par le shogunat. Loin de tout contact avec les influences extérieures, il était libre de toute possibilité de collision avec la population. Bien qu'après la Restauration la sévérité de son isolement ait été assouplie, la personnalité du monarque n'a fait que peu ou pas d'impression au-delà du cercle restreint d'hommes d'État qui constituaient l'oligarchie gouvernante. Les institutions représentatives désormais établies, tout en limitant les prérogatives impériales, permettaient au souverain d'apparaître plus en vue et d'être associé directement à son peuple dans les formes prescrites par la Constitution.

CHAPITRE XX

Fonctionnement du gouvernement parlementaire — Regroupement des partis — Gouvernement et opposition — Formation du *Seiyūkai* — Intervention croissante du trône — Diminution de la rancœur du parti — Attitude de la Chambre haute.

Le stade où nous en sommes dans notre récit semble être le moment opportun pour esquisser les principaux traits qui ont marqué les travaux de la Diète depuis la date de sa première session jusqu'à nos jours. En adoptant ce cours, au lieu de s'en tenir strictement à l'ordre chronologique, il serait peut-être possible de donner une idée plus claire du caractère et du fonctionnement du gouvernement parlementaire au Japon.

Nous avons vu que les résultats des premières élections ont été défavorables au Gouvernement, la majorité des candidats élus appartenant à l'une ou l'autre des factions de l'opposition. Même si aucun parti ne pouvait invoquer une quelconque supériorité numérique décisive comme preuve de la faveur des électeurs, trois des groupes – le *Daidō* Club, le *Kaishintō*, ou Progressistes, et les Indépendants – étaient presque égaux en nombre, les autres étant beaucoup moins nombreux. fortement représenté. Cependant, entre la date des élections et l'ouverture du Parlement, une nouvelle reconstruction des partis a eu lieu. Le *Daidō* Club et le *Jiyūtō relancé* furent dissous pour réapparaître sous une forme fusionnée sous le nom de Libéraux constitutionnels. Un parti conservateur soutenant le gouvernement a également été organisé. Il est inutile de se référer davantage aux différents manifestes des partis publiés à cette époque que de dire qu'ils couvraient un large éventail de sujets ; la réduction des dépenses, la politique navale et militaire, les finances, les questions de gouvernement local et de fiscalité constituant les principaux points sur lesquels se concentra l'attention. En raison des changements soudains qui ont modifié la constitution des partis depuis les élections, lors de la réunion de la Diète, la nouvelle Association des libéraux constitutionnels, dont les rangs s'étaient entre-temps encore renforcés par l'adhésion de nombreux membres indépendants, est devenue de loin le parti le plus puissant du pays. la Chambre des représentants, les deux seuls autres de quelque importance étant les progressistes et les conservateurs. Ainsi, au moment où le premier Parlement se mit au travail, les membres de la Chambre basse étaient divisés en trois groupes principaux : les libéraux, les progressistes et un parti conservateur, sans grande cohésion, qui soutenait le gouvernement. Ce groupement a, malgré les changements kaléidoscopiques survenus à une fréquence déconcertante, dans sa composition, sa nomenclature et ses programmes politiques , a survécu plus ou moins jusqu'à nos jours, bien que les partis libéraux et progressistes soient maintenant connus sous d'autres noms, tandis que les fondations sur lesquelles ils le reste a dans une certaine mesure changé.

La première séance de la Diète s'est déroulée sans dissolution. Au début de ses débats, la question qui a fourni la note prédominante de toutes les sessions parlementaires, celle des finances, est apparue au premier plan. L'opposition a attaqué le budget. Dans les débats qui ont suivi, la crise n'a été évitée que grâce à un compromis impliquant une refonte du budget et une forte réduction des dépenses. C'était le premier essai du Japon sur le gouvernement parlementaire ; le nouvel ordre de choses était à l'épreuve. Les deux parties n'étaient donc probablement pas enclines à pousser les choses jusqu'aux extrémités. Dans les remarques sur la Constitution faites dans un chapitre précédent, il a été souligné que la faiblesse relative des partis parlementaires d'opposition au Japon était dans une certaine mesure corrigée par le contrôle sur le budget exercé par la Diète, qui pouvait forcer une dissolution en refusant de voter. fournitures. C'est ce qui s'est passé lors de la deuxième séance. Aucun conseil aussi modéré que ceux qui avaient conduit auparavant à un compromis ne prévalut à cette occasion. Le budget fut de nouveau attaqué, l'attitude de l'opposition étant si hostile et intransigeante que la Chambre des représentants fut dissoute peu après l'ouverture du Parlement. C'était le premier cas de dissolution. Le premier Parlement japonais n'avait donc duré que deux ans.

L'histoire de ces deux premières sessions – un témoignage de conflits soutenus – est l'histoire de beaucoup d'autres et, en fait, considérée sous un jour pas trop critique, c'est l'histoire de trente ans de gouvernement constitutionnel. Nous voyons les mêmes tactiques poursuivies par l'opposition à chaque occasion, les questions financières étant presque invariablement la question soulevée ; et les attaques sont combattues de deux manières : par dissolution ou par compromis. Les objectifs des partis populaires se maintiennent également d'année en année sans grand changement. Les restrictions financières, la fiscalité, les établissements navals et militaires, l'éducation, ainsi que la réforme constitutionnelle sous la forme d'un gouvernement de parti et de la responsabilité des ministres à la Diète, figurent tous à plusieurs reprises dans les programmes des partis ; mais, à mesure que le Japon s'élève progressivement au rang de puissance mondiale, la politique étrangère et le développement des ressources nationales en viennent à occuper une part plus grande de l'attention de la Diète.

Bien que les conflits survenus entre la Diète et le Gouvernement au cours des deux premières sessions soient restés un aspect constamment récurrent des travaux parlementaires, au cours de quelques années, un changement marqué s'est produit dans les relations entre le Gouvernement et les partis parlementaires. Le gouvernement commença à faire preuve de plus de tolérance à l'égard des opinions populaires qui ne coïncidaient pas tout à fait avec les leurs, tandis que la résistance de l'opposition aux mesures gouvernementales devenait moins intransigeante. La raison de ce changement d'attitude des deux côtés résidait dans le fait que les hommes d'État au pouvoir commençaient à se rendre compte que, bien que la Constitution ait été élaborée sur le principe de la responsabilité des ministres envers le Souverain et de leur indépendance à l'égard de la Diète, , du point de vue politique pratique, le maintien de ce principe sur des lignes trop rigides présentait de sérieux inconvénients. En d'autres termes, la position du gouvernement pourrait être rendue très inconfortable et la conduite des affaires sérieusement gênée par l'antagonisme constant d'une Diète hostile. En conséquence, dès la huitième session (1894-1895), on observait une tendance de la part d'un des partis d'opposition à se rapprocher du gouvernement, et au cours de la session suivante, les libéraux annoncèrent la conclusion d'un accord avec le ministère et apparaissait ouvertement comme son partisan. Du point de vue initial du gouvernement, le fait de compter sur le soutien d'un parti politique constituait un progrès significatif. Deux ans plus tard, la routine normale du gouvernement parlementaire fut interrompue par un changement encore plus significatif dans la politique administrative. Les deux principaux partis d'opposition, que le gouvernement avait, comme nous l'avons vu, réussi à tenir en échec en jouant l'un contre l'autre, s'unirent contre lui. Confronté à une écrasante majorité hostile à la Chambre basse, le ministère démissionna, la formation d'un nouveau cabinet étant confiée aux dirigeants de ces partis, les comtes Ōkuma et Itagaki . Depuis la reconstruction du ministère en 1873, la direction des affaires reposait sur les clans Satsuma et Chōshiū , cette politique se poursuivant sans changement après l'entrée en vigueur de la Constitution. Or, pour la première fois depuis l'année en question, le gouvernement du pays était confié à des hommes d'autres clans. Mais avec la réserve importante que le contrôle de l'armée et de la marine était toujours confié aux membres des clans Satsuma et Chōshiū , et que les décisions sur les questions d'État importantes appartenaient toujours au cercle restreint des hommes d'État qui dirigeaient les affaires. L'expérience, pourtant telle qu'elle était, n'a pas réussi. Quelques semaines après l'entrée en fonction des nouveaux ministres, de graves dissensions éclatèrent et le Cabinet de coalition démissionna à l'automne de la même année, avant l'ouverture du Parlement, bien que le résultat des élections générales lui ait assuré une majorité non moins grande. qu'avant.

Le désir d'établir un gouvernement de parti a été mentionné comme l'un des objectifs constamment gardés en vue par les partis d'opposition. Par gouvernement de parti, on entendait le système de gouvernement de parti tel qu'il existe en Grande-Bretagne et ailleurs. Il est intéressant de noter que, tandis que le gouvernement, dans l'édification du Japon moderne, s'est tourné vers l'Allemagne principalement pour ses matériaux, il y avait toujours dans les cercles non officiels un courant d'opinion sous-jacent notable en faveur des idées et des institutions britanniques . L'instauration d'un gouvernement de parti impliquerait bien entendu un amendement de la Constitution, et cela ne serait pas possible tant que le principe du gouvernement de clan sous sa forme actuelle survivrait. Les chefs de l'opposition en ont toujours été parfaitement conscients, et en accordant à la question du gouvernement de parti une place si importante dans leurs programmes , leur objectif a probablement été de poursuivre indirectement une croisade persistante contre les deux principaux obstacles qui se dressent sur leur chemin. Bien que les cabinets japonais soient en théorie indépendants de la Diète, ils ont, comme nous l'avons vu, de temps à autre, comme les cabinets allemands, dû s'appuyer sur le soutien parlementaire, dont le retrait a généralement entraîné la chute du ministère. . Cependant, au-delà de cela, et du remplacement occasionnel du ministère sortant par un ministère aux tendances démocratiques plus fortes, l'influence des partis politiques ne s'est jamais étendue.

Un événement de grande importance qui donna un nouvel aspect aux affaires parlementaires fut la reconstitution en 1900 du Parti libéral en « Société des amis politiques » (Seiyūkai) — nom qu'il conserve encore — sous la direction du prince (alors marquis) Itō , dans le but avoué de perfectionner le gouvernement constitutionnel. Le ministère Yamagata venait de démissionner et avait été remplacé par un ministère dans lequel le prince Itō occupait le poste de Premier ministre. Venant de celui qui était l'auteur de la Constitution et s'était identifié à la doctrine de l'indépendance ministérielle du Parlement, bien qu'il ait été le premier à reconnaître la nécessité de travailler à la Diète avec le soutien du parti, la mesure ainsi prise par Le principal homme d'État du Japon a été une surprise pour le pays. Sa futilité face aux conditions d'administration existantes était évidente dès la création de son ministère, car le contrôle de l'armée et de la marine étant réservés, comme auparavant, aux deux clans dominants, ces départements étaient pratiquement indépendants du Cabinet. Le nouveau ministère, en fait, se trouvait à peu près dans la même situation que celui formé en 1898. Son succès ne fut guère plus grand. Il survécut, il est vrai, à une session du Parlement, mais il ne resta en fonction que huit mois, sa démission étant précipitée par l'attitude hostile de la Chambre haute. Le marquis Itō n'a pas eu plus de succès dans l'opposition au cours des deux sessions suivantes qu'en combinant les fonctions de Premier ministre et de chef du *Seiyūkai* ; et au cours de l'été 1903, il se retira du parti qu'il aurait créé et reprit son ancien poste de président du Conseil privé.

Un trait d'une certaine importance dans la lutte constitutionnelle prolongée qui a caractérisé le gouvernement parlementaire au Japon a été la tendance croissante du gouvernement à recourir à l'intervention du Trône pour résoudre les crises ministérielles résultant de conflits entre le Cabinet et le

Parlement inférieur. Maison, ou hors de questions qui affectent indirectement la Diète. Cette intervention a pris la forme de décrets impériaux reconnaissables par les circonstances de leur émission comme étant plus ou moins des mesures d'urgence. Bien que, comme nous l'avons vu, l'influence du Trône, en tant que facteur silencieux dans les affaires, ait compté pour beaucoup dans le mouvement de Restauration et dans la consolidation du nouveau gouvernement qui naissait, l'intervention directe du Souverain n'a été que rarement invoqué. Il en fut autrement après l'entrée en vigueur de la Constitution. Les difficultés qui accompagnaient le gouvernement parlementaire rendaient l'appel à l'appui direct du trône plus nécessaire qu'auparavant, même si le gouvernement était sans doute pleinement conscient que l'influence du trône devait inévitablement diminuer proportionnellement à la fréquence de son invocation. L'exemple le plus récent d'intervention impériale directe a eu lieu lors de la création du troisième ministère Katsura. La grave crise qui se produisait alors, et qui avait défié tous les autres remèdes, fut provoquée par la démission du précédent ministère, suite à la résistance du parti militaire à certaines économies projetées dans le budget.

Un trait très visible du gouvernement parlementaire japonais est la tendance croissante à la modération, observable dans le monde politique, c'est-à-dire lors des élections, dans les travaux parlementaires et dans la presse. Au cours des premières années d'existence de la Diète, les élections se sont déroulées au milieu de scènes de violence et de désordre. Les polémiques partisanes, tant à l'intérieur qu'à l'extérieur du Parlement, se sont poursuivies dans un manque de décorum et de retenue, ce qui augure mal du fonctionnement futur des institutions parlementaires ; les passions politiques s'enflammèrent par les récriminations des journaux de parti ; et une nouvelle classe de voyous politiques, appelés *sōshi*, se tenait prêt à intervenir chaque fois que leurs services pourraient être requis. Des bandes de ces voyous portant des gourdins en bois escortaient les dirigeants populaires de la Chambre basse à travers les rues de la capitale, et pendant deux ou trois des séances les plus orageuses, l'enceinte de la Diète offrait le spectacle singulier de rangées de gendarmes et de policiers confrontés à des régiments de sōshi . . Le tapage politique de cette époque est en train de disparaître rapidement, son métier, comme celui de son prédécesseur, le *rōnin* , ayant disparu ; tandis que les turbulences, les conduites tumultueuses et les écrits intempérants ne sont plus considérés comme les accompagnements nécessaires de la vie parlementaire. L'une des influences modératrices de la vie publique japonaise a été l'existence d'une entente générale, peut-être plus tacite qu'exprimée, entre le gouvernement et le peuple sur les grandes questions de politique nationale. On peut en trouver une autre dans le progrès rapide de la nation. Un peuple aussi occupé que les Japonais à rattraper le temps perdu par des siècles d'isolement est peu enclin à accorder trop d'attention à des questions telles que la jalousie à l'égard du « gouvernement de clan » ou les objections à l'expansion navale et militaire, surtout si la politique menée dans ces deux domaines est couronnée de succès, comme dans le cas du Japon.

Ce bref aperçu de l'histoire parlementaire japonaise montre que les circonstances ont concouru à attirer l'attention sur les travaux de la Chambre basse. C'est là que se sont principalement déroulées les luttes entre factions rivales, entre la Diète et le Gouvernement, et que se sont décidées les questions touchant au sort des partis et des cabinets. Si la Chambre haute a par conséquent joué un rôle moins visible dans les affaires parlementaires, cela n'est pas dû à une hésitation à affirmer son autorité lorsque cela était nécessaire. Il n'a jamais hésité à s'opposer à la Chambre basse sur les questions relevant de sa compétence, poussant ses revendications jusqu'à faire valoir avec succès son droit de modifier les projets de loi de finances. Différent de l'autre Chambre par sa composition, par le groupement de ses membres qui n'a aucun rapport avec les partis de la Chambre basse et par sa plus grande exposition, à travers la classe des candidats impériaux, à de puissantes influences bureaucratiques, la Chambre haute n'a jamais caché le fait que ses sympathies vont au gouvernement ; et c'est son soutien sans réserve qui a permis à ce dernier de traverser en toute sécurité la crise parlementaire de 1901 et 1902.

Compte tenu du court intervalle qui a séparé l'établissement des institutions représentatives du féodalisme et de la situation instable qui a régné pendant quelques années après la Restauration, la nation a de bonnes raisons d'être satisfaite des résultats qui ont accompagné jusqu'ici le fonctionnement de la féodalité. gouvernement parlementaire.

CHAPITRE XXI
Révision du traité — La Grande-Bretagne prend l'initiative — Difficultés avec la Chine.

L'année 1894 marque une étape mémorable dans l'ascension du Japon vers la place qu'il a depuis occupée dans le monde. Elle a été le théâtre de deux événements d'une importance considérable : la révision du traité entre la Grande-Bretagne et le Japon, qui, bien que n'étant que le premier d'une série, a pratiquement résolu la question longtemps en suspens de la révision du traité ; et le déclenchement de la guerre avec la Chine. Le nouveau traité avec la Grande-Bretagne fut signé le 16 juillet et, quinze jours après sa signature, le Japon était en guerre contre son voisin continental . Les deux événements, on peut le noter en passant, ont eu un effet apaisant sur les travaux parlementaires, la Diète qui existait alors, bien qu'elle ne siégeait pas réellement, étant la seule qui a duré pendant la totalité du mandat constitutionnel de quatre ans.

La question de la révision des traités avec les puissances étrangères a été évoquée à plusieurs reprises dans les chapitres précédents. Ces traités, comme nous l'avons vu, faisaient partie d'une série de conventions conclues entre les années 1858 et 1869, qui étaient rédigées sur les mêmes lignes, tandis que leur effet était uniformisé par la clause de la « nation la plus favorisée » contenue dans chaque traité . . Comme nous l'avons déjà souligné, les caractéristiques des traités qui provoquèrent le mécontentement au Japon étaient la concession de l'extraterritorialité et l'absence de toute période fixe pour leur durée. La révision étant soumise au consentement des deux parties, on a estimé que le Japon pourrait être indéfiniment privé de l'autonomie tarifaire et du droit d'exercer sa juridiction sur les étrangers sur son propre territoire. Il n'était pas anormal que le Gouvernement japonais, tout en négligeant les nombreux désavantages liés à la résidence étrangère et au commerce dans ce qui n'était qu'une simple frange du pays, dès qu'il se rendait compte que la nature des traités était différente de celle de ceux-ci, faits par les gouvernements occidentaux entre eux, ont profité de la première occasion pour protester contre les conditions considérées comme dérogatoires à la dignité de la nation, ni qu'ils auraient dû faire des tentatives répétées pour obtenir leur suppression par la négociation avec les puissances concernées. Nous avons vu comment l'échec de ces efforts a éveillé le sentiment populaire, a fourni aux agitateurs politiques une arme utilisée avec succès dans les campagnes qu'ils ont dirigées de temps à autre contre le gouvernement, et a finalement conduit à une sérieuse recrudescence du sentiment anti-étranger des pré-démocrates. -Jours de restauration ; de sorte qu'au moment où la Constitution entra en vigueur, la révision des traités n'était plus considérée comme une simple question de politique départementale, dont le grand public se souciait peu, mais était devenue, pour ainsi dire, une question nationale.

Compte tenu de l'importance que cette question a progressivement prise dans les affaires publiques, affectant à la fois la politique intérieure et les relations extérieures, il serait peut-être bon, au risque de me répéter, de donner un compte rendu succinct des longues négociations sur ce sujet. sujet, demandant l'indulgence du lecteur, s'il devait être repris sur un terrain parcouru auparavant.

Sans se laisser décourager par l'échec, déjà constaté, de la mission du prince Iwakura en 1872, le gouvernement japonais tenta une nouvelle fois deux ans plus tard de négocier un nouveau traité qui, espérait-on, serait le précurseur d'autres. Les relations entre les États-Unis et le Japon étaient à cette époque, voire plus amicales, que celles du Japon avec d'autres puissances. C'était dans une large mesure le résultat naturel des circonstances. En prenant l'initiative de rouvrir le Japon aux relations étrangères, l'Amérique avait manifesté son intention de poursuivre une politique indépendante à l'égard des questions étrangères. Ayant été la première puissance occidentale à apparaître sur la scène, son influence avait été la première à se faire sentir au Japon. De plus, sa grande expansion commerciale n'en étant qu'à ses balbutiements, elle avait moins d'intérêts à protéger au Japon que dans les pays plus anciens. Les représentants américains furent ainsi épargnés d'une grande partie des frictions avec les autorités japonaises qui incombaient aux autres représentants étrangers. Influencé probablement par ces considérations, c'est aux Etats-Unis que le gouvernement japonais adressa à cette occasion ses ouvertures. Ils furent accueillis favorablement et un nouveau traité fut négocié sans difficulté. Mais le traité resta lettre morte en raison de l'inclusion d'une clause prévoyant qu'il ne pourrait entrer en vigueur que lorsque des traités similaires auraient été conclus avec d'autres puissances.

Pendant plusieurs années, aucune autre mesure n'a été prise par le Gouvernement japonais en matière de révision du Traité. Les dissensions ministérielles et l'état perturbé du pays, qui ont culminé avec la rébellion de Satsuma, ont appelé à concentrer l'attention sur les affaires intérieures. Les questions étrangères cessèrent donc pour un temps d'être un sujet d'intérêt public. A cette époque également, il est probable que le gouvernement commença à se rendre compte plus clairement qu'auparavant de la nature des objections des puissances étrangères à la révision de leurs traités avec le Japon ; et de comprendre que, en ce qui concerne la question de l'extraterritorialité, la réticence des gouvernements étrangers à accéder aux exigences japonaises reposait sur le motif raisonnable que, jusqu'à ce qu'il y ait des preuves substantielles de progrès dans le sens, au moins, du droit Des réformes étaient à venir, ils devaient naturellement hésiter à soumettre leurs sujets à la juridiction japonaise. L'énergie et la détermination avec lesquelles le

Gouvernement japonais s'est mis au travail pour mener à bien des réformes juridiques et judiciaires ont montré qu'il était conscient de la nécessité de répondre aux objections des puissances étrangères dans la direction indiquée. L'un des résultats de l'esprit progressiste affiché fut, comme nous l'avons vu, la promulgation d'un Code criminel et d'un Code de procédure pénale, élaborés conformément aux idées occidentales, qui sont entrés en vigueur au début de 1882. À l'automne de la même année, les négociations en vue d'un traité La révision fut rouverte et une conférence préliminaire des représentants du Japon et des principales puissances du traité eut lieu à Tōkiō . Aucun résultat définitif n'a alors été atteint, mais le terrain a été dégagé pour des discussions ultérieures, qui ont eu lieu quatre ans plus tard, la capitale japonaise étant, comme auparavant, le siège des négociations. Lors de cette deuxième conférence, plus formelle, à laquelle pas moins de dix-sept puissances conventionnelles étaient représentées et qui dura de mai 1886 à juin 1887, des progrès certains furent réalisés. Toutefois, en fin de compte, les négociations furent brusquement interrompues par les délégués japonais, en conséquence, comme on le comprenait à l'époque, du mécontentement populaire à l'égard du projet d'emploi de juges étrangers dans les tribunaux de première instance et les cours d'appel japonais dans les cas où des étrangers étaient des accusés. En 1889, les négociations furent de nouveau rouvertes à Tōkiō . Les propositions alors soumises par le comte (plus tard marquis) Ōkuma , en tant que ministre des Affaires étrangères, furent acceptées par les gouvernements américain et russe ; mais l'opinion publique se montra de nouveau hostile à la nomination de juges étrangers, même à l'échelle réduite envisagée par les nouvelles propositions. La tentative d'assassinat du ministre qui les avait une nouvelle fois mis en avant mit un terme aux négociations et des dispositions furent prises pour l'annulation des deux traités conclus.

À toutes ces occasions, la discussion s'était concentrée principalement sur la question de la juridiction japonaise sur les étrangers. La principale difficulté a toujours été la même : concilier le désir naturel des gouvernements étrangers d'obtenir, en matière d'administration de la justice, des garanties qui garantissent l'abandon des privilèges extraterritoriaux avec le désir tout aussi naturel du Japon de recouvrer le droit de juridiction sur les étrangers sur ses territoires. Et on verra que même lorsqu'un compromis satisfaisant pour les deux parties aux négociations avait été ou était sur le point d'être atteint, la sensibilité du public japonais à l'égard de tout point qu'il considérait comme préjudiciable à la dignité japonaise empêchait son acceptation par la nation. .

L'année suivante, Lord Salisbury présenta au gouvernement japonais à Tōkiō des propositions de révision du traité basées sur les résultats obtenus lors de la deuxième conférence et sur l'expérience générale acquise au cours du long cours des négociations. Ces propositions britanniques concédaient le principe de la compétence territoriale à condition que tous les nouveaux codes de droit japonais soient en vigueur avant l'entrée en vigueur du traité révisé et prévoyaient une augmentation de 3 pour cent du tarif douanier à l'importation. La durée du traité et du tarif proposés a été fixée à douze ans, période à l'issue de laquelle le Japon retrouverait une complète autonomie tarifaire. Le traité proposé prévoyait en outre l'ouverture de l'ensemble du Japon au commerce et aux relations britanniques et son adhésion aux conventions internationales pour la protection de la propriété industrielle et du droit d'auteur. Cette dernière disposition était justifiée par l'imitation fréquente des marques étrangères et la publication de copies bon marché de publications étrangères. Afin de ne pas heurter les susceptibilités japonaises, une attention particulière a été accordée à la forme sous laquelle ces propositions étaient formulées. On aurait pu s'attendre à ce que des propositions aussi libérales ne manquent pas d'être acceptées. Le fait qu'ils soient si loin en avance sur les vues concernant la révision du traité défendues par la majorité des gouvernements étrangers implique une reconnaissance des progrès réalisés par le Japon et une confiance dans son avenir, ce qui ne peut guère manquer de satisfaire le gouvernement auquel ils ont été présentés. L' impression favorable qu'ils ont d'abord produite a permis d'espérer que les négociations pourraient aboutir à un accord sur cette question longtemps en suspens. Mais une fois de plus, l'agitation populaire a fait obstacle à un règlement. Des objections ont été soulevées contre la propriété des terres par des étrangers, un point qui figurait dans tous les projets antérieurs de révision des traités, et la question a été discrètement mise de côté sans jamais atteindre le stade des négociations. Une explication de l'attitude adoptée par les ministres japonais à cette époque peut être trouvée dans la jalousie qui régnait dans les cercles politiques et qui faisait qu'il était difficile à un homme d'État ou à un parti de s'attribuer le mérite de résoudre un problème qui avait longtemps défié toute solution. long. Toute jalousie officielle de ce genre qui aurait pu exister aurait tendance à encourager l'agitation sur le sujet, quels que soient les mérites de la question en litige. Une autre raison susceptible d'influencer l'opinion publique dans une nation dans laquelle la fierté de caractère est un trait si prédominant a pu être le sentiment qu'il était souhaitable pour le prestige du pays que les propositions qui devraient fournir la base des nouveaux traités émanent du Japon.

La révision des traités était ainsi devenue une question nationale à laquelle les partis politiques, ainsi que la presse, s'intéressaient activement, et, au cours des années suivantes, la Diète fut fréquemment le théâtre de discussions animées, qui ne causèrent pas peu d'embarras au gouvernement. Heureusement pour le gouvernement et le peuple, ainsi que pour les relations entre le Japon et les puissances étrangères, la solution tant attendue apparut en 1894. Au printemps de la même année, les négociations reprirent par le gouvernement japonais à Londres. Les propositions alors soumises au gouvernement britannique étaient pratiquement les mêmes, tant dans la forme que dans le fond, que les propositions britanniques précédentes, la principale différence résidant dans la substitution d'un droit de bail uniquement au droit de propriété des terres pour les sujets britanniques. Le Gouvernement japonais eut par la suite des raisons de regretter cette modification, car elle donna lieu à une controverse qui, soumise à l'arbitrage du Tribunal de La Haye en 1905, fut tranchée contre le Japon. Les négociations se déroulèrent sans heurts et aboutirent à la signature, le 16 juillet de la même année, d'un nouveau traité et d'un nouveau protocole, quelques questions mineures étant réglées par un échange de notes. Par les nouvelles dispositions du Traité, la juridiction consulaire fut abolie et l'ensemble du Japon fut ouvert au commerce et aux relations britanniques. Il était également prévu qu'avant l'entrée en vigueur du nouveau Traité, les nouveaux codes japonais auraient dû être mis en vigueur et le Japon aurait dû notifier son adhésion aux Conventions internationales pour la protection de la propriété industrielle et du droit d'auteur. Il fut également convenu entre les deux parties que le nouveau traité n'entrerait pas en vigueur avant l'expiration d'un délai de cinq ans à compter de la date de sa signature, l'objet de cette stipulation étant de laisser le temps nécessaire à la négociation de traités similaires avec d'autres puissances étrangères. Les droits *ad valorem* du tarif accompagnant l'accord ont ensuite été convertis en taux spécifiques par les délégués des deux gouvernements réunis à Tōkiō à cet effet.

Il n'est pas surprenant que le nouveau traité ait rencontré peu d'approbation de la part de la communauté marchande britannique au Japon. Dans les vastes zones sur lesquelles s'étendent les intérêts de l'Empire britannique, il est inévitable qu'il y ait parfois des points de divergence entre la politique impériale et les vues locales, entre l'appréciation d'une situation par le gouvernement avec ses perspectives plus larges et l'appréciation de la situation par le gouvernement britannique. assumer des responsabilités dans les questions intéressant l'Empire et les communautés britanniques à l'étranger. Il n'était pas non plus anormal que les résidents britanniques d'Extrême-Orient, habitués par une longue expérience à considérer les privilèges extraterritoriaux dans les pays orientaux presque comme faisant partie de la Constitution britannique, envisagent avec réticence leur capitulation. Mais il ne fait aucun doute que le moment était venu de faire une concession de ce genre. Les progrès du Japon au cours des trente-six années qui s'étaient écoulées depuis les traités de 1858 avaient été accompagnés de preuves de stabilité dans l'administration et la politique qui invitaient à la confiance tout en suscitant l'admiration du monde. Les conditions de résidence des étrangers au Japon se comparent plus que favorablement à celles d'autres pays où il n'y a pas d'exemption de juridiction territoriale. En aucun cas, il n'aurait été juste, ni même, dans ces circonstances, possible, compte tenu de la position à laquelle le Japon était déjà parvenu, que la révision du Traité soit différée plus longtemps. Les événements ultérieurs ont établi la sagesse de la ligne de conduite adoptée par la Grande-Bretagne. Il est vrai que la Grande-Bretagne n'a tiré que peu d'avantages matériels de cet accord. Mais le Japon avait très peu à offrir en échange de ce qu'il recevait. Les circonstances empêchaient tout ce qui ressemblait à un marché. L'ouverture de l'ensemble du pays, déjà rendue accessible aux voyageurs et indirectement aux marchands, au moyen d'un système de passeport, ne profita que peu, voire pas du tout, au commerce britannique, qui ne s'écarterait probablement pas des routes commerciales déjà établies. Mais en étant la première à réviser son traité dans des conditions pratiquement identiques à celles qu'elle avait elle-même proposées deux ans auparavant, la Grande-Bretagne montra qu'elle reconnaissait franchement les conditions modifiées résultant de progrès constants depuis plus de trente ans. Et elle a ainsi conservé sa position de principale puissance occidentale en Extrême-Orient et a gagné la bonne volonté du Japon, ouvrant ainsi la voie à la future alliance anglo-japonaise.

Afin de ne pas penser que dans l'exposé qui précède sur la révision du Traité, on y a attaché trop d'importance et qu'on a peut-être établi un lien trop étroit entre les négociations sur ce sujet et l'évolution du Japon sur la voie occidentale, il serait peut-être bon de conclure ces présentes remarques avec une citation d'un discours prononcé par le vicomte Chinda , alors ambassadeur du Japon à Londres, à l'Université de Sheffield le 29 juin 1918.

Au cours de son discours, le vicomte Chinda a déclaré : « Peut-être que personne, à l'exception des Japonais, ne pourra apprécier vraiment et pleinement la grande importance attachée à la question de la révision du Traité. Pour les Japonais, cependant, la question était d'une importance capitale, car elle n'impliquait rien de moins qu'une émancipation nationale. Les premiers traités du Japon avec des puissances étrangères furent signés alors que la nation était encore dans un état de torpeur après un long sommeil d'isolement, et dans les circonstances, cela équivalait presque à une contrainte... Ces traités étaient en effet si défectueux que le Japon était en vigueur. privé des deux attributs essentiels d'un État souverain. La rédemption de son autonomie judiciaire et fiscale est désormais devenue le rêve de l'aspiration nationale japonaise, et sa politique, tant étrangère qu'intérieure, a toujours été conçue principalement dans ce but suprême. Innovation après innovation, impliquant souvent des sacrifices de sentiments traditionnels, ont été introduites dans le but d'assimiler le pays et ses institutions aux normes de la civilisation occidentale.

Un langage similaire a été tenu par d'autres hommes d'État japonais éminents, notamment par le vicomte Kato, ancien ambassadeur à Londres et aujourd'hui chef d'un parti politique puissant, dont l'expérience en tant que ministre le qualifie pour parler avec autorité sur le sujet .

Le déclenchement de la guerre avec la Chine quelques jours après la signature du traité britannique révisé a déjà été évoqué. Pour les résidents étrangers en Extrême-Orient, qui ont eu l'occasion d'observer les relations entre le Japon et la Chine au cours des années précédentes, l'événement n'a guère été surpris. À aucune époque de l'histoire leurs relations n'avaient été cordiales, sauf peut-être au VIIe siècle, lorsque la Chine est devenue le modèle sur lequel le Japon a remodelé ses institutions. Les invasions mongoles du Japon au XIIIe siècle avaient laissé des souvenirs désagréables dans les deux pays, et les relations ne furent pas améliorées par l'intervention de la Chine en soutien à la Corée lorsque les Japonais envahirent à leur tour ce pays. Cependant, ni d'un côté ni de l'autre, le souvenir des hostilités passées ne faisait obstacle aux relations habituelles entre les États orientaux voisins , qui se limitaient à l' envoi à intervalles irréguliers de missions complémentaires et aux visites occasionnelles de commerçants chinois. Au moment où le Japon s'engagea dans une politique d'isolement, à la suite des troubles intérieurs survenus en relation avec les premiers efforts des entreprises missionnaires étrangères, les commerçants chinois avaient, comme nous l'avons vu, établi un petit centre de commerce dans le sud . à l'ouest du Japon. Là, après la fermeture du pays, eux et les commerçants hollandais furent autorisés à rester, mais dans des conditions qui privèrent le privilège d'une grande partie de sa valeur et réduisirent finalement le commerce ainsi mené à des proportions petites et en déclin rapide. Avant l'édit qui mettait fin à l'entreprise maritime, les Japonais n'avaient pas manqué d'esprit marin. Même alors, cependant, la poursuite du commerce comme objectif précis ne semble jamais avoir attiré la nation, les visites des navires japonais vers le continent asiatique étant entreprises davantage dans le but de poursuivre des raids de pirates que de conduire un commerce pacifique.

Avec la réouverture du Japon aux relations étrangères, la situation subit un changement complet. L'établissement de « ports traités » et le développement du commerce japonais avec les pays étrangers ont eu pour effet naturel de rapprocher le Japon et la Chine, même si pendant quelques années les circonstances ont conspiré pour empêcher le développement de relations plus intimes entre les deux peuples. Une grande partie des nouveaux échanges commerciaux entre eux ne s'effectuaient pas directement entre marchands chinois et japonais, mais indirectement par l'intermédiaire de marchands d'autres nationalités, qui servaient d'intermédiaires dans le commerce étranger en Extrême-Orient. En outre, l'incompatibilité des tempéraments et des idées, résultant d'une différence fondamentale dans les conditions du développement national, faisait office de barrière entre les deux peuples. La situation dans l'un ou l'autre pays n'était pas non plus telle qu'elle favorisait une reconnaissance des intérêts communs, ce qui indiquait l'opportunité d'une entente plus étroite. La décadence de la Chine sous la domination sans esprit des Mandchous avait déjà commencé. S'appuyant dans une sécurité imaginaire sur les traditions de grandeur passée et inconsciente de sa propre décadence, elle était trop fière pour faire des avances à un voisin plus petit mais plus proche , dont elle avait jusqu'ici jugé commode d'ignorer l'existence. Le Japon, pour sa part, en proie à une révolution qui devait introduire un nouvel ordre de choses, fut pendant un certain temps trop occupé pour prêter beaucoup d'attention aux relations avec la Chine, dont il était pourtant bien conscient de l'attitude à son égard. .

Ce n'est qu'après la Restauration que les relations entre les deux pays furent formellement fondées sur un traité. Le traité conclu à Pékin en 1871, à l'initiative du nouveau gouvernement japonais, était rédigé selon des lignes simples, empruntées tant dans la forme que dans le fond aux traités existant entre les deux nations et les puissances occidentales. Par la plus importante de ses stipulations, il était prévu que les consuls, ou « administrateurs », comme on les appelait, de chaque pays exerceraient une surveillance et un contrôle sur leurs nationaux qui y résident ; que ces fonctionnaires s'efforceraient de régler à l'amiable tous les différends qui pourraient surgir entre les sujets des deux pays ; et qu'à défaut d'un règlement de cette manière, les questions en litige seraient renvoyées aux consuls et aux autorités locales pour décision commune, ces dernières ayant en outre le droit d'arrestation et de punition dans toutes les affaires criminelles. Des réglementations commerciales et un tarif *ad valorem* étaient annexés au traité, mais aucune durée n'était mentionnée.

Peu de temps après la conclusion de ce traité, les relations amicales ainsi formellement établies entre les deux pays furent troublées, comme nous l'avons vu, par la querelle née des mauvais traitements reçus par les indigènes de Loochoo à Formose . L'adoption par le Japon des innovations occidentales avait déjà offensé le gouvernement chinois, qui considérait avec une vive désapprobation cette rupture avec la politique traditionnelle suivie jusqu'ici par les États d'Extrême-Orient. Les mesures de force prises par le Japon à la suite de cet incident pour obtenir réparation ont provoqué à la fois surprise et irritation. Ces sentiments furent intensifiés par la controverse qui eut lieu quelques années plus tard à propos de l'annexion de Loochoo par le Japon. A cette occasion, la Chine s'est contentée de formuler une protestation formelle. Aucun accord définitif n'a été atteint au cours des négociations qui ont suivi, et l'incident a été clos par l'acquiescement tacite de la Chine à la nouvelle situation. Dès lors, cependant, les relations entre les deux pays prirent un caractère de rupture, qui n'avait besoin que de l'incitation d'une nouvelle dispute pour mûrir en hostilité.

Cette autre cause de querelle fut fournie par la Corée.

CHAPITRE XXII

Chine et Corée — Guerre avec la Chine — Réforme navale — Défaite de la Chine — Traité de Shimonoséki — Conditions de paix.

Ceux qui connaissent un tant soit peu l'histoire chinoise n'auront guère manqué d'en remarquer un trait persistant : la suzeraineté que la Chine a exercée, ou prétend exercer, sur les États voisins qui, à un moment ou à un autre, sont tombés sous sa domination. Cela a été l'expérience commune de presque tous les pays dont la situation aux frontières de l'Empire chinois les a exposés à l'invasion de leur voisin puissant et agité . A l'époque dont nous parlons, certains de ces Etats avaient déjà recouvré leur indépendance, qui n'était cependant pas toujours reconnue formellement par la Chine ; dans d'autres, la suzeraineté chinoise avait été remplacée par celle d'une autre puissance ; tandis que dans quelques cas, la Chine, dans le désir d'échapper aux responsabilités d'un protectorat, avait, ces dernières années, laissé sa suzeraineté devenir presque nominale. Cette dernière position était celle de la Corée lorsque le Japon a conclu en 1876 avec ce pays le traité dont il a déjà été question. Depuis de nombreuses années, la suzeraineté chinoise avait cessé d'être efficace, mais elle était toujours affirmée par la Chine et reconnue par la Corée. L' envoi de temps à autre de missions à Pékin portant des présents que les Chinois avaient raison de considérer comme un hommage, la forme donnée à la correspondance entre les deux pays et les cérémonies observées dans les occasions officielles, constituaient un aveu de vassalité. Avec ce statut reconnu, le Traité de 1876 était incompatible, puisque son premier article contenait la déclaration que la Corée était un État indépendant ; et en 1882, lorsque la Grande-Bretagne et l'Amérique suivirent l'exemple du Japon en négociant des traités avec ce pays, la Chine, avec une incohérence égale à celle manifestée par la Corée, affaiblit sa propre position de suzerain en concluant un traité avec son vassal nominal sur le modèle de ceux-ci. déjà conclu entre la Corée et les trois puissances mentionnées ci-dessus. Cette fausse démarche de la Chine a renforcé l'attitude adoptée par le Japon en refusant de reconnaître la suzeraineté chinoise. Ainsi, au début des nouvelles relations du Japon avec la Corée, la situation entre elle-même, la Corée, et le suzerain nominal de cette dernière, la Chine, était anormale et contradictoire. Ce seul fait constitue les germes de problèmes futurs. La situation en Corée elle-même n'était pas non plus de nature à offrir la moindre assurance que les difficultés qu'il y avait toutes les raisons de prévoir ne surviendraient pas prochainement.

Sa condition était celle d'un État oriental en complète décadence. De longues années de mauvaise gouvernance avaient brisé le moral du peuple ; l'occupant du trône n'était qu'une entité insignifiante aux mains de ministres sans scrupules et incompétents, soutenus par des factions rivales luttant les unes contre les autres pour le pouvoir ; il n'y avait ni forces régulières, ni police dignes de ce nom ; les intrigues et la corruption régnaient partout sans contrôle ; et les ressources du pays ont été gaspillées par des essaims de fonctionnaires rapaces déterminés uniquement à s'enrichir.

Dans ces conditions, l'apparition de deux puissances voisines , chacune désireuse d'obtenir une influence prédominante dans la péninsule, ne pouvait qu'aggraver la situation. L'introduction d'éléments étrangers dans les intrigues des factions rivales donna une nouvelle force aux querelles intérieures, jusqu'à ce que le désordre croissant dans le pays aboutisse à des troubles anti-étrangers, au cours desquels les Japonais, contre lesquels le sentiment populaire était principalement dirigé, furent chassés. de Séoul, et leur Légation détruite. Le roi fantoche, accusé de favoriser le Japon, fut également contraint d'abdiquer, son père, le Tai- wön - kun , l'un des rares Coréens possédant à la fois du caractère et des capacités, assumant la charge de l'administration. La Chine est alors intervenue. Exerçant son autorité reconnue de suzerain, elle envoya une force militaire, appuyée par quelques navires de guerre, en Corée pour rétablir l'ordre. La capitale coréenne (Séoul) fut occupée et les Tai- wön - kun arrêtés et emmenés en Chine. C'était en 1883. C'est à cette époque que Yuan Shih-kai, futur président de la République chinoise, fut pour la première fois rendu public grâce à sa nomination comme résident chinois à Séoul. Pendant une courte période après la réaffirmation de son autorité par la Chine et le rétablissement de l'ordre dans la capitale coréenne, les affaires restèrent calmes, les gouvernements chinois et japonais entretenant des garnisons à Séoul ; mais l'année suivante, une conspiration fomentée par le parti pro-japonais provoqua de nouveaux troubles, au cours desquels une collision eut lieu entre les garnisons chinoise et japonaise, cette dernière, largement en infériorité numérique, se repliant sur le port de Chemulpo .

La situation critique créée par cette collision entre les troupes des deux puissances dans la capitale coréenne a fait comprendre aux deux gouvernements la nécessité, si l'on voulait éviter de nouveaux troubles plus graves, de parvenir à une certaine entente concernant l'action en Corée. Dans ce but, des négociations furent ouvertes au début de 1885 et, au printemps de la même année, une convention fut signée à Tientsin entre la Chine et le Japon, par laquelle l'indépendance de la Corée était reconnue. Les deux gouvernements ont convenu de retirer leurs forces de Corée, ne laissant que de petits détachements pour garder leurs légations, et de se prévenir mutuellement « par écrit » si l'envoi de troupes par l'un ou l'autre dans ce pays devenait nécessaire à tout moment dans l'avenir. . Une autre stipulation prévoyait que le roi de Corée serait invité à organiser une force armée pour le maintien de l'ordre et de la sécurité publique et à engager à cet effet les services d'experts militaires étrangers provenant d'un pays étranger autre que la Chine et le Japon.

Telle était encore la situation en 1894, sous le *modus vivendi* établi par la Convention de Tientsin. Même si, par cet accord, la Chine avait abandonné ses prétentions à la suzeraineté, la rivalité entre les deux puissances persistait sans relâche. L'intervalle depuis 1885 avait été marqué par des conflits constants entre les factions coréennes et par la poursuite d'intrigues intenses entre ces dernières et les Chinois et les Japonais, auxquelles l'intérêt croissant que portait désormais la Russie aux affaires de la péninsule donnait un nouvel élan. Le représentant chinois en Corée conservait le titre de résident, ce qui traduisait, comme on l'entendait, l'impression de la supériorité de sa position sur celles des autres représentants étrangers ; et l'influence de la Chine dans la capitale – exercée par l'intermédiaire de la reine magistrale, qui ne cachait pas ses sympathies pro-chinoises – était prédominante. Néanmoins, l'avantage dont jouissait la Chine à cet égard sur son rival était plus que contrebalancé par l'activité politique et commerciale affichée par le Japon. La preuve en était déjà donnée par l'action prompte du gouvernement japonais pour obtenir réparation des conséquences des troubles de 1882 et 1884, ainsi que par l'augmentation constante du volume du commerce japonais.

LE MARÉCHAL PRINCE YAMAGATA.

S'est distingué dans la campagne de Restauration; il prit une part active au gouvernement formé par la suite, à la réorganisation de l'armée japonaise et aux guerres avec la Chine et la Russie ; il exerça partout une grande influence dans les affaires de l'État.

Au printemps de 1894, la valeur de l'accord selon lequel les deux puissances étaient convenues de conduire leurs relations avec la Corée fut mise à l'épreuve par le déclenchement d'une insurrection dans le sud de la Corée. Les troupes coréennes envoyées de la capitale pour réprimer la révolte ayant été vaincues lors de plusieurs affrontements avec les insurgés, le parti Min, auquel appartenait la reine, fit appel à l'aide de la Chine. Le gouvernement chinois répondit à cet appel en envoyant des troupes à Asan, théâtre de la révolte, tout en informant le Japon, conformément aux termes de la Convention de Tientsin, de son intention de le faire. Le gouvernement japonais a répondu en prenant des mesures similaires. La teneur de la correspondance qui s'ensuivit entre les deux gouvernements laissait peu d'espoir d'un règlement à l'amiable de la difficulté, la Chine réaffirmant la suzeraineté à laquelle elle avait précédemment renoncé et cherchant à imposer des limites à l'action japonaise ; tandis que le Japon insistait sur son droit d'ingérence et le soutenait en renforçant les troupes qu'il avait déjà envoyées . La Chine prit aussitôt des mesures similaires, mais les renforts envoyés ne parvinrent jamais à destination. Le navire britannique qui les transportait, accompagné d'un convoi de navires de guerre chinois, fut rencontré et coulé en mer par une escadre japonaise commandée par l'amiral (alors capitaine) Tōgō . Un jour ou deux plus tard, les forces chinoises et japonaises à Asan entrèrent en conflit, avec pour résultat la défaite des troupes chinoises et leur retrait en Chine. Les hostilités avaient donc déjà commencé sur terre et sur mer lorsque des déclarations de guerre simultanées furent faites par les deux gouvernements le 1er août.

Ces premières rencontres sont un véritable présage de ce qui va suivre. La guerre ainsi déclenchée fut désastreuse pour la Chine. Par l'étendue de ses territoires, sa vaste population, ses ressources apparemment inépuisables et ses traditions de conquête, sans parler de ses activités industrielles et commerciales, elle avait occupé pendant des siècles une grande place dans le monde. Le Japon, en revanche, était un pays relativement petit, peu connu, qui venait tout juste de sortir d'une longue période de réclusion, et qui était considéré à l'étranger avec des sentiments qui, au mieux, outre l'intérêt qu'inspirait son art, ne s'étendaient pas au-delà du monde. curiosité sympathique.

Il était donc tout à fait naturel que des étrangers hors du Japon, qui connaissaient peu les progrès silencieux réalisés depuis la Restauration, se soient étonnés de son audace à défier un voisin qui, à tous égards, semblait bien plus puissant qu'elle. En réalité, cependant, les perspectives de succès de la Chine étaient dès le départ désespérées. Elle était dans un stade avancé de décadence. Son principal homme d'État, Li Hung Chang, et l'ensemble de la hiérarchie officielle étaient notoirement corrompus, la politique arrogante que le gouvernement poursuivait toujours servant de masque pour cacher la véritable faiblesse qui se cachait derrière. Son armée mal payée, dirigée par des officiers incompétents, était dépourvue de formation moderne et de discipline ; tandis que sa marine était une maison divisée contre elle-même, l'escadre du sud refusant de se battre sous prétexte que la guerre n'était pas une guerre nationale, mais une guerre dans laquelle le pays avait été entraîné par la politique égoïste de Li Hung Chang. Pour les Japonais, il n'y avait rien d'audacieux à affronter un adversaire dont ils étaient bien sûrs de la faiblesse. Dans la politique de réforme que le gouvernement avait constamment poursuivie depuis la Restauration, de nombreuses considérations étaient entrées en jeu. Le cours des événements récents en Chine a été une leçon de choses dont elle a profité. Ayant compris que l'une des principales causes des relations difficiles entre la Chine et les puissances occidentales résidait dans son inefficacité militaire, elle s'est mise à réorganiser l'armée. Ce travail fut confié au maréchal prince Yamagata (alors jeune officier), qui s'était illustré dans les combats qui eurent lieu à l'époque de la Restauration. Lui et le jeune Saigō (créé par la suite marquis) étaient les principaux membres d'une mission chargée d'enquêter sur des questions militaires qui visita l'Europe en 1870. Les résultats de cette mission furent l'engagement d'instructeurs militaires étrangers et l'établissement de la conscription, qui vint Il fut mis en service pour la première fois en 1873. Quelques années plus tard, la discipline et les qualités combattantes des nouvelles troupes de conscrits furent mises à l'épreuve à la satisfaction du gouvernement lors de la rébellion de Satsuma. En 1884, une deuxième mission militaire, dirigée par feu le maréchal prince Ōyama , visite l'Europe. C'est alors que furent retenus les services d'un officier prussien, le regretté général Meckel. L'amélioration de l'armée japonaise qui se manifesta à partir de cette époque est généralement attribuée à l'habileté et à l'énergie que cet officier apporta à l'exercice de ses fonctions de conseiller militaire. Grâce à l'attention assidue ainsi portée pendant plusieurs années à l'organisation militaire, le Japon, lorsque les opérations militaires contre la Chine commencèrent, disposait d'une armée de conscrits de plus de 200 000 hommes, avec une force d'artillerie correspondante et une réserve d'officiers efficaces. Contre une armée de cette qualité et de ces dimensions, la Chine, qui se contentait de s'appuyer sur des troupes recrutées sur le système volontaire, ne pouvait pas faire grand-chose, même si elle n'avait pas souffert d'autres désavantages déjà mentionnés .

Pour des raisons évidentes, le développement de la marine japonaise était en retard par rapport à celui de l'armée. Les finances du pays ne permettaient pas de dépenses importantes pour les deux services. Alors que le système féodal avait maintenu vivant l'esprit guerrier de la nation malgré une période de paix prolongée, la fermeture du pays aux relations étrangères, accompagnée de limitations rigides imposées à la taille des navires, avait étouffé l'entreprise maritime. . La formation navale japonaise devait donc commencer par les rudiments de l'éducation d'un marin. Le service maritime ne séduisit pas au début un peuple dont la classe militaire, avant de disparaître avec l'abolition de la féodalité, avait été élevée principalement dans les traditions de combat terrestre. Il y avait une autre raison. En partie à dessein, en partie aussi, en raison des circonstances, le contrôle militaire exercé par les deux clans qui gouvernaient virtuellement le pays peu après la Restauration avait été dès le début organisé de manière à donner aux membres du clan Chōshiū la plus grande part de l'administration militaire. la direction de la marine, en revanche, était laissée principalement aux membres du clan Satsuma, dont l'intelligence et l'énergie étaient en deçà du niveau de leurs collègues du gouvernement.

La même année (1872), au cours de laquelle commença la réorganisation de l'armée, vit les premiers pas vers la réforme navale. Cette année-là, le département unique qui était jusqu'alors responsable de l'administration de l'armée et de la marine fut remplacé par des départements distincts pour chacun des deux services. C'est, comme nous l'avons déjà noté, que le Japon s'est adressé à la Grande-Bretagne pour obtenir de l'aide dans les mesures prises par la suite pour la constitution d'une marine. Des conseillers et instructeurs navals britanniques, parmi lesquels se trouvaient feu l'amiral Sir Archibald Douglas et l'amiral Ingles, furent engagés, et les premiers navires de la nouvelle marine japonaise furent construits en Angleterre. En 1892, la détermination du gouvernement à persévérer dans la création d'une marine fut démontrée par la décision de l'empereur de contribuer 30 000 £ par an pendant huit ans à la construction navale, les fonds nécessaires à cet effet étant obtenus par des réductions proportionnelles des dépenses de la marine. Tribunal. Lorsque la guerre est déclarée, c'est la marine japonaise qui porte le premier coup. Elle se composait alors de vingt-huit navires, totalisant environ 57 000 tonnes, outre vingt-quatre torpilleurs. Le jour des destructeurs n'était pas encore venu. La flotte chinoise à cette époque était numériquement plus forte que celle du Japon et avait également l'avantage de comprendre un ou deux navires d'une classe plus puissante que n'importe quel navire japonais. Mais cette supériorité était contrebalancée par le refus de l'escadre chinoise du Sud, pour la raison déjà évoquée, de prendre une quelconque part aux hostilités ; et au début de la guerre, la partie de la flotte chinoise qui entra en action montra qu'elle n'avait pas le courage de se battre.

Bien que la guerre ait duré huit mois, du 1er août 1894 jusqu'à la conclusion d'un armistice le 30 mars de l'année suivante, son résultat ne fut jamais mis en doute. Les troupes chinoises dans le sud de la Corée avaient, comme nous l'avons vu, été retirées en Chine après leur défaite à Asan. Plus au nord, les

Japonais firent aussitôt du port de Chemulpo la base des opérations préliminaires et, après avoir, sur la base d'un traité d'alliance conclu au début des hostilités avec le gouvernement coréen, occupé la capitale coréenne, contraignirent les forces chinoises restées en Corée pour se retirer vers la frontière. Le seul engagement de quelque importance dans cette première étape de la campagne eut lieu à Ping-yang, ville occupant une position d'une certaine valeur stratégique au nord-ouest de la péninsule, à soixante milles de la rivière Yalu, qui formait sur une certaine distance la frontière . entre la Chine et la Corée. Cette place était tenue en force par les forces chinoises, et sa prise par les Japonais, le 17 septembre, entraîna de violents combats, au cours desquels un régiment mahométan chinois se distingua par une résistance obstinée, qui contrastait nettement avec le comportement des troupes chinoises. des autres troupes chinoises. Le même jour, la flotte chinoise du nord fut battue lors de la seule action navale importante de la guerre. Dans cet engagement, les deux cuirassés chinois, chacun plus que comparable à n'importe quel navire japonais, ont subi peu de dégâts, mais les Chinois ont perdu plusieurs navires plus petits, tandis qu'aucun navire japonais n'a été endommagé de manière irréparable. La flotte chinoise battue s'est dirigée vers Ta-lien-Wan, qui se trouve au cou de la péninsule du Guandong. Il y resta quelques semaines jusqu'à ce que le débarquement d'une armée japonaise près de ce port, que les Chinois ne tentaient pas de défendre, l'oblige à se réfugier à Weihaiwei . De là, elle ne réapparut plus, laissant ainsi aux Japonais jusqu'à la fin de la guerre le commandement incontesté de la mer.

La suite de la guerre est bien connue, la direction générale des opérations restant, comme auparavant, entre les mains du maréchal prince Yamagata. Nulle part les forces chinoises n'étaient en mesure d'opposer une résistance efficace à l'avancée japonaise, leur expérience, chaque fois qu'elles tentaient de prendre position, étant une répétition de ce qui s'est passé à Ping-yang, où leurs pertes, comparées à celles de l'ennemi. 6000 à 200), ont raconté leur propre histoire. Vers la fin d' octobre , les deux divisions japonaises opérant sur des lignes parallèles en Corée franchirent la frontière chinoise, chassant devant elles les forces chinoises qui n'opposèrent qu'une faible résistance. Les divisions japonaises (fortes de quelque 40 000 hommes), qui avaient chassé début novembre les Chinois de Ta-lien-wan et occupé l'isthme de Chinchou , coupant ainsi les communications entre la péninsule du Guandong et la partie nord de la province de Fêng-t'ien , a procédé à l'investissement de Port Arthur. Plus tard dans le mois, une armée chinoise venant du nord fut complètement vaincue alors qu'elle tentait de libérer la forteresse. Le 21 novembre, Port Arthur fut pris d'assaut avec de légères pertes pour les Japonais, compte tenu de la force naturelle de la position et de ses puissantes fortifications. Au début de décembre, les forces japonaises opérant depuis la Corée, assistées d'une troisième division détachée à cet effet, poursuivirent leur avance, occupant successivement les villes de Kaiping et Haicheng . Au cours des mois de février et mars 1895, cette armée, désormais sous le commandement du général (plus tard prince) Katsura, poussa encore plus à l'ouest, battit les Chinois dans trois engagements successifs dans les environs de Newchwang et occupa ce port, les Chinois se retirant. vers le nord le long du cours de la rivière Liao . Pendant ce temps, un corps expéditionnaire expédié de Ta-lien-wan en janvier avait débarqué dans la baie de Yung- chêng , à l'est de Weihaiwei , et, agissant en coopération avec la flotte japonaise, avait assiégé cet endroit. Sa vaillante défense par l'amiral Ting fut pour la Chine le seul élément rédempteur de la guerre. Le 16 mars, elle se rendit après un siège de trois mois, son vaillant défenseur mourant de sa propre main. La chute de Weihaiwei et le succès ininterrompu des armées japonaises sur le fleuve Liao convainquirent la Chine de l'impossibilité de poursuivre sa résistance, même si elle disposait encore d'importantes réserves militaires à proximité de la capitale. Un armistice fut donc conclu le 30 mars. Le gouvernement chinois avait déjà fait des démarches informelles de paix par l'intermédiaire d'un conseiller étranger des douanes chinoises, mais celles-ci n'avaient abouti à rien en raison de l'insistance du Japon à traiter directement avec les autorités chinoises responsables. Les négociations de paix qui suivirent l'armistice aboutirent à la signature du Traité de Shimonoséki le 17 avril. Au cours de ces négociations, une légère modification de ses exigences fut accordée par le gouvernement japonais en réparation d'une attaque fanatique dirigée contre le plénipotentiaire chinois Li Hung Chang, qui heureusement s'en sortit sans blessure grave.

Les principales dispositions de ce traité, dont certaines furent modifiées par l'intervention ultérieure de la Russie, de la France et de l'Allemagne, étaient la reconnaissance par la Chine de l'indépendance de la Corée ; la cession au Japon de la partie méridionale de la province de Fêng-t'ien , de Formose et des Pescadores ; le paiement par la Chine d'une indemnité de 200 000 000 de taels Kuping , ce qui équivaut approximativement, au taux de change d'alors, à 40 000 000 de livres sterling ; et l'ouverture au commerce extérieur de quatre nouvelles villes en Chine. Il s'agissait de Shasi , Chungking, Soochow et Hangchow. Le traité établissait également le droit des étrangers de s'engager dans des entreprises manufacturières en Chine et prévoyait la conclusion ultérieure d'une convention commerciale et d'arrangements concernant les relations et le commerce frontaliers. Et il fut convenu que Weihaiwei serait occupée par le Japon jusqu'à ce que l'indemnité soit payée. En vertu de la Convention commerciale, dûment conclue trois mois plus tard, le Japon garantissait à ses sujets des droits extraterritoriaux en Chine, mais ceux-ci étaient refusés aux sujets chinois au Japon. En octobre suivant, un protocole complémentaire de quatre articles fut ajouté à cette convention commerciale.

On verra que le Japon, en concluant avec la Chine cet arrangement unilatéral concernant les droits extraterritoriaux, qui limitait expressément leur jouissance aux sujets de l'une des parties contractantes, a suivi l'exemple des puissances occidentales dans leurs premiers traités avec le Japon, qui existaient encore, le traité révisé avec la Grande-Bretagne n'entrant en vigueur qu'en 1899. Hormis la question de savoir si cette prudence de sa part était justifiée ou non par les conditions de la juridiction chinoise, il n'est pas facile de concilier son action à cet égard. avec ses protestations répétées contre les stipulations extraterritoriales de ses propres traités avec les puissances occidentales et avec l'agitation nationale pour leur révision qui en a résulté.

CHAPITRE XXIII

Politique militariste — Péninsule du Liaotoung — Intervention des trois puissances — Baux du territoire chinois par l'Allemagne, la Russie, la Grande-Bretagne et la France — Sphères d'intérêt.

L'origine de l'activité déployée par le Japon dans la réorganisation de son armée et de sa marine, dont l'efficacité fut démontrée de manière si frappante dans la guerre avec la Chine, peut être attribuée aux tendances militaires des deux clans qui avaient pratiquement gouverné le pays depuis le début de la guerre. Restauration. C'est la force militaire de ces clans qui fut, comme nous l'avons vu, le facteur déterminant dans la lutte précédant la Restauration ; C'est cela, encore une fois, qui a permis au nouveau gouvernement de traverser en toute sécurité les troubles intérieurs antérieurs et de poursuivre avec succès, malgré de nombreuses difficultés, sa politique de réforme graduelle. Dans le processus de dépassement de ces difficultés, et plus encore peut-être dans le travail même de reconstruction, dans la mesure où il concernait la réorganisation navale et militaire, il était tout naturel que les tendances en question se développent. D'autres influences allant dans le même sens étaient le désir d'atteindre l'égalité avec les puissances occidentales, d'affirmer l'indépendance de la nation, encore affaiblie, dans l'opinion publique, par des stipulations offensives des traités, et le désir d'être en mesure d'agir vigoureusement en questions concernant les relations de la nation avec ses voisins du continent asiatique. C'est pourquoi déjà, avant la guerre avec la Chine, quelque chose de très proche d'un esprit militariste était apparu dans les cercles administratifs. Les succès éclatants obtenus tant par l'armée que par la marine au cours de la campagne favorisèrent le développement de ce sentiment. Il devint clair pour tous les observateurs attentifs que désormais l'existence d'un parti militariste dans le pays était un facteur dont il fallait tenir compte dans toute évaluation de l'orientation future de la politique japonaise. Les principaux représentants de cette politique militariste se trouvaient, bien entendu, parmi les officiers de la marine et de l'armée, mais leurs opinions étaient partagées par les hommes d'État japonais qui avaient pris une part importante aux réformes militaires ; par d'autres, dont les déclarations sur la politique étrangère étaient parfois teintées d'un chauvinisme qui s'approfondissait avec l'augmentation de la position du Japon dans le monde ; et par une partie de la presse japonaise.

Au cours des négociations de Shimonoséki , l'influence du parti militaire, fraîchement sorti de ses succès dans la guerre, avait été exercée pour obtenir une cession de territoire sur le continent encore plus grande que celle finalement convenue. Les discussions qui eurent lieu sur ce point entre les chefs militaires et le plénipotentiaire japonais, feu le prince Itō , dont les ennemis ne purent jamais l'accuser d'un quelconque penchant chauviniste, ressemblèrent à celles qui eurent lieu entre Bismarck et von Moltke à la fin du franquisme. -Guerre allemande de 1870. Dans ce cas, les vues plus modérées du prince Itō prévalurent, le résultat étant consigné dans le traité.

Si le gouvernement japonais avait été doué d'une prescience lui permettant d'anticiper la série d'actes d'agression de la part des puissances européennes dont sa tentative d'annexion de territoires sur le continent chinois donnait le signal, cette tentative n'aurait peut-être jamais eu lieu. S'il avait même prévu l'opposition déterminée de certaines puissances européennes à la cession d'une telle étendue de territoire chinois sur le continent, il est probable que ses exigences auraient subi de nouvelles modifications encore. L'ambition de l'empereur allemand de jouer un rôle plus actif dans les questions étrangères et d'assurer à l'Allemagne une influence à l'étranger proportionnée, lui semblait-il, à sa dignité d'empire, sans parler des mesures qu'il prenait à cette époque. donner effet à ses intentions en commençant la construction de ce qui allait bientôt devenir une marine puissante, n'avait pas échappé à l'attention des ministres japonais. Son avertissement concernant ce qu'il a décrit comme le péril jaune n'est pas non plus passé inaperçu. Ils n'ignoraient pas l'orientation générale de la diplomatie européenne, mais ils n'étaient apparemment pas pleinement conscients de son importance particulière dans les affaires d'Extrême-Orient, malgré l'indication de l'intérêt de la Russie pour la Mandchourie fournie par sa note circulaire aux grandes puissances en 1947 . Février 1895, et l'avertissement de troubles imminents aurait été donné par l'Allemagne au Japon le mois suivant, avant la conclusion de l'armistice. L'extension possible à l'Extrême-Orient des activités malveillantes du Kaiser, les desseins de la Russie et les résultats que l'on pouvait attendre de la conclusion de la récente Entente entre cette puissance et la France, sont des points qui semblent avoir été insuffisamment pris en compte. .

Le traité de Shimonoséki fut signé, comme nous l'avons vu, le 17 avril. Huit jours plus tard, les ministres russe et français à Tōkiō présentèrent au ministre japonais des Affaires étrangères (feu le comte Mutsu) des notes identiques conseillant au gouvernement japonais « de renoncer à la possession définitive de la péninsule du Liaotung », au motif que « sa possession par Le Japon serait une menace pour Pékin et rendrait illusoire l'indépendance de la Corée. » Le même jour, une note similaire fut présentée par le ministre allemand. Le gouvernement japonais n'était pas préparé à l'intervention soudaine de ces trois puissances. La rapidité avec laquelle elle suivit la signature du traité, tout autant que la forme de la procédure adoptée, ne laissaient aucun doute sur les intentions sérieuses des puissances intéressées ; tandis que l'association de l'Allemagne en la matière donnait à la protestation un poids inquiétant. Convaincu qu'il ne s'agissait pas d'une menace vaine et conscient de la futilité de s'opposer à une demande formulée par les trois principales puissances militaires d'Europe, le gouvernement japonais céda aussitôt et consentit à abandonner cette partie du territoire chinois en échange d'une indemnité supplémentaire de 30 000 000 de taels Kuping , soit environ 6 000 000 £. Une convention à cet effet fut signée à Pékin le 8 novembre 1895. Elle prévoyait le paiement de l'indemnité supplémentaire pour le 25 de ce mois et l'évacuation de la péninsule du Liaotoung devant être achevée dans les trois mois à compter de cette date.

La mention de « la péninsule du Liaotoung » dans la protestation des trois puissances est la première fois que nous entendons ce terme. Il n'a pas été utilisé par les Chinois et n'est pas apparu dans le traité Shimonoséki . Là, le territoire cédé est appelé « la partie sud de la province de Fêng-t'ien » (autrement connue sous le nom de Shengking et Moukden , bien que cette dernière soit en réalité le nom de la capitale provinciale), la frontière du Traité (jamais délimitée) s'étendant à peu près de Yingkow sur la rivière Liao jusqu'à la rivière Yalu , et au nord des villes de Fenghwangcheng et Haicheng . Mais les Chinois utilisaient le terme Liaotung, qui signifie « à l'est du fleuve Liao », d'une manière vague pour désigner le territoire qui s'étend à la gauche de ce fleuve ; et les géographes étrangers, ignorant le sens du terme, l'avaient appliqué à la baie dans laquelle se jette le fleuve, qui apparaît dans les atlas sous le nom de « golfe du Liaotoung ». Au moment de l'intervention, il a probablement été jugé opportun d'utiliser dans les Notes de protestation un terme déjà donné dans les atlas étrangers pour désigner la baie qui forme la limite occidentale du territoire en question. D'où l'adoption du terme « péninsule du Liaotung », qui était une erreur de nomenclature géographique. Une fois adopté, ou, comme on peut le dire, inventé, la commodité du terme a conduit à son emploi à nouveau lorsque l'accord russo-chinois pour la location de Port Arthur a été conclu en 1898, bien que le territoire alors loué soit limité à ce qui est aujourd'hui. connue sous le nom de péninsule de Kwantung. Il réapparaît dans l'accord complémentaire russo-chinois de la même année. À partir de cette époque, le terme semble être devenu d'usage général, puisqu'on le retrouve dans le traité de Portsmouth de 1905.

L'intervention des trois puissances eut des conséquences d'une portée considérable, dont aucun, selon toute probabilité, n'était prévue à l'époque par aucun des gouvernements concernés, bien que chacun puisse avoir estimé qu'elle avait établi un droit à la bonne volonté de la Chine. Quatre mois après que le Japon ait accepté la rétrocession du territoire qui lui avait été cédé par le traité Shimonoséki , la Russie, qui avait été l'instigatrice de cette affaire, a imposé à la Chine de nouvelles obligations en lui accordant une aide financière qui a facilité la libération de son territoire. . Cela prit la forme d'un emprunt chinois de 15 000 000 £, lancé à Paris avec la garantie de la Russie.

En janvier 1896, l'une des conséquences mentionnées ci-dessus s'est vue dans le règlement de diverses questions sur lesquelles le Gouvernement français insistait depuis quelque temps pour attirer l'attention du Gouvernement chinois. Ces questions concernaient la rectification de la frontière du Tonkin, ainsi que les concessions ferroviaires et minières dans les provinces du Yunnan, du Kouangsi et du Kouantung. Ce n'était qu'une tranche de la récompense de ses services que la France devait obtenir. L'arrangement avec la France concernant la frontière du Tonkin constituait une violation de la Convention birmane de 1886, ainsi que d'une convention ultérieure de 1894, réglementant les frontières séparant les territoires britanniques et chinois, qui prévoyait, entre autres, qu'aucune partie de deux petits *États* assignés à La Chine devrait être aliénée à toute autre puissance sans accord préalable avec la Grande-Bretagne. Le différend né de cette question fut finalement réglé — entre la Grande-Bretagne et la France — par la Déclaration commune du 15 janvier 1896, fixant la limite entre les possessions ou sphères d'influence des deux puissances jusqu'à la frontière chinoise. , et faire en sorte que tous les privilèges concédés par la Chine dans les provinces du Yunnan et du Sichuan aux deux puissances, respectivement, en vertu de leurs accords avec la Chine de 1894 et 1895, soient rendus communs aux deux puissances et à leurs ressortissants ; et — comme entre la Grande-Bretagne et la Chine — par un accord signé le 4 février 1897, modifiant la frontière antérieure en faveur de la Grande-Bretagne et ouvrant au commerce extérieur le fleuve de l'Ouest, qui se jette dans la mer à Canton.

La Russie fut la deuxième à en profiter. Elle avait déjà décidé en 1892 de construire ce qui est aujourd'hui le Transsibérien dans le but de relier les extrémités est et ouest de l'Empire et de contribuer ainsi au développement de la Sibérie, ainsi que de renforcer sa position sur la côte Pacifique. La ligne, telle qu'elle était alors projetée, devait aller de Chiliabinsk dans les montagnes de l'Oural jusqu'à la rive sud-ouest du lac Baïkal, et de la rive sud-est du lac jusqu'à Vladivostok, en suivant sur une certaine distance le cours du fleuve Amour ; la communication à travers le lac doit être maintenue par des navires spécialement construits à cet effet. Les travaux commencèrent aux deux extrémités du chemin de fer et, lorsque le traité Shimonoséki fut signé, la ligne était terminée jusqu'à Chita, une ville au sud-est du lac Baïkal, et à moins de deux cents milles de la frontière chinoise.

La guerre entre la Chine et le Japon a été utile à la Russie en révélant à la fois la faiblesse de la Chine et la force et les ambitions du Japon. Réprimer ces ambitions en direction de la Mandchourie et prévenir le Japon en s'établissant sur le territoire convoité, telle était la tâche vers laquelle elle dirigeait désormais ses énergies. Dans l'étape préliminaire par laquelle s'effectua la rétrocession de la péninsule du Liaotoung, elle fut, comme nous l'avons vu, aidée à la fois par la France et par l'Allemagne. Entre cette dernière et elle-même, une sorte d'entente grossièrement formulée semble avoir été conclue, décrite par Reventlow dans son *Deutschland's Auswärtige Politik* comme un accord secret entre le Kaiser et le Tsar, dont les résultats devaient être vus plus tard. Avec la France, elle a travaillé en étroite collaboration au développement de la nouvelle ligne politique qu'elle s'était tracée en Extrême-Orient, à laquelle les financiers belges ont également prêté leur concours. En échange du soutien de la Russie dans les affaires européennes, comme le prévoyait l'Entente conclue entre les deux pays, la France, pour sa part, n'était que trop disposée à encourager les objectifs russes en Extrême-Orient ; et elle était d'autant plus disposée à le faire que cette solution lui assurait une aide réciproque dans la poursuite de ses propres intérêts en Chine. La Russie a été le lien entre les trois puissances dont l'intervention a restitué la péninsule du Liaotoung à la Chine. Ce sont les relations qu'elle a continué à entretenir avec ses deux associés après cet incident – dans un cas une entente informelle, dans l'autre une action concertée définitive – qui ont façonné le cours des événements ultérieurs en Extrême-Orient.

Dans *Ma Mission en Chine* , M. Gérard, qui fut ministre de France à Pékin de 1893 à 1897, rend compte des négociations secrètes avec la Chine grâce auxquelles la Russie parvint à devancer le Japon en Mandchourie. Son livre fournit la clé d'une compréhension correcte du cours des événements et jette beaucoup de lumière sur la situation politique de l'époque dont il parle. On apprend à quel point l'accord était alors maintenu entre la France et la Russie ; avec quelle habileté la Russie exploitait l'attitude complaisante de ses deux associés ; et avec quelle détermination sans scrupules pour arriver à ses fins elle a exploité la faiblesse de la Chine, les prétentions qu'elle avait établies sur la bonne volonté de cette dernière, et la vanité et la corruption des fonctionnaires chinois.

En mai 1896, selon M. Gérard, un traité secret fut signé à Saint-Pétersbourg par le prince Lobanoff , alors ministre des Affaires étrangères, et Li Hung Chang, vice-roi de Chihli , envoyé en Russie comme représentant de la Chine au Parlement. Couronnement du défunt tsar Nicolas II. Le texte intégral de ce traité n'a jamais été publié, mais il promettait à la Chine la protection russe contre le Japon ; La Chine, en échange de cette garantie d'assistance, accordant à la Russie le privilège d'utiliser, en temps de guerre, les ports de Ta-lien Wan, dans la péninsule du Kwantung, et de Kiaochow , dans la province du Shantung, comme bases pour sa flotte. . Trois mois plus tard (27 août), un accord ferroviaire secret était signé à Saint-Pétersbourg par Li Hung Chang et les représentants de la Banque russo-chinoise. Cette institution, dont la moitié du capital était français, avait été créée à la fin de l'année précédente. M. Gérard explique qu'en raison du fait qu'une si grande partie du capital de la banque était fournie par un syndicat français, le gouvernement français a insisté pour recevoir des informations précises sur les négociations en question. Ses déclarations concernant l'intérêt financier français dans la Banque russo-chinoise sont confirmées par d'autres auteurs : par Chéradame

, dans son intéressant livre, *Le Monde et La Guerre Russo-Japonaise* , et par Débidour dans *l'Histoire Diplomatique de l'Europe* . On apprend aussi de M. Gérard que le Gouvernement chinois avait apporté, à titre de dépôt, 5 000 000 de taels au capital de la banque, expliquant à l'époque, en réponse à des questions, que cette somme représentait la part de la Chine dans le coût de l'investissement. construction du chemin de fer chinois de l'Est ; que pour la construction de cette ligne a été créée une société appelée Compagnie des chemins de fer de l'Est chinois, qui, bien que russo-chinoise de nom, était une entreprise purement russe ; et qu'il a été convenu qu'à l'achèvement de la ligne en question la somme « déposée » par la Chine lui serait restituée. Il ajoute que le président de la banque était le prince Ouchtomsky , qui s'est ensuite rendu à Pékin à la tête d'une mission russe.

Le Traité et l'Accord ferroviaire ont été ratifiés par le gouvernement chinois le 18 septembre et sont entrés en vigueur à cette date. La rumeur populaire qui attribuait au ministre russe à Pékin la négociation de ces deux instruments était, semble-t-il, due à la présence de M. Cassini dans la capitale chinoise, où il était jugé nécessaire qu'il reste pour obtenir leur ratification. par la Chine. Comme le montre une carte de l'Asie du Nord-Est, l'accord ferroviaire constituait une concession de la plus haute importance pour la Russie. Le chemin de fer chinois oriental, nom de la nouvelle ligne que la Russie a obtenu l'autorisation de construire, est devenu la section orientale du chemin de fer transsibérien, reliant le lac Baïkal à Vladivostok, le débouché de la Russie sur le Pacifique. La nouvelle ligne, qui traverserait le nord de la Mandchourie via Kharbin , Tsitsihar et Hailar , réduirait la distance de plus de 300 milles. De plus, le pays plus plat que devait traverser la ligne présentait peu de difficultés techniques, comparativement à la route de l'Amour, ce qui diminuerait considérablement la durée et le coût de la construction. L'accord a ensuite été complété dans ses moindres détails par l'élaboration de ce qu'on a appelé les statuts du chemin de fer chinois de l'Est. Celles-ci furent confirmées par le Tsar le 4 décembre de la même année. Bien que ces statuts (donnés dans *les traités et conventions de Rockhill*) prévoyaient que le président de cette compagnie ferroviaire devait être chinois, la stipulation était purement nominale. Le Chemin de fer chinois oriental, comme la Banque russo-chinoise, était une entreprise exclusivement russe, la levée des capitaux nécessaires ainsi que la construction de la ligne étant entièrement entre les mains des Russes.

Pendant ce temps, le Kaiser, qui dirigeait personnellement la politique étrangère de l'Allemagne, élaborait des plans pour réclamer sa part de récompense pour la triple intervention, et il avait, semble-t-il, déjà contacté le gouvernement de Pékin à ce sujet, mais sans aucun succès. La nature, à supposer qu'elle existe, de l'accord conclu entre les cours de Saint-Pétersbourg et de Berlin concernant les affaires d'Extrême-Orient restera probablement à jamais un secret d'État . Quoi qu'il en soit, il ressort clairement de ses propres déclarations répétées sur le besoin de l'Allemagne d'une « place au soleil » et des démarches du ministre allemand à Pékin qu'il était résolu à prendre pied d'une manière ou d'une autre. en Chine, d'où la future expansion de l'Allemagne en Extrême-Orient pourrait être opportunément développée. Son opportunité se présenta en 1897. À l'automne de la même année, deux missionnaires allemands furent assassinés dans la province du Shantung. Quelques semaines plus tard, une force allemande débarqua dans cette province à Kiaochow , l'un des deux ports dont la Russie avait acquis l'usage en temps de guerre dix-huit mois auparavant en vertu de son traité secret avec la Chine. M. Gérard, dans son livre mentionné ci-dessus, déclare que l'empereur allemand, avant le départ des navires allemands pour cette mission, avait informé le tsar par télégraphe de ses intentions et, ne recevant aucune réponse opposée à la mesure proposée, prenait le silence du tsar pour consentement. . L'occupation par l'Allemagne de cette position stratégique, qui avait en outre l'avantage de se trouver dans une région du continent chinois suffisamment éloignée des points où étaient concentrés d'autres intérêts étrangers pour éviter les objections des autres puissances et, en même temps, assurer une un champ vaste et intact pour l'entreprise allemande, fut confirmé par un traité conclu avec la Chine le 6 mars 1898. Par ce traité, la Chine accordait à l'Allemagne un bail de quatre-vingt-dix-neuf ans pour le port de Kiaochow et une étendue considérable de « l'arrière-pays » . L'Allemagne y acquit également certains droits de construction de chemins de fer dans le voisinage du port.

L'auteur de *Japan: The Rise of a Modern Power* nous dit, sur la base d'une déclaration qui aurait été faite par le prince Henri de Hohenzollern, que la prochaine étape du Kaiser était d'inviter le tsar à prendre Port Arthur et Ta-lien. Blême. Quelle que soit la vérité qu'il y ait dans la déclaration attribuée au prince Henri, M. Gérard pense que cette suggestion a pu être faite dans le télégramme annonçant ses propres intentions ; il n'en reste pas moins que l'action brusque de l'Allemagne a entraîné une ruée immédiate de plusieurs puissances européennes pour diverses parties du territoire chinois. La Russie a ouvert la voie dans ces procédures indignes, auxquelles un mot plus dur pourrait, avec justice, être substitué. Deux mois après l'occupation de Kiaochow par l'Allemagne, des navires de guerre russes jetèrent l'ancre à Port Arthur. Là, ils furent suivis par des croiseurs britanniques, et pendant un moment il sembla que l'histoire allait se répéter et que la Russie pourrait avoir à compter avec l'ingérence britannique dans ses desseins. Mais d'autres conseils ont prévalu. Les navires britanniques furent retirés et le 27 mars, trois semaines après la conclusion de l' accord de Kiaochow , un traité similaire fut signé à Pékin par Li Hung Chang et le chargé d'affaires russe . Ce traité, dont le texte n'a pas été publié par le Gouvernement russe, prévoyait la location à la Russie de Port Arthur, de Ta-lien Wan et des eaux adjacentes pour une période de vingt-cinq ans, renouvelable par arrangement à l'expiration du terme. . Il fut en outre convenu que le droit de construire le chemin de fer chinois oriental à travers la Mandchourie du Nord, obtenu par la Russie dans le cadre de l'accord ferroviaire secret du 27 août 1896, devrait être étendu de manière à inclure la construction de lignes secondaires à partir d'un point de ce chemin de fer jusqu'à Ta-lien Wan et d'autres endroits de la péninsule du Liaotung. Le traité prévoyait également une définition ultérieure des limites de la zone louée et, point d'une certaine importance à la lumière des événements ultérieurs, d'une bande de territoire neutre séparant les sphères chinoise et russe. Port-Arthur fut en outre déclaré port naval et, comme tel, fermé à tous les navires, à l'exception de ceux des deux parties contractantes. Ultérieurement, le 7 mai, un accord complémentaire, signé à Saint- Pétersbourg, définissait les limites du territoire loué et arrangeait leur délimitation.

Peu de temps après, la France, dont les services à la Chine au moment de la triple intervention avaient, comme nous l'avons vu, déjà été reconnus par le règlement rapide de diverses questions en suspens, obtint à son tour une concession territoriale. de même nature, quoique peut-être moins importants, que ceux accordés à l'Allemagne et à la Russie. Par une Convention signée à Pékin le 27 mai 1898, la Chine lui accorda un bail de quatre-vingt-dix-neuf ans pour une station navale et un dépôt de charbon dans la baie de Kwang-chow et le territoire adjacent dans la péninsule de Leichow , ainsi que avec le droit de construire un chemin de fer reliant la baie à la péninsule. La superficie de cette concession était située dans la province du Kwangsi, qui jouxte le territoire français du Tonkin.

Contrairement aux trois puissances associées à la triple intervention, dont l'action ultérieure permet de supposer qu'elles se considéraient comme des courtiers ayant droit à une commission pour services rendus, la Grande-Bretagne n'avait aucun droit particulier à la bonne volonté de la Chine. Néanmoins, elle s'est jointe à la ruée vers le territoire chinois. Une Convention, signée à Pékin le 9 juin 1898, lui accorda une extension de territoire à Hong Kong sous bail pour une période de quatre-vingt-dix-neuf ans, la raison invoquée pour la concession étant que cette extension était nécessaire à la protection et à la défense adéquates de cette colonie. Trois semaines plus tard (1er juillet), par une autre convention, également signée à Pékin, il fut convenu que le gouvernement chinois, « afin de fournir à la Grande-Bretagne un port naval convenable et pour la protection du commerce britannique dans les mers voisines », devrait lui louer Weihaiwei et les eaux adjacentes « pour une période aussi longue que Port Arthur restera sous l'occupation de la Russie ». La zone ainsi louée comprenait l'île de Liu-kung et toutes les autres îles de la baie de Weihaiwei .

Pour défendre l'action de la Grande-Bretagne, on peut légitimement faire valoir que ses intérêts en Chine et en Extrême-Orient en général, qui étaient plus étendus que ceux de toute autre puissance, à l'exception peut-être du Japon, ont obligé son gouvernement à prendre des mesures . des mesures promptes pour contrecarrer l'effet de toute procédure de la part d'autres puissances qui pourrait être préjudiciable à ces intérêts. La situation politique créée en Extrême-Orient par les actions des trois puissances associées dans la triple intervention était loin d'être rassurante. L'occupation de Port Arthur par la Russie était en contradiction directe avec les motifs de la protestation commune contre l'annexion de la péninsule du Liaotoung par le Japon. Ni avec la France, ni avec la Russie, nos relations ne furent alors ce qu'elles devinrent par la suite. Entre la politique britannique et la politique russe, il y avait un antagonisme à peine voilé, alors que les Français et nous étions longtemps rivaux en Chine comme ailleurs. L'action concertée de ces deux puissances, sans parler de leur soutien par une troisième, dont les relations exactes avec ses associés étaient douteuses, était ainsi de nature à susciter des appréhensions qui auraient sans doute été accrues si les ministres britanniques avaient alors su tout ce qui s'est passé depuis. se dévoilent. Une gravité supplémentaire a été donnée à l'apparition soudaine de l'Allemagne dans un rôle nouveau par, pour reprendre les mots de M. Gérard, son « occupation par la force et dans un moment de paix complète d'un port appartenant à l'Empire dont elle revendiquait l'intégrité du territoire ». avoir protégé contre le Japon. Dans ces circonstances, le Gouvernement britannique a peut-être estimé qu'il était justifié de considérer ces procédures comme risquant de porter atteinte aux intérêts et au prestige britanniques et d'adopter ce qui, à la lumière de ces événements, pourrait raisonnablement être considéré comme revêtant le caractère d'une mesure de précaution. mesures. Telle était sans aucun doute l'interprétation générale donnée par des observateurs impartiaux à l'action de la Grande-Bretagne pour organiser son occupation de Weihaiwei . Il s'agissait, comme les termes de l'accord l'indiquaient clairement, d'une contre-attaque directe à l'occupation de Port Arthur par la Russie. En tant que telle, elle fut bien accueillie par le Japon qui, lorsque le moment de l'évacuation de Weihaiwei arriva, la remit volontiers à la Puissance qui allait bientôt devenir son alliée.

CHAPITRE XXIV

Protestation américaine contre l'agression étrangère en Chine – Principe de « porte ouverte et égalité des chances » – Réforme financière – Fonctionnement des traités révisés – L'épidémie de Boxer – Russie et Mandchourie.

Outre les divers accords d'occupation du territoire chinois mentionnés dans le chapitre précédent, des négociations ont été menées avec le gouvernement chinois à peu près à la même époque par les puissances européennes concernées, ainsi que par le Japon, en vue d'obtenir des déclarations concernant la non-occupation du territoire chinois. l'aliénation par la Chine de certains territoires qu'elle considérait comme entrant respectivement dans ses sphères d'intérêt particulières. A la suite de ces négociations, le ministre français à Pékin reçut en mars 1897 une assurance verbale, confirmée plus tard par écrit, que le gouvernement chinois « en aucun cas, ni sous aucune forme, n'aliénerait à une autre puissance l'île de Hainan au large de Pékin ». la côte de la province de Kwantung. En février 1898, une déclaration similaire concernant les provinces riveraines du Yangtsé fut adressée à la Grande-Bretagne. En avril suivant, l'assurance précédemment donnée à la France fut étendue aux trois provinces méridionales du Yunnan, du Kouangsi et du Kouantung, limitrophes du Tonkin ; tandis que le Japon recevait, le même mois, une assurance de même nature concernant la province de Fukien, le gouvernement chinois signifiant son intention « de ne jamais la céder ou la louer à quelque puissance que ce soit ». En obtenant ainsi de la Chine une déclaration de non-aliénation concernant la province de Fukien, semblable à celles données à la Grande-Bretagne et à la France concernant d'autres parties du territoire chinois, le Japon a établi sa prétention à se classer parmi les principales puissances d'Extrême-Orient. une position qui, comme nous le verrons, a reçu une nouvelle reconnaissance l'année suivante. Son succès à cet égard, dû à sa victoire dans la guerre avec la Chine et au changement dans son statut de nation résultant de la conclusion de traités révisés avec plusieurs puissances étrangères, fut rendu encore plus visible par l'échec de l'Italie. après de longues négociations, pour obtenir le consentement de la Chine à une concession territoriale similaire à celles accordées aux autres puissances européennes.

Les années 1898 et 1899 ont vu la négociation entre les puissances européennes de deux autres arrangements relatifs à la Chine, d'un caractère quelque peu différent. L'une d'elles était la déclaration faite par la Grande-Bretagne à l'Allemagne le 19 avril 1898, s'engageant à ne construire aucun chemin de fer reliant Weihaiwei et le territoire loué adjacent à l'intérieur de la province de Shantung. L'autre était l'accord, conclu par un échange de notes à Saint-Pétersbourg le 28 avril 1899, par lequel les gouvernements britannique et russe manifestaient leur intention de considérer, aux fins de concessions ferroviaires, le bassin du Yangtsé et la région. au nord de la Grande Muraille comme sphères d'intérêt particulières des deux puissances, respectivement, confirmant, en même temps, l'accord conclu entre elles au sujet du chemin de fer entre Shanhaikwan et Newchwang .

Le déclenchement de la guerre entre les États-Unis et l'Espagne au printemps 1898 entraîna l'introduction d'un nouveau facteur dans la situation créée en Extrême-Orient par les événements décrits ci-dessus. L'un des résultats de la guerre fut la cession des îles Philippines à l'Amérique, qui avait déjà, en annexant Hawaï, obtenu un tremplin pour traverser le Pacifique. L'acquisition de ces anciennes possessions espagnoles, qui lui fournissaient une base navale dans le Pacifique oriental pour protéger son commerce dans les eaux d'Extrême-Orient, modifia immédiatement l'attitude de l'Amérique à l'égard des questions d'Extrême-Orient. Jusqu'à présent, dans ses relations avec l'Extrême-Orient – avec la Chine, le Japon et la Corée – elle avait maintenu une attitude détachée, conforme à sa politique traditionnelle de non-ingérence dans les questions étrangères. En Chine, où elle est entrée tardivement sur le terrain, elle s'est contentée de suivre, à distance, le sillage des autres puissances ; partageant tous les privilèges commerciaux ou extraterritoriaux qui pourraient être obtenus, mais sans jamais briser la glace pour elle-même, ni – à son honneur, soit dit en passant – trahir aucune tendance agressive. En tant que pionnière des nations occidentales qui ont mis fin à l'isolement du Japon et de la Corée, elle a eu l'occasion d'exercer une puissante influence, dont sa politique traditionnelle lui interdisait d'exploiter pleinement. En ce qui concerne les deux pays, quelque peu à la lumière de leurs protégés, sa politique à l'égard de chacun s'est vite transformée en une inaction bienveillante, variée seulement par une opposition timide occasionnelle à la politique moins complaisante d'autres gouvernements, chaque fois que le devoir d'un patron, ainsi parler, semblait réclamer son intervention. Nous avons vu comment elle fut ainsi amenée à deux reprises, en matière de révision du traité, à encourager prématurément les ambitions japonaises, ce qui fut une cause d'embarras à la fois pour elle-même et pour la nation dont elle était prête à favoriser les vœux. La ligne de conduite ainsi suivie par l'Amérique, qui excluait une action concertée avec d'autres puissances, n'était, à certains égards, qu'une simple extension à l'Extrême-Orient de la politique qu'elle avait adoptée précédemment à l'égard des questions européennes. Même si le principe traditionnel consistant à se tenir à l'écart des affaires extérieures au continent américain, par crainte d'enchevêtrements politiques, aurait pu convenir aux conditions de son existence antérieure en tant que nation, une adhésion trop rigide à ce principe, alors que ces conditions disparaissaient rapidement, pourrait entraîner des conséquences plus désagréables que celles qu'elle cherchait à éviter. Une attitude de détachement poussée trop loin pourrait conduire à son exclusion de la voix dans la réglementation des questions d'intérêt international. L'Amérique semblait dériver vers une telle position lorsque, pour emprunter l'expression utilisée par M. Hornbeck dans *Contemporary Politics of the Far East* , elle est soudainement « tombée par hasard sur la politique mondiale » à travers son occupation des Philippines. A partir de ce moment, son isolement politique prit fin. Elle commença à s'intéresser plus activement et plus intelligemment aux questions d'Extrême-Orient, même si la réticence à abandonner sa politique traditionnelle, qui était encore perceptible dans son action lorsqu'elle déménagea, risquait d'être confondue avec de la timidité.

Les concessions territoriales obtenues successivement par l'Allemagne, la Russie, la France et la Grande-Bretagne, et l'affectation d'autres territoires chinois par des arrangements conclus soit par les puissances intéressées, ainsi que par le Japon, avec la Chine, soit par certains de ces puissances européennes entre elles, a provoqué un malaise à Washington. On craignait que la nouvelle activité manifestée par divers gouvernements n'aboutisse à la fermeture ou à la restriction des marchés chinois jusqu'alors ouverts à tous les pays, auquel cas un préjudice grave pourrait résulter du commerce et des entreprises américaines. L'appréhension n'était pas sans fondement, même en ce qui concerne les déclarations sur la non-aliénation du territoire chinois. Bien que le libellé même de ces déclarations ne justifie pas à lui seul une déduction de cette nature, du fait qu'elles aient été faites, il a été généralement considéré que leur effet était d'établir, dans chaque cas, une sorte de priorité de droit - un position d'avantage exceptionnel en faveur de la Puissance à laquelle la Déclaration a été faite. Cette conclusion était étayée par le flou du terme « sphères d'intérêt » appliqué aux régions concernées par les déclarations en question, et était également renforcée par l'impression commune formée à l'époque que cette désignation du territoire chinois présageait une éventuelle partition. de Chine. Telle semble avoir été l'opinion adoptée par le Gouvernement des États-Unis.

En septembre 1899, le secrétaire d'État américain adressa des notes circulaires aux gouvernements britannique, français, allemand et russe, exprimant l'espoir qu'ils « feraient une déclaration formelle d'une politique de « porte ouverte » dans les territoires qu'ils détiennent en Chine. .» Une assurance était demandée à chaque puissance : qu'elle « n'interférerait en aucune manière avec aucun port traité ou tout intérêt direct dans une soi-disant sphère d'intérêt, ou territoire loué, qu'elle pourrait avoir en Chine » ; « que le tarif du Traité chinois en vigueur à l'heure actuelle devrait s'appliquer à toutes les marchandises débarquées ou expédiées vers tous les ports faisant partie de ladite « sphère d'intérêt » »… et « que les droits ainsi perçus devraient être perçus par le gouvernement chinois » ; et qu'il « ne prélèverait pas de taxes portuaires plus élevées sur les navires d'une autre nationalité fréquentant un port de cette « sphère » que celles qui devraient être perçues sur les navires de sa propre nationalité, et qu'aucune taxe ferroviaire plus élevée sur les lignes construites, contrôlées ou exploitées dans sa « sphère » " sur les marchandises appartenant à des citoyens ou sujets d'autres nationalités transportées à travers une telle " sphère " que celle qui devrait être perçue sur des marchandises similaires appartenant à ses propres ressortissants transportées sur des distances similaires. " Au mois de novembre suivant, des notes similaires, quoique non identiques, furent adressées aux gouvernements de la France, de l'Italie et du Japon, leur demandant de se joindre à ces déclarations formelles de politique.

La raison de la distinction ainsi faite tant dans les dates que dans la teneur des deux séries de communications réside peut-être dans le fait que les territoires loués par les trois premières puissances, outre leur plus grande importance stratégique, étaient situés dans un une partie de la Chine où les intérêts américains étaient plus étroitement concernés que dans la région plus au sud affectée par l'action française, et que le Japon, bien qu'intéressé par la Déclaration concernant le Fukien, n'avait ni cherché ni obtenu aucune cession de territoire ; tandis que l'Italie avait échoué dans ses efforts pour imiter l'exemple de ses voisins continentaux les plus proches .

L'assurance reçue de la Chine par le Japon concernant la non-aliénation de la province de Fukien était, comme nous l'avons vu, en effet, un aveu de la position de puissance et d'influence qu'il avait alors acquise. Son inclusion dans la liste des États consultés par l'Amérique à cette occasion était indirectement une approbation de cet aveu et constitue la première reconnaissance publique de son nouveau statut de puissance leader en Extrême-Orient.

favorables furent reçues de toutes les puissances consultées ; Chacune cependant, à l'exception de l'Italie, fit la réserve que l'assentiment aux propositions était subordonné à la condition que toutes les puissances intéressées participeraient aux déclarations. Alors, en mars 1900, le secrétaire d'État américain envoya des instructions au représentant américain dans chacune des capitales des puissances consultées pour informer le gouvernement auprès duquel il était accrédité que, à son avis, les six puissances en question et les États-Unis Les États s'engageaient mutuellement à maintenir le *statu quo commercial* en Chine et à s'abstenir, chacun dans ce qui pourrait être considéré comme sa sphère d'influence, « de mesures destinées à détruire l'égalité des chances ».

Les notes ainsi échangées entre les États-Unis et les six autres puissances mentionnées ci-dessus expliquent l'origine, car elles constituent aussi « la base formelle » (pour reprendre les mots de M. Hornbeck) de ce qu'on appelle depuis lors la politique de « l'ouverture ». porte et égalité des chances » en

Chine. La dernière partie de l'expression fut ensuite utilisée dans le Traité d'alliance anglo-japonais pour désigner la politique de la Grande-Bretagne et du Japon en Corée ainsi qu'en Chine. Pour l'ancien pays, aujourd'hui annexé au Japon, cela ne s'applique plus ; mais cette politique est théoriquement, sinon toujours pratique, en vigueur à l'égard de la Chine depuis vingt et un ans, et il y a des raisons de penser que l'on peut encore entendre davantage à la fois sur l'expression et sur la politique qu'elle représente : en relation avec les affaires en Chine et éventuellement dans d'autres régions d'Asie de l'Est.

En abordant le sujet de la réforme financière dans un chapitre précédent, l'attention a été attirée sur la confusion monétaire qui existait après l'abolition du système féodal, lorsque le nouveau gouvernement arrivé au pouvoir s'est retrouvé aux prises avec des dettes de clan et du papier-monnaie de clan. pour la plupart dépréciés et de toutes sortes. Il a été souligné que, conséquence naturelle de cette confusion monétaire et des embarras financiers dus à d'autres causes, les transactions monétaires du pays ont été conduites pendant de nombreuses années sur la base d'un papier-monnaie inconvertible ; et comment, par mesures successives, saisies au fur et à mesure de l'occasion offerte, pour remédier à cet état de choses, la reprise des espèces sur base argent fut enfin opérée en 1886.

Ce n'est que onze ans plus tard, en 1897, que le Japon adopta son étalon-or actuel. Les raisons de cette démarche sont données dans le chapitre sur les finances contribué au livre du marquis Ōkuma , déjà mentionné, par le marquis Matsugata , qui explique également les moyens par lesquels cela a été réalisé.

«Quand, dit cette autorité en matière financière japonaise, le gouvernement ouvrit des places pour le rachat du papier-monnaie en 1886, seules des pièces d'argent étaient offertes en échange. Ainsi, la monnaie du Japon à cette époque était pratiquement basée sur un étalon argent, bien que légalement le système soit bimétallique. Cependant, le prix de l'argent, pour diverses raisons, baissa graduellement, et les freins artificiels à sa baisse ne furent efficaces que pendant une courte période. Les fluctuations des devises semblaient se succéder sans fin. Entre- temps , les pays occidentaux ont commencé à adopter le monométallisme de l'or. Nos autorités savaient très bien que, pour assurer une croissance saine de la finance, le Japon devait adopter, tôt ou tard, un étalon-or monométallique, et cela a été si profondément imprimé dans l'esprit des financiers que le gouvernement a décidé de mettre en œuvre la réforme dès que possible. possible. L'opportunité souhaitée s'est présentée avec le Traité de Paix de 1895, lorsque la Chine a commencé à payer à notre pays une indemnité de 200 000 000 de taels » [*si* le montant était en réalité de 230 000 000 de taels]. « De nouvelles négociations entre notre gouvernement et les autorités chinoises ont abouti au paiement de l'indemnité, non pas en monnaie chinoise, mais en livres sterling. C'était important, car une grande réserve d'or était indispensable à l'établissement du monométallisme aurifère.

L'expérience de 1886, évoquée par le marquis Matsugata , a prouvé que la confiance dans la capacité du gouvernement à remplir ses obligations en matière de papier-monnaie était tout ce qu'il fallait. Cette confiance une fois établie, aucune difficulté supplémentaire ne s'est présentée lors du passage d'un papier-monnaie inconvertible à un papier-monnaie convertible. Préparé à de lourds appels aux ressources en espèces du Trésor, le gouvernement avait accumulé à cette occasion une réserve de 5 000 000 livres sterling. Lorsque, quelques jours après la date fixée pour la reprise des paiements en espèces, la demande d'espèces cessa, on constata que la valeur totale des billets présentés à la conversion ne dépassait pas 30,000 £. Le passage de l'étalon argent à l'étalon or en 1897 s'effectua avec la même facilité, une grande partie de l'indemnité chinoise étant transférée à l'étranger. Là, il servit utilement à maintenir le crédit financier du Japon et, comme conséquence naturelle, le prix du marché des obligations de ses nombreux emprunts étrangers qui, pendant plusieurs années, à la surprise des investisseurs privés, étaient cotés à l'étranger à des taux plus élevés que ceux de l'étranger. à la maison.

L'année 1899, lorsque les traités révisés sont entrés en vigueur, a marqué une nouvelle étape dans la progression du Japon vers l'égalité avec les puissances occidentales - objectif que ses hommes d'État s'étaient fixé depuis la Restauration et qui avait tant d'importance. à bien des égards, le principe directeur de la politique intérieure et étrangère. Dans le but de laisser du temps pour la négociation de traités similaires avec d'autres puissances étrangères, le Traité britannique révisé, signé à Londres en 1894, avait, comme déjà mentionné, stipulé qu'il n'entrerait en vigueur que cinq ans après la date de signature. . Avant l'expiration du délai nommé, des traités analogues avaient été conclus avec toutes les autres puissances intéressées, ceux avec la France et l'Allemagne contenant quelques modifications d'importance mineure. En outre, entre-temps, les conditions spécifiées dans le Traité concernant les nouveaux codes japonais et l'adhésion du Japon aux Conventions internationales sur le droit d'auteur et la propriété industrielle ont été remplies. La voie était ainsi dégagée pour l'application des nouveaux traités révisés, qui en conséquence entrèrent en vigueur le 17 juillet 1899, la date la plus rapprochée possible. Bien que dans ces nouveaux traités reconnaissant la juridiction territoriale du Japon, les stipulations des conventions antérieures qui offensaient principalement les susceptibilités japonaises ne trouvèrent aucune place, le Japon resta néanmoins lié pour une nouvelle période de douze ans - la durée des traités révisés - par un tarif de un caractère unilatéral. Ce n'est qu'à l'expiration de ce délai qu'elle retrouverait sa pleine autonomie tarifaire et serait libre de négocier des traités de réciprocité avec les différentes puissances concernées sur un pied d'égalité complète. Cette opportunité s'est présentée à elle en 1911, et elle en a immédiatement profité.

Au printemps de l'année suivante (1900), eut lieu ce qu'on appelle le Boxer Rising. À l'origine, il s'agissait d'une protestation contre l'entreprise missionnaire. À mesure qu'elle se développait, elle devint l'expression d'un sentiment d'exaspération parmi les classes officielles et lettrées de la Chine du Nord, engendré par l'action des puissances européennes occupant sous couvert de baux diverses parties du territoire chinois dans cette région. Au cours de l'automne précédent, une société appelée I-Ho- C'uan (Patriot Harmony Fists) s'était formée dans la province du Shantung. Sa formation fut favorisée par les tendances réactionnaires qui apparurent à cette époque à Pékin, où l'impératrice douairière, après le *coup d'État réussi* par lequel elle avait écrasé le mouvement réformateur mal conduit en 1898, était de nouveau au pouvoir. Les pouvoirs magiques revendiqués par ses membres produisaient sur les masses ignorantes une impression renforcée par les incantations qu'ils pratiquaient. À mesure que le mouvement se développait, il attira l'attention du gouverneur de la province, qui le soutint avec, apparemment, la double idée de l'utiliser contre l'agression étrangère et de gagner les faveurs de la Cour. Grâce à sa sympathie franche, le mouvement des Boxers prit une ampleur formidable. Bien que finalement, grâce à l'énergie de Yuan Shih- k'ai , qui était autrefois, comme nous l'avons vu, résident chinois en Corée, l'ordre fut rétabli dans le Shantung, le mouvement s'étendit vers le nord, en direction de Pékin. Là, comme l'explique M. Campbell dans le China Handbook préparé sous la direction du ministère des Affaires étrangères, il a obtenu le puissant soutien de l'homme d'État ignorant et réactionnaire, le prince Tuan, dont le choix du fils comme héritier présumé du trône lui a donné une position dominante. influence dans les conseils de l'Empire. En avril 1900, des bandes de Boxers faisaient des exercices dans les faubourgs de la capitale, leur apparition dans chaque quartier qu'ils envahissaient s'accompagnant d'assassinats de missionnaires et de massacres d'indigènes convertis. Quelques semaines plus tard, la situation devint si menaçante que des dispositions furent prises pour faire venir à Pékin de petits contingents de troupes étrangères pour la protection des légations et de la partie de la communauté étrangère qui restait encore. Ces gardes arrivèrent opportunément à la fin du mois de mai, époque à laquelle des nuées de Boxers infestaient la capitale et les légations étaient pratiquement isolées. Le prince Tuan a choisi ce moment pour épouser ouvertement la cause des Boxers. Cette démarche de sa part fut suivie par les assassinats du chancelier de la légation japonaise et du ministre allemand, les deux attentats survenant à quelques jours d'intervalle. La suite des événements est connue : prise des forts de Taku (16 juin) ; le siège des Légations par les troupes chinoises et les Boxers ; l'échec de la tentative de l'amiral Seymour de rétablir les communications avec la capitale ; l'équipement des forces expéditionnaires étrangères pour opérer contre Pékin ; la publication d'un décret impérial ordonnant un massacre général des étrangers dans les domaines chinois ; l'attaque des colonies étrangères de Tientsin ; l'arrivée de renforts russes et britanniques et la prise de la ville de Tientsin (14 juillet) ; la relève des Légations et l'occupation de la capitale chinoise les 13 et 14 août par les forces alliées ; et la fuite de la cour chinoise vers Sian-fu, l'ancienne capitale de la province de Shensi. Avec la fuite de la Cour de la capitale, la résistance chinoise s'effondra et lorsque le comte Waldersee arriva en septembre avec plusieurs milliers de soldats allemands pour prendre le commandement suprême des forces expéditionnaires alliées, il n'y avait plus d'ennemi à combattre. Les hostilités ont donné lieu à des négociations entre les gouvernements étrangers concernés et la Chine pour le règlement des différentes questions soulevées par l'épidémie de Boxer. Les négociations aboutirent à deux échanges préliminaires de notes, datées respectivement du 22 décembre 1900 et du 16 janvier 1901, fixant les conditions du rétablissement des relations normales avec la Chine, et à la signature d'un protocole final le 7 septembre. , 1901. Trois jours avant sa signature, le prince Ch'un , qui s'était rendu en mission à Berlin pour présenter ses excuses pour le meurtre du ministre allemand, fut reçu en audience par le Kaiser.

Les principales conditions imposées à la Chine par ces arrangements étaient le paiement d'une indemnité de 450 000 000 taels de Haikwan (l'équivalent au taux fixé – 3 shillings par tael – de 67 500 000 £) ; l'occupation permanente de certaines localités, dont Tientsin et Shanhaikwan , en vue de préserver la libre communication entre Pékin et la mer ; la destruction du Taku et d'autres forts qui menaçaient ces communications ; et la construction d'un quartier fortifié séparé dans la capitale pour les légations étrangères, pour la protection ultérieure de laquelle des gardes étrangères permanentes devaient être retenues. D'autres conditions comprenaient des réparations spéciales pour les meurtres du ministre allemand et du chancelier de la légation japonaise et la profanation de cimetières ; le châtiment du prince Tuan, ainsi que d'autres personnages et fonctionnaires responsables des attaques contre les étrangers ; et l'interdiction de l'importation d'armes.

Grâce, comme nous l'apprend le Manuel déjà cité, au bon sens des principales autorités provinciales, comme les vice-rois de Nankin et Wuchang et le nouveau gouverneur du Shantung, qui eurent le courage de désobéir au décret impérial, le mouvement des Boxers fut étouffée dans les régions du centre et du sud de la Chine. Là, malgré de nombreux troubles, l'ordre fut préservé. Mais plus au nord, en Mandchourie, les gouverneurs ne furent pas aussi judicieux. Conformément aux instructions de la Cour, ils déclarèrent la guerre aux Russes. Les attaques soudaines des forces chinoises créèrent la panique sur l'Amour et provoquèrent les représailles sauvages qui eurent lieu à Blagovestchensk sur ce fleuve et l'occupation de toute la Mandchourie par les troupes russes. La folie de l'impératrice douairière et de la clique ignorante dont les conseils la guidaient donna à la Russie l'occasion qu'elle désirait de poursuivre ses desseins d'agression en Extrême-Orient. Sa conduite ultérieure tout au long des négociations et après leur conclusion a détruit le bon effet produit par sa précieuse coopération dans les combats de Tientsin, où les renforts russes ont été, sans aucun doute, le facteur principal pour sauver les colonies étrangères de la destruction.

Dans les opérations militaires contre Pékin et dans les longues négociations qui leur succédèrent, le Japon joua un rôle remarquable. Elle avait subi un préjudice similaire à celui subi par d'autres puissances étrangères à l'occasion du soulèvement des Boxers, et elle avait un intérêt commun avec elles à adopter toutes les mesures qui pourraient s'avérer nécessaires dans la situation d'urgence internationale qui s'était produite. Sa proximité avec la Chine et ses ressources militaires lui permettent de frapper rapidement et avec efficacité. A l'invitation à participer au corps expéditionnaire en voie d'organisation, qui lui fut adressée par les autres puissances intéressées, à l'exception de la Russie, elle répondit avec empressement ; et en peu de temps, une force japonaise bien équipée prit la place des troupes des autres puissances et se joignit à la marche sur Pékin pour secourir les légations assiégées. La discipline et l'efficacité du contingent japonais ont suscité des éloges bien mérités de la part des juges les plus qualifiés. Au cours des négociations ultérieures, la volonté montrée par le Japon d'agir en harmonie avec les autres puissances, dont l'attitude était influencée par la considération des intérêts généraux de toutes les parties concernées, a facilité la solution de nombreuses difficultés ; et, lorsque la question des demandes d'indemnisation fut discutée, la modération de ses exigences n'eut d'égale que celle de la Grande-Bretagne et des États-Unis.

CHAPITRE XXV
Accord entre la Grande-Bretagne et l'Allemagne — L'Alliance anglo-japonaise.

Peu après l'ouverture de négociations en vue du rétablissement de relations amicales avec la Chine, les gouvernements de la Grande-Bretagne et de l'Allemagne ont conclu un accord de renonciation à soi-même qui confirmait, bien que dans des termes différents et avec une application particulière à la situation qui existait alors en Chine , le principe de la « porte ouverte et de l'égalité des chances », tel qu'énoncé par les États-Unis et accepté par les puissances consultées, à l'automne 1899 et au printemps de l'année suivante. Par cet Accord, signé à Londres le 16 octobre 1900, les deux Puissances s'engageaient à soutenir le principe ci-dessus mentionné ; s'abstenir de profiter des troubles existants en Chine pour « obtenir pour eux-mêmes des avantages territoriaux » ; et de coopérer pour la protection de leurs intérêts en cas de tentative de la part d'une autre Puissance d'obtenir de tels avantages dans les conditions existantes. L'accord fut, comme convenu, communiqué aux autres puissances intéressées, qui furent invitées « à accepter les principes qui y étaient énoncés ». Des réponses plus ou moins favorables furent reçues des puissances sollicitées. Le Gouvernement français a invoqué sa prompte adhésion aux propositions des Etats-Unis l'année précédente comme une preuve de sa volonté de longue date dans le sens indiqué ; tandis que la réponse russe, qui, comme la France, prenait la forme d'un mémorandum, allait jusqu'à dire que la Russie avait été « la première à poser le maintien de l'intégrité de l'Empire chinois comme principe fondamental de sa politique ». en Chine." Le Gouvernement japonais, dans sa réponse, a déclaré que, compte tenu de l'assurance reçue selon laquelle, en adhérant à l'Accord, le Japon se trouverait dans la même situation qu'il aurait occupée s'il avait été signataire au lieu d'être un État adhérent, il n'avait pas hésitation à adhérer à l'Accord et à accepter les principes qui y sont consacrés.

Par la suite, lorsqu'il est apparu que la Russie n'envisageait pas d'évacuer le territoire qu'elle occupait en Mandchourie, le gouvernement allemand a expliqué que l'accord n'avait jamais eu l'intention de s'appliquer à ce territoire.

La voie suivie par la Russie dès le début des négociations à Pékin contrastait nettement avec l'attitude adoptée par les autres puissances concernées et était en contradiction directe avec les principes énoncés dans l'accord anglo-allemand auquel elle prétendait souscrire. Elle se dissociait de certaines des demandes formulées conjointement par les autres puissances, tandis que sa conduite en maintenant ses troupes stationnées dans les positions les plus éloignées où elles avaient pénétré pendant l'épidémie des Boxers indiquait son intention de donner un caractère permanent à son occupation de la

Mandchourie. Son attitude à cet égard était sans doute encouragée par le fait que, alors que le Protocole final prévoyait le retrait des troupes étrangères, sous certaines conditions, de Pékin et de la province de Chihli, il ne contenait aucune référence à l'évacuation de la Mandchourie. Une preuve supplémentaire de ses desseins fut fournie par la conclusion en janvier 1901 (sous réserve de confirmation par le gouvernement de Pékin) d'un accord entre l'amiral Alexeieff et le général tartare à Moukden , plaçant la province de Fêng-t'ien (Shenking) sous contrôle russe, et par l'ouverture ultérieure de négociations à Saint-Pétersbourg pour une convention formelle, qui aurait établi un protectorat russe sur l'ensemble de la Mandchourie, en plus de lui donner des droits exclusifs ou préférentiels en Mongolie et au Turkestan chinois. Ces tentatives visant à obtenir le consentement de la Chine à son occupation de la Mandchourie et à s'assurer ailleurs une position exceptionnellement avantageuse furent contrecarrées par la vigilance de la Grande-Bretagne, des États-Unis et du Japon, et par l'indignation générale qu'elles suscitèrent en Chine. Le gouvernement de Pékin, cédant aux pressions ainsi exercées sur lui, refusa de confirmer l' accord de Moukden ; il a été interdit au ministre chinois dans la capitale russe de signer la convention en cours de négociation ; et finalement, en août 1901, le gouvernement russe publia un *communiqué officiel* annonçant l'abandon du projet de convention en raison, comme cela a été expliqué, d'une fausse déclaration sur les intentions de la Russie. Les troupes russes restèrent néanmoins en Mandchourie, et ce n'est qu'après la conclusion de l'alliance anglo-japonaise que la Russie conclut enfin un accord avec la Chine pour l'évacuation du territoire qu'elle avait occupé, accord qui, comme le disait M. Witte. a ensuite expliqué à l'ambassadeur britannique à Saint-Pétersbourg qu'elle n'avait jamais eu l'intention d'observer.

Le 30 janvier 1902, le traité d'alliance anglo-japonais fut signé à Londres par le marquis de Lansdowne et le ministre japonais de cette ville, feu le comte (alors baron) Hayashi, qui fut ensuite ministre japonais des Affaires étrangères. Le traité concernait les affaires de « l'Extrême-Orient » et est entré en vigueur immédiatement après sa signature. Il pouvait être dénoncé après une durée de cinq ans, avec un préavis d'un an de chaque côté, sous réserve que si l'une des parties contractantes était en guerre à la fin de la période du traité, il resterait en vigueur jusqu'à ce que la paix soit conclue. . Par cet accord, les parties contractantes reconnaissaient l'indépendance de la Chine et de la Corée, ainsi que les intérêts particuliers de la Grande-Bretagne et du Japon, respectivement. Ils s'engageaient à maintenir une stricte neutralité au cas où l'un d'eux serait impliqué dans une guerre, et à se prêter mutuellement assistance au cas où l'un ou l'autre se trouverait confronté à l'opposition de plusieurs puissances hostiles. Le Traité affirme également, comme nous l'avons vu, le principe de « l'égalité des chances ».

Dans sa dépêche au ministre britannique à Tōkiō notifiant la signature de l'accord, le marquis de Lansdowne observa que celui-ci pouvait être considéré comme le résultat des événements survenus au cours des deux dernières années en Extrême-Orient et de la part prise par la Grande-Bretagne et le Japon pour y faire face. Le comte Hayashi, dans ses *Mémoires secrets* , publiés à Londres en 1915 après sa mort, confirme cette affirmation, mais situe un peu plus loin la date à laquelle les tendances ont commencé à se dessiner dans cette direction. L'idée d'une alliance entre les deux pays est apparue, dit-il, dans l'esprit des hommes d'État japonais peu après la triple intervention de 1895, et a été favorisée par le comte Mutsu, qui était à l'époque ministre des Affaires étrangères. L'effet de cette intervention, explique-t-il, fut de provoquer un regroupement des puissances en Extrême-Orient : la France, la Russie et l'Allemagne formaient un groupe, tandis que la Grande-Bretagne, le Japon et les États-Unis en représentaient un autre. Ayant en vue ce regroupement, il suggéra lui-même, au cours de l'été de la même année, l'opportunité d'une telle alliance, au cas où l'attitude hostile de certaines puissances à l'égard du Japon persisterait. La suggestion a été faite dans des articles publiés dans un journal de premier plan de Tōkiō après qu'il ait cessé d'être vice-ministre des Affaires étrangères et à la veille de sa nomination comme ministre du Japon en Chine.

Les extraits suivants d'un résumé de ces articles, qui est donné dans les Mémoires, montrent comment, sans se préoccuper de la rétrocession de la péninsule du Liaotung, les hommes d'État japonais restaient fermement attachés à leur politique établie consistant à amener la nation sur un pied d'égalité avec les puissances occidentales. , réalisant peut-être plus clairement qu'auparavant que l'augmentation de la force navale et militaire du Japon était le seul moyen d'atteindre leur objectif.

"Nous devons", dit l'auteur des articles, "continuer à étudier selon les méthodes occidentales, car l'application de la science est l'élément le plus important des préparatifs de guerre que les nations civilisées considèrent. Si de nouveaux navires de guerre sont jugés nécessaires, nous devons les construire à tout prix. Si l'organisation de l'armée s'avère erronée… c'est tout le système militaire qui doit être entièrement modifié. Nous devons construire des quais pour pouvoir réparer nos navires. Nous devons créer une usine sidérurgique pour fournir des armes et des munitions. Nos chemins de fer doivent être étendus afin que nous puissions mobiliser rapidement nos troupes. Notre transport maritime doit être développé afin que nous puissions fournir des transports pour transporter nos armées à l'étranger. C'est ce programme que nous devons toujours garder à l'esprit... Ce que le Japon doit maintenant faire, c'est se taire parfaitement, apaiser les soupçons qui ont surgi contre lui et attendre, tout en renforçant les bases de sa puissance nationale. , guettant et attendant l'opportunité qui doit sûrement se présenter un jour en Orient. Ce jour-là, elle pourra suivre sa propre voie.

Il est désormais de notoriété publique que toutes les étapes indiquées ont été exécutées avec soin. Des préparatifs d'une telle ampleur ne pouvaient signifier qu'une seule chose : se prémunir contre l'éventualité d'une guerre avec la puissance qui pourrait empêcher le Japon de « suivre sa propre voie ».

MARQUIS SAIONJI.

Descendant d'une ancienne famille de nobles de la cour. Une figure marquante de la diplomatie et de la vie parlementaire. Il était le délégué principal du Japon à la Conférence de Versailles.

GÉNÉRAL PRINCE KATSURA.

A rendu des services distingués dans la guerre avec la Chine et la Russie ;
il se distinguait à la fois comme soldat et comme homme d'État.

L'idée d'une alliance, ou d'une sorte d'entente entre les deux pays, ainsi
avancée en 1895, semble avoir progressivement fait son chemin tant au Japon
qu'en Grande-Bretagne. Nous apprenons des mêmes Mémoires qu'en 1898
M. Joseph Chamberlain, alors ministre des Colonies, exprima au vicomte
(alors M.) Kato, qui était alors ministre du Japon à Londres, la disposition de
la Grande-Bretagne à conclure un accord avec le Japon. pour le règlement
des affaires en Extrême-Orient, et que ce dernier, en rapportant la
conversation au ministre des Affaires étrangères à Tōkiō , soutenait
fermement cette suggestion. Le sujet, semble-t-il, fut de nouveau abordé au
cours d'une conversation que le comte Hayashi eut avec feu le marquis Itō et
avec le marquis (alors comte) Inouyé à Tōkiō en 1899, avant sa nomination
(du comte Hayashi) au poste de ministre à Londres. Son récit de ce qui s'est
passé à cette occasion montre que le gouvernement japonais hésitait alors
entre deux solutions opposées : un accord ou une alliance avec la Grande-
Bretagne et une entente avec la Russie ; et il semble qu'on ait pensé que cette
dernière Puissance était en mesure d'offrir de meilleures conditions. Peu
après son arrivée, au début de janvier 1900, pour prendre ses fonctions à
Londres, le nouveau ministre rencontra feu le Dr Morrison, alors
correspondant *du Times* à Pékin, avec qui il discuta de la question d'une
alliance entre les deux pays. Il semble alors avoir eu l'impression que la
plupart des journalistes britanniques étaient favorables à une alliance anglo-
japonaise.

Ce n'est cependant que l'année suivante que la question commença à prendre un aspect pratique. Le premier mouvement est venu d'un endroit inattendu, l'ambassade d'Allemagne à Londres. En mars 1901, Freiherr von Eckhardstein , qui était alors chargé d'affaires en raison de la maladie de l'ambassadeur d'Allemagne, rendit visite au comte Hayashi et exprima l'opinion qu'une triple alliance entre l'Allemagne, la Grande-Bretagne et le Japon était le meilleur moyen de maintenir la paix en Extrême-Orient. Il a suggéré que lui (le comte Hayashi) prenne l'initiative de proposer cette alliance. Ce dernier, qui avait été, comme nous le savons, l'un des premiers à préconiser une alliance anglo-japonaise, en fit part à son gouvernement et fut chargé de sonder officiellement le gouvernement britannique à ce sujet. Les Mémoires déjà mentionnés et les « Réminiscences » (*Lebens Erinnerungen und Politische Denkwürdigkeiten*) de Freiherr von Eckhardstein , publiées à Leipzig en 1920 , jettent beaucoup de lumière sur le cours ultérieur des négociations. Le bal ainsi lancé, la question était, apprend-on, discuté de manière informelle de temps à autre, d'une part entre le ministre japonais et Lord Lansdowne, et, d'autre part, entre ce dernier et le chargé d'affaires allemand ; mais il n'a jamais été rouvert par l'ambassade d'Allemagne auprès du ministre japonais.

Le projet d'une triple alliance semble avoir suscité peu d'enthousiasme de la part des ministères des Affaires étrangères concernés. La Grande-Bretagne semble avoir montré plus d'inclination dans cette direction que les deux autres puissances, car jusqu'à un stade avancé des négociations avec le Japon, ce point semble avoir été gardé à l'esprit par le Cabinet britannique. Si le gouvernement allemand a jamais sérieusement envisagé cette idée — ce qui est très douteux — c'est simplement pour les raisons évoquées par le ministère des Affaires étrangères à Berlin, selon lesquelles l'inclusion du Japon pourrait lui être acceptable pour des raisons générales, car il « se trouverait dans une situation difficile ». bonne compagnie », et pourrait faciliter les négociations avec la Grande-Bretagnc, « car le Japon était populaire en Allemagne ». L'alliance avec la Grande-Bretagne était considérée comme la considération principale ; et même dans cette affaire, il n'y a aucune raison de penser que les ouvertures allemandes étaient sincères, car l'insistance de Berlin pour que l'Autriche soit associée à l'affaire, bien que non comme partie contractante, ajoutait aux difficultés déjà existantes. Du côté du Japon, où le rôle joué par l'Allemagne dans l'incident du Liaotung n'a pas été oublié, il ne semble pas non plus y avoir eu de désir marqué d'inclure cette puissance dans tout accord entre lui-même et la Grande-Bretagne. Ceci explique le caractère distinct des négociations menées à Londres. Entre la Grande-Bretagne et l'Allemagne, les négociations n'ont duré que quelques semaines, période pendant laquelle elles semblent n'avoir été entretenues que par les efforts du chargé d'affaires allemand , à l'initiative duquel le projet était dû. Après la reprise de ses fonctions par l'ambassadeur d'Allemagne, les négociations furent transférées à Berlin, où elles prirent bientôt fin. Leur échec est décrit par l'auteur des Réminiscences comme « le point de départ de l'encerclement [*Einkreisung*] de l'Allemagne et de la guerre mondiale qui en fut la conséquence mathématique ».

Les négociations parallèles entre la Grande-Bretagne et le Japon ne furent pas interrompues par l'incapacité des gouvernements britannique et allemand à parvenir à un accord. Il n'existait aucun obstacle de nature à empêcher un accord entre les deux autres puissances. Les relations cordiales qui s'étaient établies à la suite du règlement de la question longtemps en suspens de la révision du traité avaient été améliorées par l'étroite coopération des deux pays dans le cadre des mesures internationales auxquelles tous deux s'étaient associés à l'époque de l'affaire des Boxers. et par l'harmonie des points de vue qui s'est développée au cours des négociations de Pékin. La seule difficulté qui se présentait résidait dans le fait, déjà évoqué, que le gouvernement japonais hésitait entre deux solutions opposées : une entente avec la Russie et un accord avec la Grande-Bretagne. La décision revenait aux principaux hommes d'État, qui sur ce point étaient divisés en deux partis, l'un dirigé par feu le prince Itō et feu le marquis Inouyé , l'autre par le prince (alors marquis) Yamagata et feu le prince Katsura. Itō , dont les tendances pro-allemandes étaient bien connues, était favorable à un accord, si possible, avec la Russie, et son opinion était partagée par Inouyé . Yamagata et Katsura, en revanche, étaient enclins à une alliance avec la Grande-Bretagne. Heureusement pour les négociations de Londres, les clivages d'opinion n'ont pas suivi les lignes claniques. Le parti Chōshiū , auquel appartenaient tous les quatre hommes d'État en question, était lui-même divisé. Heureusement aussi, Katsura était alors premier ministre. Sa politique et celle de Yamagata furent adoptées par le Cabinet et finalement prévalurent. Dans son opposition à la politique du Cabinet, Itō va jusqu'à faire en sorte qu'une visite qu'il s'apprête à effectuer en Amérique à l'occasion des célébrations à l'Université de Yale soit étendue à la Russie, où il semble avoir échangé des vues avec des hommes d'État russes. Son action menaça à un moment donné de mettre en péril le succès des négociations de Londres, et il devint nécessaire pour le gouvernement japonais d'expliquer que sa visite en Russie n'avait aucun caractère officiel. Face à ce désaveu, il ne pouvait pas faire grand-chose. Quels que soient les plans que lui et ceux qui le soutenaient avaient pu former, ils n'aboutirent à rien et, en fin de compte , il fut contraint de se contenter de critiquer défavorablement le projet de traité anglo-japonais qui incarnait les derniers amendements proposés par le Japon. La force de sa position dans le pays à l'époque, ainsi que son influence auprès du défunt empereur du Japon, peuvent être mesurées par le fait que ces derniers amendements lui furent transmis par le gouvernement en Russie par messager spécial, avec une demande de son opinion.

Il est inutile de souligner l'importance de l'alliance anglo-japonaise. Le comte Hayashi, en parlant d'un « événement historique », n'exagère pas. Pour les deux pays, il s'agissait d'un nouveau et grave changement de politique, mettant fin à un isolement qui était une source de faiblesse pour chacun dans la partie du monde à laquelle il s'appliquait. Pour le Japon, cette valeur était triple. Cela la garantissait pratiquement contre une répétition de l'incident du Liaotoung, tandis que le simple fait qu'elle devienne l'alliée d'une des principales puissances du monde ajoutait beaucoup à son prestige et facilitait l'émission de prêts sur le marché de Londres. Si les bénéfices pour la Grande-Bretagne semblent avoir été moindres, l'alliance était néanmoins opportune étant donné l'entente étroite entre la Russie et la France en Extrême-Orient, la menace ouverte pour ses intérêts que représentaient les desseins russes en Mandchourie et le danger pour la Grande-Bretagne. être appréhendés de leur extension ultérieure. Le fait que l'alliance ait été renouvelée sous une forme élargie trois ans plus tard, puis renouvelée à nouveau en 1911 et soit toujours en vigueur, montre que les deux gouvernements ont des raisons d'être satisfaits de ses résultats.

La conclusion de l'alliance anglo-japonaise a entraîné des gouvernements russe et français une déclaration, signée à Saint-Pétersbourg le 3 mars 1902, qui ne laissait aucun doute sur l'interprétation qui en était faite à Saint-Pétersbourg et à Paris. Dans cette Déclaration, les deux Gouvernements, tout en approuvant les principes fondamentaux affirmés dans l'Accord anglo-japonais, se réservaient le droit de se consulter, si nécessaire, au sujet de la protection de leurs intérêts. Le commentaire de l' auteur *du Monde et la Guerre Russo-Japonaise* sur cette contre-mesure était qu'« elle n'avait presque aucune valeur en tant que réponse au traité anglo-japonais ».

L'action de la Russie visant à prolonger indéfiniment son occupation de la Mandchourie, malgré les protestations d'autres puissances, et ses tentatives de renforcer sa position là-bas par des arrangements secrets avec la Chine, au mépris du principe de « la porte ouverte et de l'égalité des chances » qui elle s'était unie à d'autres puissances en acceptant, ce qui provoqua un nouveau malaise à Washington. Le 1er février 1901, presque simultanément à la signature du traité anglo-japonais, le secrétaire d'État américain, à l'initiative duquel en 1899 était due l'acceptation de ce principe, adressa des notes circulaires aux gouvernements de Chine, de Russie et de neuf pays. d'autres puissances au sujet de la situation créée en Mandchourie par l'occupation russe. Tout accord, a-t-il souligné, par lequel la Chine cède à des sociétés ou à des sociétés des droits et privilèges industriels exclusifs en rapport avec le développement de la Mandchourie constitue un monopole et, étant une violation flagrante des stipulations des traités entre la Chine et les puissances étrangères, gravement affecté les droits des citoyens américains. De telles concessions seraient suivies par d'autres puissances exigeant des avantages exclusifs similaires dans d'autres parties de l'Empire chinois, et aboutiraient à « l'anéantissement complet de la politique d'égalité absolue de traitement de toutes les nations en ce qui concerne le commerce, la navigation et le commerce intérieur ». les confins de l'Empire.

Influencée peut-être par l'alliance anglo-japonaise et par les protestations écrites des États-Unis, la Russie conclut enfin, le 8 avril 1902, à Pékin, un accord pour l'évacuation de la Mandchourie. L'Accord devait entrer en vigueur à compter de la date de sa signature et devait être ratifié dans un délai de trois mois, mais cette dernière stipulation n'a jamais été respectée. Il prévoyait que l'évacuation se déroulerait en trois étapes et s'achèverait en dix-huit mois, c'est-à-dire avant octobre 1903. L'évacuation était cependant subordonnée à deux conditions : l'absence, entre-temps, de troubles dans l'atmosphère. la province et l'abstention des autres puissances de toute action préjudiciable aux intérêts russes dans cette province. La première étape fixée par l'Accord, le retrait des troupes russes de la partie sud-ouest de la province de Moukden (Fêng-t'ien), fut dûment réalisée à la date convenue, le 8 octobre 1902. Avant, cependant, la date fixée pour l'achèvement de la prochaine étape de l'évacuation (mars 1903), le retrait des troupes russes du reste de la province de Moukden et de la province de Kirin, d'autres conditions tout à fait nouvelles furent formulées par les Russes. gouvernement, l'une étant qu'aucun « port traité » ne devrait être ouvert sur le territoire évacué. Face au fait bien connu que les nouveaux traités commerciaux que l'Amérique et le Japon négociaient avec la Chine prévoyaient l'ouverture de places supplémentaires pour le commerce extérieur en Mandchourie, ces demandes soudaines indiquaient que la Russie n'avait aucune intention de respecter l'accord . Si le doute existait à cet égard, il fut levé par son action consistant à réoccuper au début de 1903 les districts qu'elle avait déjà évacués, cette mesure étant suivie par la délivrance en juillet de la même année d'un Ukase impérial nommant l'amiral Alexeieff vice-roi de l' Amour et Territoires du Kwantung — ces derniers étant, comme nous l'avons déjà mentionné, le nom de la petite péninsule dans laquelle est situé Port Arthur.

CHAPITRE XXVI

Guerre avec la Russie.—Succès du Japon.—Médiation du président Roosevelt.—Traité de Portsmouth.—Conditions de paix.

prétendait plus masquer ses desseins en Chine, était considérée avec une inquiétude croissante au Japon, où l'on avait déjà pressenti la nécessité de se préparer à affronter la force par la force. Mais les mesures autoritaires des Russes en Mandchourie ne furent pas la seule cause de la tension qui commença à apparaître à partir de ce moment dans les relations entre les deux pays. Des méfaits d'un type qui avait déjà conduit à la guerre entre la Chine et le Japon se préparaient également en Corée. Par le traité de Shimonoséki , qui mit fin à la guerre, l'indépendance de ce pays fut reconnue. La Chine, en renonçant à sa prétention à la suzeraineté, n'entretint plus de gardes chinois pour sa légation à Séoul et cessa toute activité politique dans la péninsule, où l'influence du Japon devint pendant un certain temps prédominante. Mais l'histoire était sur le point de se répéter. À la place libérée par la Chine, la Russie est immédiatement intervenue et le Japon s'est retrouvé confronté à un autre concurrent bien plus dangereux. Les positions des deux nouveaux rivaux en Corée étaient très différentes. L'alliance imposée par le Japon au gouvernement coréen au début de la guerre avec la Chine lui avait permis de renforcer son influence politique, tandis que l'énergie qu'il consacrait au développement de projets commerciaux de toutes sortes avait accru ses intérêts matériels dans la péninsule. La part du lion du commerce extérieur et du transport maritime de la Corée était entre les mains du Japon. Elle avait aussi construit et était chargée du fonctionnement des communications télégraphiques dans ce pays; elle avait obtenu une concession pour la construction de chemins de fer ; et elle avait son propre service postal. La Russie, en revanche, ne participait pas aux affaires commerciales et ses échanges commerciaux avec la Corée étaient insignifiants. Elle ne pouvait pas, comme la Chine, invoquer des traditions de relations sexuelles anciennes, ni l'argument de suzeraineté de cette dernière pour justifier son ingérence dans les affaires coréennes. Sa position dans la péninsule n'était cependant pas dénuée de certains avantages. Comme dans le cas de la Chine, son territoire coïncidait sur une distance considérable avec celui de la Corée. Cela fournit une raison pour considérer avec défaveur l'extension de l'influence japonaise sur le continent, ainsi qu'un prétexte pour l'activité dont elle commença bientôt à faire preuve en matière politique. De plus, ayant gagné l'oreille du parti autrefois pro-chinois de la Cour et, ce qui était plus important, la faveur de la reine magistrale, elle acquit un soutien précieux dans la campagne d'intrigues politiques dans laquelle se lancèrent les deux puissances.

La situation en Corée est ainsi devenue à bien des égards similaire à ce qu'elle était auparavant, lorsque la Chine et le Japon se disputaient la suprématie sur la péninsule. Nous avons vu dans le premier cas les tentatives faites de temps à autre par les gouvernements chinois et japonais pour parvenir à un accord concernant leurs intérêts respectifs, qui devrait introduire des conditions plus stables dans l'administration coréenne et mettre un terme au dangereux des épidémies qui troublèrent le pays et menaçaient à tout moment de produire une collision entre les deux puissances intéressées. Le processus se répète désormais, la Russie occupant la position occupée auparavant par la Chine. En 1896, un accord fut conclu entre les représentants russes et japonais en Corée. Cela a permis de surmonter les premières difficultés apparues et a été confirmé plus tard dans la même année par une convention signée à Saint-Pétersbourg par le prince Lobanoff , ministre russe des Affaires étrangères, et le prince (alors marquis) Yamagata, qui s'était rendu au Capitale russe pour assister au couronnement du défunt tsar. Le comte de Witte, dans ses Mémoires récemment publiés, se référant à cette Convention, dit que le prince Lobanoff « n'en savait pas plus sur l'Extrême-Orient que l'écolier moyen ». Deux ans plus tard, un accord plus détaillé sous la forme d'un protocole fut conclu à Tōkiō entre le vicomte (alors baron) Nishi, ministre japonais des Affaires étrangères, et le ministre russe au Japon, baron Rosen. Cet accord ressemblait beaucoup à la Convention négociée à Tientsin en 1889 entre la Chine et le Japon.

La conclusion des accords mentionnés ci-dessus n'a pas empêché l'apparition de différends entre les deux puissances rivales. Ces divergences étaient aggravées par l'influence pernicieuse des factions politiques coréennes, qui ne perdaient aucune occasion de fomenter des troubles entre les deux puissances dont la protection était recherchée. L'harmonie des relations était également altérée par la présence de gardes russes et japonais dans la capitale ; par les efforts russes pour obtenir le contrôle de l'armée et des finances coréennes ; par la malheureuse implication du ministre japonais à Séoul dans l'assassinat de la Reine ; par la quasi-emprisonnement du Roi dans l'un des palais royaux ; et par son évasion ultérieure de sa détention vers la légation russe, où il resta pendant quelque temps sous la protection russe. Les choses furent enfin amenées à une crise par le refus de la Russie, au printemps 1903, d'évacuer la Mandchourie, conformément à son accord avec la Chine conclu en octobre précédent. Ce refus fut suivi par la nomination de l'amiral Alexeieff comme vice-roi des territoires russes d'Extrême-Orient et par un accroissement de l'activité en Corée, où d'importantes concessions forestières furent obtenues et où d'autres entreprises russes furent créées. Pour cette reprise de l'action agressive de la Russie, la voie avait été préparée par la construction de chemins de fer en Sibérie et en Mandchourie, un travail de plusieurs années ; et il est significatif que la Russie ait fait coïncider son refus d'exécuter l'accord d'évacuation avec l'achèvement du chemin de fer chinois oriental, qui établissait pratiquement une communication ferroviaire directe entre Moscou et Port Arthur. Il ne fait plus aucun doute que le Gouvernement russe n'a pas abandonné les projets de grande envergure qu'avait annoncés son bail de Port Arthur et qu'il est déterminé à poursuivre une politique de provocation. Le comte de Witte, dans les Mémoires déjà cités, tient le défunt tsar directement responsable de la ligne de conduite adoptée, qu'il décrit comme « l'aventure extrême-orientale ». Le tsar, dit-il, n'avait pas de programme de conquête précis, mais était soucieux d'étendre l'influence russe en Extrême-Orient en acquérant de nouveaux territoires, et il parle de lui comme ayant une soif de gloire militaire et de conquêtes. Il explique en outre que le tsar subit à cette époque l'influence de Bezobrazov , Plehve et d'autres fonctionnaires sans scrupules, qui l'encouragent à défier le Japon. Si, à ce stade des affaires, la Russie s'était contentée de limiter son activité à la Mandchourie, laissant au Japon un champ libre en Corée, la guerre russo-japonaise n'aurait probablement pas eu lieu, ou aurait pu, du moins, être ajournée. Une proposition en ce sens fut en effet faite par le Japon au cours des négociations entre les deux puissances, qui commencèrent dans la capitale russe à l'époque de la nomination d'Alexeieff et se poursuivirent jusqu'au début de l'année suivante. La Russie a cependant refusé de l'accepter. L'attitude intransigeante et obstinée dont elle a fait preuve contrastait nettement avec la disposition conciliante manifestée par le Japon. La Russie est seule responsable de l'impasse ainsi créée. Le gouvernement japonais, reconnaissant la futilité de toute nouvelle tentative pour parvenir à un accord satisfaisant avec elle, décida de prendre le taureau par les cornes et de mettre fin aux négociations. En conséquence, dans deux notes adressées au Gouvernement russe le 5 février 1904, celui-ci annonça son intention de rompre les relations diplomatiques pétrolières, se réservant le droit de prendre toute mesure indépendante qui serait nécessaire pour défendre ses intérêts menacés. En même temps, le Gouvernement japonais envoya une circulaire dans le même sens à ses représentants diplomatiques à l'étranger pour l'information des gouvernements auprès desquels ils étaient accrédités.

Les hostilités furent déclenchées par le Japon à Port Arthur et à Chemulpo deux jours avant sa déclaration formelle de guerre, qui ne fut faite que le 10 février. Cette action de sa part a suscité des critiques défavorables , même s'il existait de nombreux précédents en faveur de cette démarche. Sa déclaration de guerre fut suivie quinze jours plus tard par la signature à Séoul d'un Protocole par lequel le Japon garantissait l'indépendance et l'intégrité territoriale de la Corée, qui en échange lui accordait toutes les facilités dans la péninsule qui pourraient être nécessaires à la poursuite de la guerre. . On se souvient qu'une mesure similaire avait été prise par le Japon au début de sa guerre avec la Chine.

Lorsque ce dernier conflit éclata, le monde en général, ignorant en grande partie les conditions existant dans les deux pays, anticipait la défaite du Japon, opinion régie dans une large mesure par des considérations de géographie, de population et de ressources visibles. Pour les mêmes raisons, une opinion similaire, défavorable aux chances de succès du Japon dans la lutte contre la Russie, prévalait dans la plupart des milieux. Pour une nation bien inférieure en étendue de territoire, en population, en organisation militaire et en ressources, défier une grande puissance européenne semblait, à première vue, une démarche qui ne pouvait qu'inviter au désastre. Les deux pays n'étaient néanmoins pas aussi inégalement confrontés qu'on le pensait. Il ne fait aucun doute que la Russie était un adversaire avec lequel l'État militaire le plus puissant aurait préféré rester en bons termes. Ses vastes territoires et sa grande population, ses ressources apparemment inépuisables, lui conféraient de grands avantages sur le Japon. Ces avantages étaient cependant contrebalancés par certaines faiblesses des brevets. La guerre était impopulaire. La politique aventureuse qui l'a provoquée a été condamnée par ses propres hommes d'État les plus sages. Il y a eu beaucoup de troubles politiques. Elle ne combattait pas en Europe, mais aux confins de son vaste empire. Le chemin de fer de l'Amour, projeté en vue de consolider ses domaines largement séparés, n'a pas été achevé à l'est du lac Baïkal ; les autorités ferroviaires n'avaient pas non plus encore achevé la partie autour de l'extrémité sud de ce lac, dont la communication était encore assurée par des bateaux à vapeur spécialement construits. Il était donc douteux que le chemin de fer chinois oriental récemment construit, qui servait de substitut temporaire, se révèle être une ligne de communication fiable à des fins de guerre. Au Japon, en revanche, la guerre fut non seulement populaire, mais accueillie avec enthousiasme. L'efficacité de l'armée, tout autant que la capacité de combat et l'endurance du soldat japonais, ont été mises à l'épreuve dans la guerre contre la Chine et, au cours des huit années qui se sont écoulées depuis, le gouvernement n'a ménagé aucun effort pour la ramener au niveau requis. le niveau des normes européennes. Même si les hommes d'État japonais, conscients de la force de la Russie, partageaient les appréhensions ressenties à l'étranger quant à l'issue de la lutte, ils tiraient un encouragement du soutien sans réserve apporté au gouvernement par le peuple. Toutes les classes se sont rendu compte que l'enjeu en jeu pour la Russie était très différent de celui pour le Japon. Le premier se battait pour acquérir de nouveaux territoires ; cette dernière se battait pour sa vie. Dans ces circonstances, une nation guerrière, combattant à ses propres portes, pourrait vraisemblablement accomplir de grandes choses contre un ennemi dont le cœur n'était pas dans la lutte. L'esprit qui animait son peuple et son armée fut l'un des facteurs de la réussite du Japon.

Les Japonais ne perdirent pas de temps dans la conduite des opérations militaires. Le 8 février, une escadre japonaise, escortant des transports, arriva au large de Chemulpo , où deux navires russes étaient ancrés, non préparés aux hostilités. Face au choix entre être attaqué dans le port ou combattre à l'extérieur, le commandant russe a choisi cette dernière alternative. Ses deux navires n'étaient pas à la hauteur de l'escadron qu'ils rencontraient. Refoulé au port gravement endommagé, l'un fut coulé et l'autre explosé par son équipage. La même nuit, l'amiral Tōgō , commandant en chef de la marine japonaise, lance une attaque à la torpille contre la flotte russe à Port Arthur. Au cours de cette action, deux cuirassés russes et un croiseur subirent de graves dommages. Le lendemain, les troupes japonaises (environ quatre bataillons) arrivées sous escorte navale à Chemulpo débarquèrent et occupèrent la capitale coréenne. Les premières actions de la guerre se sont donc soldées par un résultat en faveur du Japon.

À ce stade précoce, il devint évident que la supériorité maritime de la Russie était grandement annulée par la mauvaise disposition de ses escadrons. Alors que sa flotte principale dans les eaux d'Extrême-Orient était stationnée à Port Arthur, une puissante escadre restait isolée à Vladivostok. De plus, une grande partie de sa marine resta au pays, d'où elle ne sortit que tard dans la guerre pour être détruite lors de la bataille de Tsushima. Deux autres obstacles auxquels les commandants russes durent faire face : l'état de Vladivostok enfermé dans les glaces pendant plusieurs mois de l'année et la difficulté presque insurmontable de réparer les navires en raison de l'absence d'installations navales adéquates. À tous ces égards, le Japon avait un avantage. Ses ports étaient libres de glace. Elle était bien dotée d'arsenaux navals et de chantiers navals pour la réparation de ses navires. Au début de la guerre également, sa flotte fut immédiatement concentrée à Sasébo , l'arsenal naval près de Nagasaki, une escadre détachée étant postée dans le détroit de Corée, d'où elle pouvait surveiller Vladivostok. Dès le début, les forces navales russes en Extrême-Orient furent donc séparées et ne purent jamais, tout au long de la guerre, réaliser une jonction. De plus, alors que la flotte nationale russe ne prit part à la guerre que jusqu'à sa fin, la marine japonaise reçut au début de la lutte un renfort bienvenu sous la forme de deux nouveaux cuirassés acquis en Europe auprès d'une puissance neutre.

Au cours des opérations navales qui s'ensuivirent à Port Arthur, les Japonais, en plus de recourir à de vigoureux bombardements, lancèrent des attaques répétées de torpilles et tentèrent à plusieurs reprises de fermer le port en coulant des navires à l'entrée. Aucun de ces cours n'a obtenu le succès espéré ; ils n'eurent pas non plus pour effet d'inciter la flotte russe à sortir et à se battre. Un plus grand succès résulta de la pose de mines devant Port Arthur. En avril, le vaisseau amiral russe *Petropavlosk* heurta l'une de ces mines et explosa, le nouvel amiral russe Makharoff , qui venait de prendre le commandement de la flotte, étant tué dans l'explosion. Un autre cuirassé fut au même moment gravement endommagé. Un peu plus tard, les Japonais posèrent également des mines à l'entrée de Vladivostok, limitant ainsi les mouvements de l'escadre russe dans ce port, qui avait auparavant fait preuve d'une activité malveillante dans des attaques contre les transports japonais. Lorsque les Russes, copiant les méthodes de l'ennemi, se mirent eux-mêmes à poser des mines, les résultats furent désastreux pour les Japonais, deux de leurs meilleurs cuirassés et un navire de guerre étant détruits par ce moyen au mois de mai. Ces pertes étaient cependant si soigneusement dissimulées que les Russes n'en savaient rien jusqu'à ce qu'il soit trop tard pour en profiter.

La prudence excessive dont ont fait preuve les commandants navals russes au début de la guerre n'a pas été une réponse efficace aux tactiques audacieuses de leurs adversaires. L'inaction de la flotte principale à Port Arthur, son refus pendant plusieurs mois d'accepter les risques d'un engagement général, donnèrent à la marine japonaise, dès le début de la lutte, une supériorité morale qui ne fut jamais perdue. En outre, cela a permis au Japon d'acquérir pratiquement le commandement de la mer, si essentiel à la poursuite des opérations militaires sur le continent.

Les opérations terrestres japonaises commencèrent avec le débarquement de la 1re armée composée de trois divisions du général Kuroki à l'embouchure de la rivière Ta-tong et l'occupation de l'importante ville de Ping-yang, où l'armée chinoise avait pris position pour la première fois. la guerre de 1894-1895. Les quelques troupes russes présentes dans les environs se replièrent sur le fleuve Yalu , frontière à cet endroit entre la Corée et la Chine. Ici, dans une position forte du côté chinois de cette rivière, et à sa jonction avec un affluent, l'Ai-ho, une armée russe de quelque 20 000 hommes dirigée par le général Zasulich attendait une attaque. Cela fut livré par les Japonais après quelques escarmouches préliminaires le 30 avril et aboutit à la défaite des Russes avec la perte de plus de vingt canons, leurs pertes étant bien supérieures à celles des vainqueurs. Quelques jours plus tard, la 2e armée japonaise du général Oku débarqua à Pitzuwo , un endroit sur la côte est de la péninsule de Liaotung, à une soixantaine de kilomètres de Port Arthur, et coupa la ligne de chemin de fer reliant cette forteresse à Liao-yang, la ville choisie par le général. Kouropatkine , le commandant en chef russe, pour la concentration de ses forces. Le débarquement de cette armée fut couvert par la flotte japonaise, qui avait fait des îles Elliot sa base avancée. À la mi-mai, une autre force japonaise, qui fit ensuite partie de la 4e armée dirigée par le général Nodzu , débarqua à Takushan , à mi-chemin entre Pitzuwo et l'embouchure du Yalu. À la fin de ce mois, la 2e armée, après un combat acharné, battait une force russe retranchée dans une position redoutable à Nanshan, sur l'isthme de Chinchou , qui relie les deux péninsules du Liaotoung et du Kawn -toung. La position capturée était importante, car elle gardait les abords de Port Arthur. A cette occasion, les Japonais prirent de nombreux canons de siège, mais leurs pertes furent beaucoup plus lourdes que celles des Russes. Le débarquement de l'armée d'Oku fut suivi début juin par celui de la 3e armée du général Nogi , à qui fut confié le rôle d'assiéger Port Arthur. Peu de temps après, le rejet par le général Oku d'une force russe envoyée pour relever la forteresse permit à la 3e armée de commencer l'exécution de sa tâche. Pendant ce temps, d'autres renforts japonais avaient atteint Takushan et, en juillet, le général Nodzu arriva et prit le commandement de la 4e armée, dont la formation était alors terminée. Celle-ci, ainsi que la 1re armée dirigée par Kuroki, se déplacèrent ensuite vers l'ouest sur des lignes parallèles à travers les cols montagneux du sud de la Mandchourie, chassant devant eux les forces russes qu'ils rencontrèrent ; tandis que le général Oku, avec la 2e armée venant du sud-ouest, frappait vers le nord, l'objectif étant dans chaque cas Liao-yang, où le général Kouropatkine avait établi son quartier général. A ce stade, la campagne de Mandchourie se divise en deux opérations distinctes et indépendantes : l'avancée au nord et à l'ouest des trois armées japonaises sous les ordres des généraux Oku, Kuroki et Nodzu dans un mouvement convergent vers Liao-yang ; et l'investissement de Port Arthur par la 3e armée du général Nogi .

Par suite du mouvement convergent des armées du nord, au cours duquel le port de Newchwang fut occupé, la longueur totale de leur front avait été réduite, au début d'août, de 150 à 45 milles. Ce succès ne fut pas obtenu sans de violents combats sur différents points, au cours desquels cependant les pertes japonaises se comparèrent, dans l'ensemble, favorablement à celles de l'ennemi. Le 10 du même mois, la flotte russe de Port-Arthur effectua sa première et unique sortie au complet, dans le but de s'associer à l'escadre de Vladivostok. La tentative a échoué. Au cours de l'engagement général qui s'ensuivit, quatre navires russes réussirent à relever le défi de la flotte japonaise et à atteindre des ports neutres, mais les autres navires furent repoussés au port et gravement endommagés. Parmi les évadés, trois furent internés dans les ports où ils arrivèrent ; tandis que le quatrième, le *Novik* , qui avait fait escale à Kiaochow , fut ensuite intercepté et coulé alors qu'il se dirigeait vers Vladivostok. Une sortie similaire effectuée à peu près au même moment par l'escadre de Vladivostok échoua également. Ces deux engagements mettent fin à l'activité des forces navales russes en Extrême-Orient.

La bataille de Liao-yang, première grande bataille de la guerre, se déroule sous la direction immédiate du maréchal Ōyama , commandant en chef japonais, qui avait accompagné la 2e armée dans sa marche vers le nord. Il y avait peu de disparité en termes de nombre entre les forces engagées de chaque côté, mais les Russes avaient un avantage en cavalerie sur les Japonais et étaient également beaucoup plus forts en artillerie. Commençant le 23 août, elle dura jusqu'au matin du 3 septembre, lorsque Kouropatkine donna l'ordre de la retraite de toute l'armée vers Moukden. Les pertes des deux côtés étaient à peu près égales, ce qui, compte tenu de la force de la position russe, était très honorable pour les Japonais. Début octobre eut lieu la deuxième grande bataille, celle du Shaho , ainsi appelée du nom d'une rivière voisine. A cette occasion, ce fut Kouropatkine qui prit l'offensive. Une fois de plus , les Japonais ont réussi, les Russes étant repoussés avec une perte deux fois supérieure à celle de leurs adversaires.

Le 2 janvier, Port Arthur tombait. Une fois l'investissement de la forteresse terminé, trois assauts généraux successifs lancés en août, octobre et novembre avaient échoué. Finalement, le 5 décembre, les Japonais réussirent à prendre d'assaut la position connue sous le nom de 203 Meter Hill, qui commandait les défenses restantes , ainsi que le port dans lequel se trouvait ce qui restait de la flotte principale russe. Un mois plus tard, le commandant de la forteresse, le général Stoessel , se rendit. Le siège avait coûté aux Japonais entre trente et quarante mille victimes, mais le prix valait bien ce coût. La flotte principale russe avait cessé d'exister et la flotte de Nogi les troupes étaient libres de marcher vers le nord pour renforcer les armées japonaises menaçant Moukden. Pendant le court intervalle qui séparait la chute de Port Arthur de la bataille finale de la guerre, Kouropatkine reprit l'offensive. Mais l'attaque n'a pas été poussée avec vigueur et, après quelques jours de combat, les Russes se sont retirés fin janvier, après avoir subi de lourdes pertes. C'était maintenant le milieu de l'hiver, mais malgré le froid intense, le commandant en chef japonais décida de poursuivre son avance sur Moukden. Dans cette décision, il fut influencé par le bon fonctionnement de la ligne unique de chemin de fer par laquelle les communications des armées russes étaient maintenues. L'utilité de cette ligne avait dépassé toutes les attentes. C'est ainsi que des renforts constants parvenaient à Kouropatkine . En outre, un report jusqu'au printemps aiderait les Russes de plusieurs manières : cela donnerait le temps à l'arrivée de troupes fraîches ; cela leur permettrait de renforcer leurs retranchements à Moukden ; et la rupture de l'hiver rendrait les opérations militaires difficiles. Une autre considération, qui eut sans doute un certain poids dans la résolution prise par Ōyama , résidait dans le fait que ses armées seraient bientôt renforcées par l'ajout des troupes de Nogi venant de Port Arthur.

La bataille de Moukden se résuma en une série d'engagements qui durent du dernier jour de février au 16 mars, lorsque Kouropatkine , reconnaissant sa défaite, se retira sur la voie ferrée jusqu'à Tiehling avec une perte estimée à 140 000 hommes et une grande quantité de matériel de guerre. . Les pertes japonaises étaient bien inférieures à 50 000 tués et blessés.

Le dernier épisode de la guerre eut lieu en mer environ deux mois plus tard. Les assauts féroces lancés par l'armée japonaise assiégeant Port Arthur à l'automne précédent avaient été accélérés par la nouvelle que la flotte russe de la Baltique était en route vers l'Extrême-Orient, après avoir navigué le 15 octobre 1904. Retardée par des difficultés de charbon et la Nécessité de maintenir un rythme de progression uniforme, cette flotte n'atteignit les eaux japonaises qu'en mai 1905. Le 27 de ce mois, elle fut accueillie dans le détroit de Tsushima par une flotte japonaise dirigée par l'amiral Tōgō et complètement vaincue, seuls deux navires s'échappant vers raconter l'histoire du désastre.

L'épuisement des deux combattants au cours de cette lutte longue et ardu a préparé le terrain pour la fin des hostilités. Bien qu'elle ait réussi sur terre comme sur mer, les réserves militaires dont disposait le Japon étaient sérieusement épuisées et le peuple était fatigué de la guerre. La Russie, d'autre part, bien que libre d'inquiétudes à ce sujet, était en proie à des difficultés intérieures d'un genre qui menaçait de graves problèmes si la guerre se prolongeait. Dans ces circonstances, les ouvertures faites en juin suivant par le président Roosevelt, agissant de son propre chef en tant que pacificateur, furent accueillies favorablement par les deux puissances. Les négociations, menées à Portsmouth aux États-Unis, aboutirent à la conclusion de la paix le 5 septembre 1905. Par le traité de Portsmouth, la Russie reconnut les intérêts prépondérants du Japon en Corée, céda au Japon la moitié sud du Saghalien . , que cette dernière avait échangé en 1875 contre les îles Kouriles, et lui avait cédé la partie la plus importante et la plus précieuse des droits sur la Mandchourie acquis de la Chine dans le cadre du bail de Port Arthur en 1898. Aucune indemnité de guerre ne fut cependant versée. par la Russie, tout en s'engageant à rembourser au Japon les frais d'entretien du grand nombre de prisonniers russes faits pendant la guerre. L'absence de toute disposition d'indemnisation provoqua un mécontentement considérable au Japon et quelques légers troubles se produisirent dans la capitale. Le Japon n'avait en effet aucune raison d'être mécontent des résultats de ses succès dans la guerre, car cela le plaçait d'emblée dans la position de puissance de premier ordre en Extrême-Orient.

La conclusion de la paix fut suivie par la signature dans la capitale coréenne, le 17 novembre, d'une Convention instituant un protectorat japonais sur la Corée. Le consentement formel de la Chine aux dispositions du Traité de Portsmouth, cédant au Japon le bail de Port Arthur et lui transférant la partie sud du chemin de fer de Mandchourie, fut également obtenu par un traité entre la Chine et le Japon, qui fut signé en Pékin, le 22 décembre. Et en juin suivant, une ordonnance impériale japonaise fut publiée créant la Compagnie des chemins de fer de Mandchourie du Sud, par laquelle était désormais assurée l'administration de la ligne et de la bande de territoire qu'elle traversait.

CHAPITRE XXVII
Affaiblissement de la cordialité avec l'Amérique. — Causes de friction. — Expansion et émigration. — Annexion de la Corée. — Nouveaux traités.

L'attention a déjà été attirée sur les relations très amicales qui existent depuis de nombreuses années entre le Japon et les États-Unis, relations si cordiales qu'elles sont à l'origine de la distinction faite entre les nations britannique et américaine par la presse japonaise, qui parlait de la première comme de « Nos alliés », et de ces derniers comme « nos meilleurs amis ». Les raisons qui expliquent le sentiment d'amitié du peuple japonais envers l'Amérique ne sont pas loin d'être recherchées. C'est d'Amérique que sont venues les premières idées de la civilisation occidentale ; c'était son influence qui se faisait le plus sentir dans les premières années de réouverture des relations avec les nations étrangères ; et sa politique d'indépendance et d'isolement diplomatiques, illustrée de manière frappante par son comportement dans la question cruciale de la révision du traité, donnait à ses relations avec le Japon un air de bienveillance désintéressée qui contrastait favorablement avec l'attitude moins complaisante des autres puissances.

La cordialité des sentiments américains envers le Japon avait diminué dans une certaine mesure ces dernières années, pour diverses causes. Parmi eux, il y avait la révélation inattendue de la puissance militaire du Japon dans la guerre contre la Chine ; sa volonté apparente de s'associer avec d'autres puissances à la politique agressive à l'égard de la Chine, qui fut l'une des causes du soulèvement des Boxers, et qui a suscité les remontrances adressées par les États-Unis aux gouvernements concernés ; son expansion territoriale en Mandchourie aux dépens de la Russie ; et le protectorat qu'elle a assumé en Corée, que le Gouvernement des États-Unis a été enclin à considérer comme un protégé. Le peuple japonais n'était apparemment pas conscient d'un quelconque changement dans l'attitude du public américain ; et aucune divergence sérieuse ne s'était produite pour troubler l'harmonie des relations. En 1906, cependant, ce que l'on appelle la question scolaire de Californie donna lieu à une controverse troublante.

À l'automne de la même année, le Conseil de l'Éducation de San Francisco publia un arrêté excluant les enfants japonais des écoles publiques ordinaires qu'ils fréquentaient jusqu'alors et prévoyant leur ségrégation dans l'école asiatique commune créée en 1872 dans le quartier chinois en application d'un Loi d'État créant des écoles séparées pour les enfants d'origine mongole ou chinoise. La loi a été adoptée à la suite de la forte augmentation de l'immigration chinoise. Accueilli d'abord en raison de la demande de main-d'œuvre sur la côte du Pacifique, cet afflux de Chinois s'est accompagné d'inconvénients évidents, tant sociaux que moraux, qui ont été considérés par la population californienne comme préjudiciables aux intérêts de la communauté. Dans des considérations de ce genre, les syndicats de l'État trouvèrent leur opportunité et une agitation fut fomentée contre la « main-d'œuvre chinoise à bas prix », avec pour résultat que le gouvernement des États-Unis prit des mesures pour réduire cette immigration à des proportions relativement faibles.

Derrière la question soulevée par les autorités scolaires de San Francisco – qui n'était qu'un prétexte – les mêmes forces étaient à l'œuvre. La ségrégation des écoliers japonais a suscité un profond ressentiment au Japon, le ressentiment suscité étant aggravé par l'incompréhension de la part du public des deux pays et par des écrits intempérants dans la presse. L'incident, qui donna lieu à une correspondance diplomatique entre les gouvernements concernés, fut finalement clos grâce à l'intervention du président Roosevelt au début de 1907. Outre son aspect international, la difficulté concernait la question délicate des droits fédéraux et étatiques. Par un compromis conclu entre le président et le conseil scolaire, il a été convenu que tous les enfants étrangers - sans aucune mention du japonais - au-dessus d'un certain âge et qui, après examen, s'avéreraient déficients dans les éléments de l'anglais, pourraient être envoyé dans des écoles spéciales; le président s'engagea en même temps à obtenir une certaine limitation de l'immigration japonaise. Conformément à cet engagement, une clause prévoyant l'exclusion de certaines catégories d'immigrants fut insérée dans la loi sur l'immigration de février 1907, le droit de légiférer dans ces matières ayant été expressément réservé par les États-Unis dans le traité révisé avec le Japon. de 1894. D'autres négociations entre les deux pays aboutirent à la conclusion en 1908 de ce que l'on appelle le « Gentlemen's Agreement » — effectué par un échange de notes confidentielles — par lequel le gouvernement japonais consentit à coopérer à la réalisation des objectifs de l'accord. la loi en prenant des mesures pour restreindre l'immigration de main-d'œuvre du Japon vers les États-Unis. C'est pourquoi, lorsqu'en 1911 un nouveau traité de commerce et de navigation entre l'Amérique et le Japon fut négocié à Washington, il y avait de bonnes raisons de considérer qu'il mettait un terme à la controverse. Le Sénat des États-Unis, en le ratifiant, a noté l'entente « selon laquelle le traité ne devrait pas être considéré comme abrogeant ou affectant aucune des dispositions de la loi sur l'immigration de 1907 » ; et cet accord fut confirmé par une déclaration annexée au traité, déclarant l'intention du gouvernement japonais de maintenir avec la même efficacité la limitation et le contrôle qu'il exerçait depuis trois ans en réglementant l'émigration des travailleurs vers les États- Unis .

L'espoir que l'on n'entende plus parler de la difficulté a été frustré par l'action du Parlement californien. En mai 1913, malgré l'opposition des autorités fédérales, elle vota une loi accordant le droit de posséder des terres aux seuls « étrangers éligibles à la citoyenneté ». L'adoption de cette loi a suscité un regain de ressentiment au Japon où, quelle que soit la forme sous laquelle elle était formulée, elle a été interprétée à juste titre comme visant les résidents japonais. Le gouvernement japonais protesta aussitôt en arguant que les sujets japonais étant exclus de la naturalisation en Amérique, la loi en question constituait une discrimination injuste à leur égard et constituait en fait une violation des droits issus des traités du Japon. Le gouvernement américain refusa d'accepter ce point de vue , soutenant l'action de l'État par l'argument selon lequel chaque nation avait le droit de déterminer elle-même ces questions. La correspondance entre les deux gouvernements s'est poursuivie pendant un certain temps sans qu'aucun règlement n'ait pu être conclu. Il a été publié à la demande du Japon en 1914. Cette discrimination entre les Japonais et les autres étrangers qui, contrairement à eux, peuvent être naturalisés en tant que citoyens américains, reste un point sensible pour le peuple japonais et constitue une pierre d'achoppement dans le relations entre le Japon et l'Amérique.

de main-d'œuvre japonaise ne se limitait pas aux États-Unis. Un sentiment anti-japonais similaire est apparu au Canada. À la suite des troubles provoqués par cette cause, une mission canadienne fut envoyée au Japon en novembre 1907, dans le but de restreindre cette émigration dans ce qui fut décrit comme des limites appropriées, et d'éviter ainsi toute reprise des troubles qui s'étaient produits. Le but de la mission a été atteint grâce à un échange de notes entre le chef de la mission, M. Lemieux, et le ministre des Affaires étrangères du Japon. Par l'accord conclu — qui a peut-être facilité celui conclu, comme nous l'avons vu, l'année suivante entre l'Amérique et le Japon —, le gouvernement japonais s'est engagé à adopter des mesures efficaces pour restreindre cette immigration.

Ces dernières années, on a eu tendance, tant dans la presse que dans les livres sur le Japon, à associer étroitement deux choses qui ne sont pas nécessairement liées : l'expansion japonaise et l'émigration. Par exemple, l'auteur de *Contemporary Politics of the Far East* , parlant de l'émigration japonaise vers les États-Unis, observe que « le Japon avait besoin d'espace pour sa population excédentaire [*sic*] et de débouchés pour son commerce en expansion », reliant ainsi les deux questions. . Et d'autres écrivains ont utilisé un langage similaire. La tendance évoquée est probablement due au fait que, si différentes que soient les deux choses, l'une étant simplement un mouvement de population, l'autre un élargissement de territoire, il y a eu dans certains pays un lien direct entre elles. Au Japon, ce n'est pas le cas. Là-bas, les deux mouvements ont eu lieu, mais ils sont restés distincts et séparés.

L'expansion japonaise constitue une catégorie à part. Elle a attiré l'attention parce qu'elle était inattendue, la tendance des pays orientaux des temps modernes étant de contracter plutôt que d'étendre leurs frontières ; de sa rapidité et de son étendue ; et aussi parce qu'elle a été le résultat soit de guerres réussies, soit d'une politique d' agrandissement justifiée, aux yeux des Japonais, par la nécessité de l'État.

Il en va tout autrement de l'émigration japonaise. L'importance qu'il revêt ne vient pas de l'ampleur avec laquelle il a été mené jusqu'à présent - ce qui est insignifiant en comparaison avec d'autres mouvements de ce genre ailleurs - mais des difficultés internationales qu'il a engendrées, de son association dans les esprits avec l'expansion nationale. et par crainte des dimensions qu'elle pourrait prendre à l'avenir. Il est inutile d'entrer dans les nombreuses considérations impliquées dans l'émigration japonaise, la question étant trop vaste pour être discutée avec avantage dans les limites de ces pages. Quelques remarques à ce sujet ne seront peut-être pas déplacées.

Ce mouvement est généralement considéré comme dû à un excès de population. C'est du moins l'avis de nombreux auteurs. L'augmentation de la population au Japon a certainement été rapide. En 1872, la population était de trente-trois millions d'habitants . En 1916, elle s'élevait à près de cinquante-six millions . En supposant que le taux d'augmentation soit maintenu, la population totale dans dix ans devrait dépasser largement les soixante millions . Au cours de soixante ans, la population aura donc presque doublé. Aussi frappants que soient ces chiffres, on ne peut pas nécessairement en déduire que le Japon n'est plus en mesure de subvenir aux besoins de sa population dans sa population actuelle et qu'un débouché supplémentaire pour son excédent de population est donc une nécessité. Si l'augmentation rapide de la population d'un pays peut stimuler l'émigration, elle n'est pas le seul ni même le facteur déterminant de la question. Ce qui s'est passé en Allemagne montre que d'autres influences comptent pour beaucoup. Il y a cinquante ans , les hommes d'État allemands avaient de bonnes raisons de s'inquiéter des statistiques croissantes de l'émigration allemande vers les États-Unis. Avant la fin du siècle, le mouvement fut arrêté et peu après, il cessa complètement. Les deux principales causes de ce changement furent l'augmentation de la richesse et le développement industriel. L'émigration japonaise vers certains pays pourrait bientôt, pour les mêmes raisons, connaître un déclin similaire. Le développement industriel du Japon a suivi le rythme de ses progrès à d'autres égards. Sa situation financière a également changé. Au lieu d'être débitrice du monde, comme elle l'était avant la Grande Guerre, elle en est devenue aujourd'hui, dans une mesure appréciable, la créancière. Même si certaines parties du Japon peuvent être surpeuplées, il reste encore de vastes zones dans les îles du nord et dans les territoires nouvellement acquis sur le continent, qui sont encore peu peuplés. La pression de l'augmentation de la population ne semble pas susceptible, à elle seule, d'influer de manière sensible sur l'émigration dans un avenir proche. Une cause plus puissante et plus constante dans son action peut être trouvée dans l'énergie naturelle et l'entreprise du peuple, stimulées peut-être par sa libération de l'isolement forcé du passé. Cette supposition est étayée par la large répartition de l'émigration japonaise et par la nature variée des activités dans lesquelles les émigrants japonais s'engagent à l'étranger. Bien que, comme nous l'avons déjà observé, les Japonais n'aient pas encore montré d'aptitude particulière pour une colonisation de type pionnier, on les rencontre aujourd'hui en Amérique du Sud et ailleurs comme ouvriers agricoles et commerçants ; en Australasie comme pêcheurs de perles ; en Chine, dans les établissements du détroit et à Java, ainsi qu'en Inde et en Australie, comme commerçants et boutiquiers ; en Mandchourie comme ouvriers agricoles et agriculteurs, les immigrants coréens y étant depuis l'annexion de la Corée devenus sujets japonais ; sur les côtes du Pacifique Nord et Sud en tant que pêcheurs ; en Amérique et au Canada comme commerçants, agriculteurs, boutiquiers, maraîchers et ouvriers ; et dans les États malais comme planteurs.

À ses débuts, peut-on ajouter, l'émigration japonaise a pris la forme d'un travail sous contrat . Les premiers travailleurs émigrés se rendirent à Hawaï – qui n'était pas alors annexée à l'Amérique – dans des conditions réglementées par les gouvernements japonais et hawaïen ; et c'est l'entrée clandestine d'un grand nombre de ces travailleurs en Californie depuis Hawaï qui a suscité pour la première fois l'hostilité américaine. Le développement de cette branche de l'émigration, encouragée par des agences créées à cet effet, mais toujours soumise, comme auparavant, à un certain contrôle officiel, semble être une simple question d'offre et de demande. L'avenir des autres émigrations dépendra du degré d'opposition, ou de compétition, qu'elles rencontreront. Cependant, en ce qui concerne les États-Unis et le Canada, l'hostilité que cela a suscitée et la volonté du gouvernement japonais de coopérer à ses restrictions suggèrent que le nombre d'émigrants vers ces pays diminuera progressivement.

Les résultats immédiats du succès du Japon dans la guerre russo-japonaise furent, comme nous l'avons vu, l'établissement d'un protectorat sur la Corée et la négociation d'un traité avec la Chine, confirmant certaines dispositions du traité de Portsmouth concernant le transfert à celle-ci de la Bail russe de Port Arthur et de la partie sud du chemin de fer de Mandchourie. Soucieux de se consacrer à la tâche de consolider sa nouvelle position en Extrême-Orient, le Japon fut, au cours des années suivantes, aussi occupé à négocier des traités et des accords avec d'autres puissances qu'il l'avait été au cours des quinze années de négociation de traités qui suivirent la signature du traité de Perry. En 1907, elle conclut avec la France un accord pour sauvegarder la paix en Extrême-Orient ; un accord similaire avec la Russie (sous la forme d'une convention), qui comprenait toutefois un engagement mutuel de respecter l'intégrité territoriale et les droits de chacun découlant des accords en vigueur entre elle et la Chine ; un traité commercial, un traité de pêche et un protocole consulaire avec le même pays ; un accord avec la Chine concernant le chemin de fer de Simmintun , Mukden et Kirin ; et un nouveau traité avec la Corée, qui plaçait toute l'autorité administrative de la péninsule entre les mains du résident général du Japon. L'année suivante a vu la négociation d'un traité d'arbitrage avec les États-Unis, ainsi qu'un échange de notes entre les deux mêmes gouvernements dans le but déclaré de préserver l'indépendance et l'intégrité territoriale de la Chine. Deux autres arrangements témoignaient de son activité de conclusion de traités. L'un d'eux était un autre accord ferroviaire, conclu en 1907, avec la Chine. A cette occasion, il s'agissait de la ligne qui relie aujourd'hui Moukden au port d'Antung. C'est probablement ce nouvel accord ferroviaire qui incita le gouvernement américain à soumettre, à l'automne de la même année, aux autres puissances intéressées par l'Extrême-Orient une proposition visant à neutraliser les chemins de fer de Mandchourie. Loin d'être acceptée par la Russie et le Japon, les deux puissances principalement concernées, la proposition n'a abouti qu'à la conclusion l'année suivante d'un accord par lequel chacune s'engageait à maintenir, par une action commune, si nécessaire, le statu quo existant en *Mandchourie* .

L'autre, d'un caractère très différent, était un traité avec la Corée annexant ce pays au Japon, signé à Séoul en août 1910 par le résident général du Japon et le ministre-résident de Corée. L'annexion d'un pays par traité en l'absence d'hostilités préalables est une procédure inhabituelle pour laquelle il n'existe aucun précédent. Non moins remarquable que la méthode adoptée était le fait que l'article 8 de l'instrument enregistrait avec une ironie inconsciente le consentement du souverain de l'État annexé à la perte de son indépendance. Cette indépendance, le Japon avait annoncé à plusieurs reprises son intention de la respecter dans des engagements contractés avec d'autres puissances, avec la Chine, avec la Russie et avec la Grande-Bretagne, ainsi qu'avec la Corée elle-même. Son annexion de la Corée, pour cette raison inattendue, rencontra de nombreuses critiques défavorables à l'étranger. Cependant, la politique qu'elle avait adoptée au début de ses guerres avec la Chine et la Russie, consistant à utiliser librement le territoire coréen, montrait qu'elle n'était pas disposée à laisser les souhaits ou les convenances du peuple coréen faire obstacle à la politique militaire. opérations. Le protectorat qu'elle avait déjà établi sur la Corée en 1905, et sa prise de contrôle de l'administration de ce pays deux ans plus tard, étaient également des indications inquiétantes de ce qui pourrait arriver plus tard. Une justification de l'acte final d'annexion, aussi singulière qu'ait pu être la méthode employée, réside dans le fait que les troubles chroniques en Corée, dont le Japon n'était en aucun cas le seul responsable, avaient conduit à deux guerres, et que Il y avait une certaine vérité dans la déclaration du préambule du Traité, qui déclarait que l'un des objectifs de l'annexion était la préservation de la paix en Extrême-Orient. On peut même dire qu'un observateur impartial de la situation en Corée dans les années précédant l'établissement du protectorat n'hésiterait pas à considérer que l'administration japonaise de ce pays est préférable, même dans l'intérêt des Coréens. eux-mêmes, à la mauvaise gouvernance choquante du passé.

La signature du Traité d'annexion était accompagnée d'une déclaration du gouvernement japonais annonçant certaines dispositions destinées à atténuer toute irritation que pourrait provoquer l'annulation brusque et arbitraire des traités de la Corée avec d'autres pays. Ces concessions au sentiment étranger comprenaient des questions relatives à la juridiction, aux douanes, aux droits de tonnage et au cabotage. Quatre ans plus tard, les colonies étrangères en Corée furent supprimées avec le consentement des puissances intéressées.

Ses traités révisés avec les puissances étrangères, entrés en vigueur en 1899 pour une durée de douze ans, donnaient au Japon le droit de les dénoncer à la fin de cette période, c'est-à-dire d'annoncer son intention d'y mettre fin en accordant un délai de douze mois. ' avis requis. Cette notification fut donnée par le Japon à toutes les puissances traitées en juillet 1910. La liberté de conclure de nouveaux traités à l'expiration du délai de préavis impliquait un point d'importance essentielle, le rétablissement de l'autonomie tarifaire, c'est-à-dire le droit de contrôler son propre tarif. Les négociations pour la conclusion de nouveaux traités furent immédiatement engagées, la première à être conclue étant celle avec les États-Unis, signée en février de l'année suivante ; le second, le traité avec la Grande-Bretagne, qui suivit quelques mois plus tard. Les nouveaux traités sont entrés en vigueur en juillet de la même année, pour une durée de douze ans. La première reconnaissance publique de l'importance croissante du Japon en Extrême-Orient a eu lieu, comme nous l'avons vu, lorsqu'il a été inscrit sur la liste des puissances consultées par le gouvernement américain en 1899 au sujet du respect du principe de la « porte ouverte ». » et « l'égalité des chances » en Chine. Par son succès dans la guerre russo-japonaise six ans plus tard, elle a établi sa prétention à être considérée comme une puissance leader en Extrême-Orient. Sa position était néanmoins inférieure sur un point à celle des États occidentaux, car elle n'avait pas le contrôle total de son tarif. Avec la conclusion des nouveaux traités, par lesquels ce dernier handicap fut supprimé, elle prit rang sur un pied d'égalité complète avec les grandes puissances du monde.

CHAPITRE XXVIII

Comparaison de l'essor du Japon et de l'Allemagne - Renouvellement de l'alliance anglo-japonaise - Le Japon et la Grande Guerre - Expansion militaire et navale - Japon et Chine - Les vingt et une revendications - Accord avec la Russie concernant la Chine - Accord de Lansing-Ishii - Effets de Grande Guerre contre la situation en Extrême-Orient.

La montée du Japon trouve un parallèle avec celle de l'Allemagne. Il y a, en effet, dans les circonstances qui ont caractérisé l'évolution des deux pays, de nombreux points de ressemblance. Dans chaque cas, la cause directe était le succès militaire, et dans chaque cas, la longue existence de la féodalité avait pour effet de rendre un peuple naturellement guerrier, soumis à la volonté de ses dirigeants et sensible aux enseignements de la tradition. Dans chaque cas, la loyauté envers le trône s'accompagnait d'une forme exagérée de patriotisme, qui n'avait besoin que d'une occasion pour devenir agressif. Dans chacun d'eux encore, les instincts autocratiques, la centralisation de l'autorité et la pression d'une puissante bureaucratie se sont combinés pour exalter l'État aux dépens de l'individu. Et même si le règne personnel du souverain, si marquant dans l'histoire allemande, faisait défaut au Japon, son absence était plus que compensée par la croyance populaire en la descendance divine du monarque.

Dans ces circonstances, il n'est pas surprenant que l'Allemagne ait été choisie comme modèle pour un si grand nombre de nouvelles institutions établies au cours de l'ère Meiji, ou que le Japon moderne qui a finalement pris forme ait, dans nombre de ses caractéristiques, porté sur une ressemblance encore plus étroite avec le pays auquel tant de choses avaient été empruntées. Une nation qui, au cours de son évolution, s'inspire des autres aussi librement que le Japon l'a fait, s'imprègne inévitablement d'idées qui affectent l'ensemble de sa vision du monde. Ce qui s'est produit dans les premiers temps, lorsque le Japon a adopté la langue écrite, l'éthique et le système administratif de la Chine, s'est reproduit, bien qu'à un degré moindre, lorsqu'il est devenu l'élève de l'Allemagne dans les domaines liés à l'administration, au droit et à la science militaire. Ainsi la Constitution elle-même, rédigée, comme nous l'avons vu, sur le modèle allemand, réservait à la Couronne tout pouvoir réel dans les affaires importantes de l'État ; tandis que l'adoption du système allemand d'organisation et de formation militaires augmentait l'influence de l'armée et encourageait la croissance du militarisme.

Décrivant la position acquise par l'Allemagne à l'époque où Guillaume II accéda au trône en tant que roi de Prusse et empereur allemand, MSJ Hill, ancien ambassadeur des États-Unis à Berlin, dit dans ses Impressions du

Kaiser : « L' *unité* de les États allemands étaient en sécurité... et l'œuvre de Bismarck était achevée. Que l'Empire soit le résultat d'une force militaire supérieure de la part de la Prusse, et en aucun cas une création du peuple allemand, était universellement compris. » Sa déclaration est confirmée par un article paru en août 1918 dans un journal allemand, l' *Arbeiter Zeitung* . « C'est, dit-il, à la monarchie, à la ferraille et à l'armée que la *bourgeoisie allemande* doit la création du nouvel empire, qui a été suivi d'un si formidable développement de force économique, de richesse et de puissance. »

Le Japon, au moment dont nous parlons, avait, de la même manière, réalisé une unité d'un genre inconnu auparavant. En réalisant son ambition de devenir une grande puissance, elle a triomphalement surmonté toutes les difficultés inhérentes au processus de transition des conditions imposées par des siècles d'isolement aux nouvelles circonstances d'un État moderne. L'œuvre du groupe d'hommes d'État successivement engagés dans la tâche de reconstruction était, comme celle de Bismarck, achevée. Et il était généralement reconnu que tout ce qui avait été accompli l'avait été par le gouvernement et non par le peuple japonais.

Le gouvernement revêtu de ce prestige était encore un gouvernement de deux clans, qui avaient acquis leur prédominance par la force militaire et la conservaient pour la même raison ; les portefeuilles de la Guerre et de la Marine et, avec ceux-ci, le contrôle des forces de l'État, devenus, pour ainsi dire, un monopole des membres des clans Satsuma et Chōshiū, qui , en tant que chefs de ces départements, étaient pratiquement indépendants du pouvoir. Ministère du jour. Les résultats de l'influence dominante des deux clans dans l'administration et de la suprématie des idées allemandes dans l'armée s'étaient déjà manifestés dans la croissance d'un parti militaire fort ; dans un cri d'expansion nationale au-delà des frontières existantes, qui semblait avoir moins de raisons que les aspirations raciales panslavistes et pangermanistes en Europe ; dans le développement des simples maximes féodales du *Bushidō* en ce qui s'apparente à un credo national ; et dans l'augmentation de l'écriture chauvine dans une section de la presse. Dans ces circonstances, il n'était pas surprenant qu'à partir de maintenant, une note plus forte se fasse entendre dans les déclarations diplomatiques et qu'un ton plus agressif apparaisse dans la politique étrangère.

Ce changement d'attitude en matière de politique étrangère peut être retracé dans les modifications successives intervenues dans les termes de l'alliance anglo-japonaise. L'accord initial de 1902 ne concernait que la Chine et la Corée, les parties contractantes reconnaissant l'indépendance des deux États et se déclarant « totalement insensibles à toute tendance agressive dans l'un ou l'autre pays ». Lorsque l'Accord fut renouvelé en août 1905, son application fut étendue de manière à inclure l'Asie orientale et l'Inde. On n'entend plus parler de l'indépendance de la Corée, mais les droits primordiaux du Japon dans ce pays sont reconnus, sous réserve seulement du maintien du principe de « l'égalité des chances », cette reconnaissance étant suivie trois mois plus tard par l'instauration d'un protectorat japonais. Dans l' Accord, renouvelé à nouveau en 1911, toute référence à la Corée disparaît, ce pays ayant été annexé l'année précédente au Japon.

Ce changement d'attitude n'était pas non plus entièrement dû à la conscience d'un pouvoir nouveau et d'un prestige accru. En copiant d'aussi près les autres pays, le processus d'imitation a été poussé jusqu'à s'étendre à l'adoption de principes qui n'étaient pas considérés avec une approbation sans réserve, même dans les pays d'où ils émanaient. Un exemple en est l'application par le gouvernement japonais en Chine de l'extraterritorialité contre laquelle, lorsque les gouvernements occidentaux l'ont appliquée au Japon, il a constamment protesté au motif que ce principe était incompatible avec la souveraineté d'un État.

L'action du Japon lors du déclenchement de la Grande Guerre en août 1914 dissipa aussitôt tous les doutes qui pouvaient exister quant à sa participation à cette guerre. Cela montrait également qu'elle n'avait pas l'intention de jouer un rôle purement passif . Quinze jours après le début des hostilités entre la Grande-Bretagne et l'Allemagne, le gouvernement japonais présenta un ultimatum à cette dernière puissance exigeant le retrait immédiat des eaux japonaises et chinoises de tous les navires de guerre allemands et l'évacuation à une date donnée du territoire loué. de Kiaochow , en vue de son éventuelle restitution à la Chine. L'ultimatum fut suivi une semaine plus tard par une déclaration de guerre. Il a été suggéré que cette action rapide a contrecarré le projet de l'Allemagne de retirer du champ des hostilités le territoire loué en le restituant à la Chine pour la durée de la guerre. Tant dans l'ultimatum que dans la déclaration de guerre, il était fait référence à l'alliance anglo-japonaise, qui avait été renouvelée en 1905 pendant la guerre russo-japonaise, puis de nouveau en 1911, alors qu'un traité d'arbitrage était en cours de négociation entre la Grande-Bretagne. et les États-Unis. Cette allusion marquée à l'alliance indiquait que l'entrée du Japon dans la guerre était la conséquence d'un accord spécial entre les gouvernements concernés. Ce n'était cependant un secret pour personne que l'acquisition de Kiaochow par l'Allemagne avait été aussi déplaisante au Japon que l'occupation russe de Port Arthur, et il n'était pas non plus déraisonnable de supposer qu'il accueillerait favorablement la première occasion qui pourrait se présenter pour se débarrasser de l'odieux intrus. L'occasion offerte par son entrée en guerre fut promptement saisie. Un fort corps expéditionnaire, comprenant un contingent de troupes britanniques, fut organisé et dès la première semaine de novembre, le drapeau allemand avait cessé de flotter à Kiaochow . L'occupation japonaise au cours du mois précédent des groupes d'îles

Caroline, Marshall et Marianne, ou Ladrone, a contribué à l'élimination de l'Allemagne du Pacifique.

La guerre qui donna au Japon l'excuse dont il avait besoin pour détruire l'implantation allemande en Chine lui offrit d'autres opportunités de renforcer sa position en Extrême-Orient. L'ampleur des opérations militaires en Europe absorbait toutes les énergies des États belligérants ayant des intérêts en Asie orientale. Ils n'étaient pas en mesure de consacrer beaucoup d'attention aux affaires d'Extrême-Orient. Le Japon acquit ainsi une liberté d'action qui, dans d'autres circonstances, aurait pu lui être refusée.

Dans un article rédigé en 1914 dans le numéro de novembre du *Shin Nippon* , ou « Nouveau Japon », un magazine publié dans Tōkiō , le marquis Ōkuma , alors premier ministre, soulignait que la tendance de l'époque était telle qu'elle justifiait l'hypothèse que dans un avenir lointain, quelques nations fortes gouverneraient le reste du monde et que le Japon devait se préparer à devenir l'une de ces nations gouvernantes. Et le mois suivant, s'adressant à la Diète, il déclara, expliquant le programme d'expansion navale et militaire soumis au Parlement, que pour rendre les relations diplomatiques japonaises plus efficaces, une augmentation des forces était nécessaire. Les efforts déployés par le gouvernement japonais pour rendre sa diplomatie plus efficace furent révélés lorsqu'en janvier 1915, le ministre japonais à Pékin présenta directement au président de la République chinoise les vingt et une revendications bien connues.

Divisées en plusieurs groupes, les revendications des quatre premiers comprenaient l'assentiment de la Chine à tout ce qui pourrait ensuite être convenu entre le Japon et l'Allemagne concernant le territoire loué par l'Allemagne dans le Shantung et pris par les Japonais en novembre précédent ; la non-aliénation par la Chine à une puissance tierce de tout territoire de cette province ou de toute île située le long de sa côte ; des concessions pour la construction de chemins de fer et l'ouverture de nouveaux lieux de commerce extérieur dans la même province ; la prolongation de vingt-cinq à quatre-vingt-dix-neuf ans - la durée du bail allemand de Kiaochow - des termes des anciens baux russes de Port Arthur, Dalny et du chemin de fer de Mandchourie du Sud, et du bail japonais ultérieur de l' Antun - Chemin de fer de Moukden ; le contrôle et la gestion du chemin de fer Kirin-Changchun, une fois achevé, seront accordés au Japon pour la même durée de quatre-vingt-dix-neuf ans ; l'octroi de droits miniers au Japon dans le sud de la Mandchourie et dans l'est de la Mongolie intérieure ; le consentement du Japon doit être obtenu avant que l'autorisation ne soit donnée à d'autres étrangers de construire des chemins de fer ou d'accorder des prêts pour la construction de chemins de fer dans les territoires en question, ou avant la mise en gage d'impôts locaux dans ces territoires en garantie des prêts accordés à la Chine par une troisième Puissance ; Le Japon doit être consulté avant l'emploi par la Chine sur les mêmes territoires de tout conseiller politique, financier ou militaire ; des concessions donnant au Japon un contrôle pratique sur les précieuses mines de charbon et de fer près de Hankow appartenant à la société Hanyeiping , qui avait emprunté de l'argent auprès d'entreprises japonaises ; et la non-aliénation à une tierce puissance de tout port , baie ou île de la côte de la Chine. Un cinquième groupe de revendications comprenait un engagement de la part de la Chine à employer « des Japonais influents comme conseillers dans les affaires politiques, financières et militaires » ; accorder aux hôpitaux, églises et écoles japonais à l'intérieur de la Chine le droit de posséder des terres – droit encore refusé aux étrangers au Japon ; placer l'administration policière de tous les lieux importants de Chine sous le contrôle conjoint japonais et chinois, ou, au lieu de cette concession, employer un grand nombre de Japonais dans les services de police de ces lieux ; acheter au Japon 50 pour cent ou plus de toutes les munitions de guerre dont la Chine a besoin, ou, au lieu de cette concession, organiser l'établissement en Chine d'un arsenal sous la direction conjointe des Japonais et des Chinois, le matériel nécessaire à acheter au Japon; accorder de nouvelles concessions pour la construction de chemins de fer à l'intérieur de la Chine ; consulter le Japon avant d'employer des capitaux étrangers pour l'exploitation des mines et la construction de chemins de fer, de ports et de chantiers navals dans la province de Fuhkien ; et accorder aux sujets japonais le droit de propager des doctrines religieuses en Chine. Ce dernier point ne concernait bien entendu que la propagande missionnaire bouddhiste, puisque la propagation de la doctrine shintō dans un pays étranger était évidemment impossible. Son inscription dans la liste des revendications peut paraître étrange au vu de l'indifférence religieuse du peuple japonais. Les raisons en sont peut-être à chercher dans le désir du gouvernement japonais de ne négliger aucun point qui pourrait servir à placer le Japon sur un pied d'égalité à tous égards avec les pays occidentaux, et dans son désir d'utiliser les services de missionnaires bouddhistes pour obtenir des informations sur questions à l'intérieur de la Chine.

Le caractère surprenant de ces demandes, tout autant que la manière péremptoire avec laquelle elles étaient formulées, provoquèrent quelques critiques publiques même au Japon et conduisirent à des enquêtes de la part de plus d'un gouvernement étranger. Au cours des négociations qui suivirent à Pékin, les Chinois élevèrent des objections sur plusieurs points. Finalement, ce dernier groupe de revendications fut retiré pour le moment, le ministre japonais des Affaires étrangères expliquant qu'il ne s'agissait jamais de points sur lesquels son gouvernement avait eu l'intention d'insister. Quelques modifications ont d'ailleurs été apportées dans les autres groupes afin de répondre aux objections chinoises. Les revendications ainsi révisées furent présentées de nouveau en avril, un délai étant fixé pour leur acceptation, et le 9 mai le gouvernement chinois céda à la pression et signifia son consentement. Les divers points sur lesquels le gouvernement japonais insistait furent finalement réglés le 25 mai par la conclusion de traités, l'échange de notes et la formulation de déclarations, toutes portant cette date, selon les convenances du Japon.

Il est difficile de concilier les assurances données à plusieurs reprises par les hommes d'État japonais quant à l'absence de toute intention agressive à l'égard de la Chine avec la politique représentée par les revendications mentionnées ci-dessus. Il n'est pas non plus possible de nier que les pressions ainsi exercées sur la Chine constituent précisément une telle ingérence dans les affaires intérieures d'un État voisin que la presse japonaise avait été la première à dénoncer.

Les différents engagements conclus entre le Japon et la Russie dans les années qui suivirent peu après le Traité de Portsmouth, et plus particulièrement l'Accord de 1907, dont il a déjà été question, étaient en eux-mêmes les signes d'un relâchement de la tension créée par les relations russo-japonaises. guerre. Et lorsqu'en 1910 les deux puissances conclurent l'accord visant à maintenir le *statu quo* en Mandchourie, qui bloqua la proposition de Knox visant à neutraliser tous les chemins de fer dans cette région, il devint évident qu'elles discernaient l'avantage mutuel qu'il y avait à travailler ensemble en Extrême-Orient. . Cette politique commune, si l'on peut ainsi l'appeler ainsi, fut renforcée après le déclenchement de la Grande Guerre par la conclusion d'un traité secret à l'été 1916, à un moment où la guerre ne progressait pas de manière très favorable pour les Alliés . Par ce traité, signé dans la capitale russe, les parties contractantes reconnaissaient que « les intérêts vitaux » des deux parties exigeaient «la sauvegarde de la Chine contre la domination politique de toute puissance tierce, quelle qu'elle soit, ayant des desseins hostiles contre la Russie ou le Japon ». Quels que soient les espoirs que l'un ou l'autre pays avait pu nourrir d'une coopération plus étroite en Chine établie par ce traité, la révolution russe a mis fin au printemps 1917. Il est inutile de souligner l'importance importante de cet événement pour les affaires d'Extrême-Orient. événement, et de sa suite – l'effondrement militaire de la Russie. Le simple fait que la Chine soit ainsi libérée du danger d'une agression combinée à laquelle elle était impuissante à résister parle de lui-même.

À l'automne de la même année, alors que l'Amérique était entraînée dans la guerre, le Japon, toujours déterminé à consolider sa position en Extrême-Orient, entama à Washington des négociations avec les États-Unis au sujet de la politique à poursuivre par les États-Unis. les deux pays en Chine. Le négociateur japonais désigné comme ambassadeur spécial à cet effet était le vicomte Ishii, qui avait récemment été ministre des Affaires étrangères et qui avait déjà visité l'Amérique à titre officiel. Par l'accord conclu en novembre de la même année, connu sous le nom d'Accord Lansing-Ishii, le gouvernement des États-Unis reconnaissait formellement, sans toutefois les définir, les intérêts particuliers du Japon en Chine découlant de la proximité géographique - concession qui tendait à étendre la liberté d'action que le Japon avait déjà acquise à la suite de la guerre. La raison de la conclusion de cet accord, comme indiqué dans les notes échangées à cette occasion, « était de faire taire les informations malveillantes » qui avaient circulé de temps à autre. Une autre raison pourrait bien avoir été le désir de défricher le terrain pour une coopération commerciale entre les États-Unis et le Japon en Chine, qui avait été préconisée depuis un certain temps dans la presse japonaise et qui a reçu un certain soutien de la part des capitalistes des deux pays. L'idée n'a pas été bien accueillie par la communauté américaine en Chine, et les efforts déployés dans ce sens ne semblent pas avoir été accompagnés d'un succès éclatant pendant la poursuite de la guerre.

Dans l'intervention militaire des puissances alliées et associées en Sibérie, le Japon prit une part importante. Le cours des événements en Russie après la révolution a suscité l'inquiétude en Grande-Bretagne et en France. Lorsque les bolcheviks prirent le contrôle des affaires, les prisonniers de guerre allemands et austro-hongrois, qui, grâce à la désintégration des anciennes armées russes, avaient recouvré leur liberté et étaient libres de soutenir les ambitions allemandes, firent cause commune avec eux ; et on sentait qu'il y avait un danger que ces forces combinées se propagent à travers la Sibérie centrale et orientale. Comment faire face au mieux à ce danger, et en même temps soulager les troupes tchécoslovaques, composées d'anciens prisonniers de guerre, qui avaient refusé de rejoindre les bolcheviks et se retiraient le long du Transsibérien, était une question qui obligeait à l'attention des gouvernements concernés. L'idée d'envoyer un corps expéditionnaire dans ce double objectif fut évoquée pour la première fois à l'été 1917, mais ce n'est qu'un an plus tard qu'un accord fut conclu . Dans cette intervention militaire, six des puissances alliées et associées étaient représentées, le Japon, en raison de sa proximité du lieu de l'action, étant le premier à placer des troupes sur place.

Entre-temps, face au même danger et pour les mêmes objectifs, les gouvernements japonais et chinois avaient conclu quelques mois auparavant (en mai 1918) un accord militaire secret de défense commune pour la durée de la guerre, par lequel des dispositions étaient prises pour la coopération des troupes japonaises et chinoises sur le territoire chinois et russe. En septembre suivant, des « stipulations détaillées » furent jointes à l'accord. L'une d'elles prévoyait que les troupes chinoises opérant sur le territoire russe devaient être sous le contrôle d'un commandant japonais. Un accord naval similaire a été conclu au même moment. Conformément à l'accord militaire, des forces japonaises et chinoises considérables ont été mobilisées et employées dans des opérations sur le territoire chinois et à travers la frontière russe.

Les services remarquables rendus par la marine japonaise tout au long de la guerre lui ont valu la chaleureuse appréciation de ses alliés ; le travail accompli pour nettoyer les mers des embarcations ennemies prédatrices, convoyer des navires de troupes des dominions britanniques vers l'Europe et combattre la menace sous-marine, mérite, comme il l'a d'ailleurs reçu, les plus grands éloges. Si, par moments, certains milieux japonais ont pu paraître disposés à anticiper le succès des armes allemandes, et si les sympathies pro-allemandes d'une partie de l'opinion publique ont semblé s'affirmer trop bruyamment, il faudrait tenir compte de la large mesure dans laquelle les idées allemandes avaient été utilisées dans la création du Japon moderne et la tendance naturelle des officiers de l'armée à croire en l'invincibilité de la nation aux méthodes militaires dont ils avaient été formés.

La Conférence de la paix réunie à Paris en janvier 1919 scelle les ambitions japonaises. Les représentants du Japon ont pris part à toutes les délibérations importantes sur un pied d'égalité reconnu avec ceux de la Grande-Bretagne, de la France, de l'Italie et des États-Unis, tandis que, en tant que l'une des grandes puissances composant le Conseil suprême, le Japon a eu voix au chapitre. décisions qui ont guidé les destinées du monde.

CHAPITRE XXIX
Le système familial japonais.

Plus d'une fois au cours de ce récit, il a été fait référence au système familial japonais, dont l'influence est responsable de tant de particularités dans la vie politique et sociale du peuple. Un bref aperçu de ce système, tel qu'il fonctionne aujourd'hui, ne sera donc peut-être pas sans intérêt pour le lecteur.

Avant juillet 1898, date d'entrée en vigueur du Code civil actuel, les questions concernant le droit de la famille étaient régies par les coutumes locales, qui variaient non seulement dans chaque province, mais souvent selon les différents districts d'une même province. Toutes ces questions sont désormais traitées conformément aux dispositions des livres IV et V du présent Code, et conformément à la loi complémentaire sur l'immatriculation, entrée en vigueur sous une forme révisée à la même date que le Code. Depuis lors, le fonctionnement du système familial a été uniforme dans tout le pays.

Avant d'aller plus loin , il serait peut-être bon d'expliquer ce que l'on entend par le mot « famille » dans le droit japonais. Cela dénote quelque chose auquel nous n'avons rien d'analogue. Il désigne un groupement de personnes portant le même nom et soumises à l'autorité de celui qui est le chef de famille, et qui peut être ou non le parent commun, ou l'ancêtre ; et c'est dans ce sens que le terme « membre d'une famille » est utilisé dans le Code, et dans la loi complémentaire susvisée. Cette famille, qui peut être composée d'un seul ménage, ou en comprendre plusieurs, peut être la branche principale de la souche parentale, ou seulement une branche de cadets. Dans les deux cas, elle constitue ce que la loi appelle une famille ; la succession à sa direction est réglée par des dispositions strictes ; et celui qui en est le chef est investi d'une certaine autorité bien définie. La parenté n'est pas indispensable à l'appartenance à ce groupe familial, car la loi prévoit qu'un proche d'une personne adoptée peut, dans certaines circonstances, devenir membre de la famille dans laquelle cette dernière est entrée.

Il existe cependant un autre groupe familial plus large, composé de tous ceux qui se situent les uns envers les autres dans la position de parenté telle que définie à l'article 725 du Code. C'est dans ce dernier groupe, qui trouve pour ainsi dire son incarnation dans les conseils de famille, que réside dans une large mesure la clé de la position réelle de l'individu au Japon.

Le système familial japonais est donc une combinaison de parents en deux groupes, et chaque Japonais doit donc être considéré à deux titres : d'abord comme membre du plus petit groupe familial – la famille légale – et, en tant que tel, à moins qu'il ne soit chef de famille lui-même, soumis à l'autorité de son chef ; et, deuxièmement, en tant que membre d'un groupe plus large de parents, avec lequel il est étroitement lié par des droits et des devoirs et, en tant que tel, quelle que soit sa position dans la famille, soumis dans certaines matières au contrôle des conseils de famille. Mais la position d'un Japonais, dans sa double qualité de membre d'un groupe familial à la fois plus petit et plus grand, n'a rien de la permanence et de la stabilité que l'on trouve dans notre vie de famille. Elle est affectée non seulement, comme chez nous, par le mariage et le divorce, mais est également susceptible de changer constamment par la séparation d'avec la famille par adoption et sa dissolution, par abdication ou autres causes mentionnées dans le Code, et par la liberté conditionnelle accordée. à une personne de changer d'allégeance familiale, pour ainsi dire, et de se transférer de l'autorité d'un chef de famille à celle d'un autre. Le caractère artificiel des deux groupes est également accentué par la fréquence des adoptions, qui ressemble si étroitement à la parenté qu'il n'existe aucune différence matérielle entre les deux.

En notant brièvement les principales caractéristiques du système familial japonais, il conviendra de commencer par celles qui ont leur pendant dans le droit romain, à savoir l'autorité parentale, la situation de la femme, la coutume de l'adoption et les rites religieux de la famille.

PARENTALE . — Il est peu probable qu'au Japon l'autorité parentale ait jamais approché la rigueur de la *patria potestas romaine* , bien que dans les codes désormais obsolètes, les délits étaient punis plus sévèrement lorsqu'ils étaient commis par des enfants contre leurs parents que lorsque l'inverse était le cas. Cependant, la doctrine de la piété filiale, qui a inspiré cette discrimination, n'a jamais exclu en pratique les devoirs des parents envers leurs enfants. Au Japon, d'ailleurs, l'autorité parentale a toujours été soumise à deux influences affaiblissantes : l'intervention des conseils de famille et la coutume de l'abdication. Elle comprend désormais à la fois l'autorité paternelle et, dans certains cas, l'autorité maternelle, chose inconnue du droit romain. Cette autorité, jamais de nature conjointe, s'exerce sur les enfants qui sont « membres de la famille » du parent concerné pendant leur minorité, et même après tant qu'ils ne gagnent pas une vie indépendante. La loi japonaise considère une personne comme un enfant, quel que soit son âge, tant que l'un des parents est en vie, et le droit d'un parent à l'entretien d'un fils ou d'une fille prévaut sur les droits à cet égard des enfants et conjoint.

POSITION DES FEMMES. — La situation juridique des femmes au Japon avant les changements législatifs modernes est bien illustrée par le fait que les délits relevaient de différentes catégories selon qu'ils étaient commis par la femme contre le mari, ou par le mari contre la femme, et par la curieuse anomalie suivante : tandis que le mari se trouvait au premier degré de relation avec sa femme, celle-ci ne l'était qu'au second. Les handicaps dans lesquels une femme travaillait autrefois l'empêchaient d'exercer presque tous ses droits. La maxime *Mulier est finis familiæ* (« La famille se termine avec une femme ») était aussi vraie au Japon qu'à Rome, même si son observance était peut-être moins stricte en raison de la plus grande fréquence des adoptions. Tout cela a été grandement modifié. Aucun progrès n'a été aussi accompli que celui de l'amélioration de la situation des femmes. Même si, comme celles de son sexe dans d'autres pays, elle souffre encore de certains handicaps, une femme peut désormais devenir chef de famille ; elle peut hériter, posséder des biens et les gérer elle-même ; elle peut exercer l'autorité parentale ; si elle est célibataire ou veuve, elle peut adopter ; elle peut agir comme tutrice ou curatrice ; et elle a une voix dans les conseils de famille.

ADOPTION. — Le désir de préserver la continuité d'une famille est habituellement le motif de l'adoption partout où se rencontre la coutume ; et dans des pays comme le Japon, où le culte des ancêtres a survécu dans la pratique des rites familiaux, le souci de prendre les dispositions nécessaires pour l'accomplissement de ces rites a agi comme une incitation supplémentaire. Mais nulle part ailleurs, probablement, l'adoption n'a été pratiquée sur une aussi grande échelle ni joué un rôle aussi important dans la vie sociale de la communauté qui l'a pratiquée . Elle ne se limite pas, comme chez nous, à l'adoption de mineurs, car l'adoption d'adultes est aussi courante que celle d'enfants. Elle ne se limite pas non plus à l'adoption à un moment donné d'un seul individu, l'adoption d'un couple marié, bien que quelque peu rare, étant une coutume reconnue. L'acte n'a pas non plus de caractère définitif, car une personne peut adopter ou être adoptée plus d'une fois et l'adoption peut être dissoute ou annulée.

Le traitement minutieux réservé à cette coutume dans le Code civil témoigne de son importance dans la vie sociale japonaise, et montre en même temps à quel point les intérêts de l'individu à cet égard sont subordonnés à ceux de la famille.

Avant de quitter le sujet, il convient de rappeler au lecteur que, dans le cas de la famille impériale, la coutume de l'adoption a été, comme nous l'avons déjà mentionné, abolie il y a quelques années.

FAMILIAUX . — L'attitude d'esprit caractéristique à l'égard des questions religieuses, évoquée dans un chapitre précédent, qui permet à un écrivain japonais de décrire ses compatriotes comme étant dualistes en matière de religion, se reflète dans les rites familiaux ou domestiques japonais. Avant l'introduction du bouddhisme au VIe siècle, chaque foyer possédait son *kamidana* , ou autel shintō , qui est une simple étagère en bois. Sur celui-ci étaient placés les cénotaphes des membres décédés de la famille. L'adoption du bouddhisme a conduit à l'introduction d'un *butsudan* , ou autel bouddhiste, qui est un sanctuaire miniature en bois, sur lequel les cénotaphes ancestraux ont été transférés. Mais l' autel shintō est resté et a servi de dépositaire des amulettes du sanctuaire shintō principal , le *Daijingū* d' Isé , ainsi que des amulettes des sanctuaires dédiés aux différentes divinités tutélaires des membres de la famille et, malgré les Renaissance shintō qui a accompagné la Restauration de 1868-1869, les deux autels, avec leurs utilisations respectives, sont restés inchangés.

L'accomplissement des rites familiaux de la manière la plus stricte est généralement réservé aux classes supérieures et aux agriculteurs aisés. Dans le culte des divinités shintō , ces rites consistent en des hommages révérencieux rendus chaque matin devant l' autel shintō , l'allumage d'une petite lampe dessus chaque soir et la présentation d'offrandes de riz et *de saké* certains jours de chaque mois. De temps en temps, des branches de *Cleyera japonica* sont également déposées sur l'autel. Les rites ancestraux accomplis devant l'autel bouddhiste diffèrent sur certains points de détail selon la religion professée, shintō ou bouddhiste, de la famille. Dans chaque cas, cependant, le cénotaphe de la personne décédée, qui est une petite tablette en bois portant le nom ou la date du décès à titre posthume, est placé sur ou devant l'autel bouddhiste. Lorsque ces cénotaphes deviennent trop nombreux, on en fait un ou deux pour servir à tous. Des offrandes de nourriture sont faites et des services religieux sont organisés à l'occasion des différents anniversaires du décès. A ces occasions, une fête est également prévue. Dans les foyers bouddhistes, l'autel bouddhiste n'est jamais sans fleurs, tandis que des offrandes de thé et de riz sont faites et des bâtons d'encens allumés chaque matin. Lors du « Festival des Morts » annuel, qui n'est pas reconnu par la secte bouddhiste *Shin* , ou *Montō* , *des rites plus élaborés sont exécutés.*

Les autres caractéristiques du système familial qui restent à remarquer sont la position occupée par le chef de famille, sa succession, l'abdication, les conseils de famille, le mariage et l'enregistrement.

DIRECTION DE LA FAMILLE. — Au Japon, l'autorité parentale et l'autorité exercée par le chef de famille sont bien distinctes, mais les deux peuvent être dévolues au même individu, qui peut être une femme. Lorsqu'ils sont attribués à différents individus, ils représentent une sorte de *copropriété* , comme par exemple dans les cas où le consentement non seulement des parents, mais aussi du chef de famille, est requis.

Le chef de famille exerce son autorité sur tous ses membres que la loi reconnaît comme tels. Il n'est pas nécessaire que ceux-ci fassent partie de son foyer car, comme nous l'avons déjà expliqué, le groupe représenté par le mot famille peut englober plusieurs foyers. Il n'est pas non plus nécessaire qu'ils soient parents, même s'il existe généralement un lien de parenté. Cette autorité comprend le droit de consentir au mariage et au divorce, à l'adoption et à la dissolution de l'adoption de chaque membre de la famille ; le droit de déterminer son lieu de résidence ; et le droit d'expulser cette personne de sa famille et de lui interdire d'y retourner. Le chef de famille a également le droit de succession aux biens à défaut d'autres héritiers. Mais la direction d'une famille comporte aussi des devoirs et des responsabilités ; le devoir de soutenir ses membres indigents ; le devoir, dans certaines circonstances, de tutelle et la responsabilité des dettes de tous.

Sauf cas exceptionnels, la succession à la tête d'une famille est limitée aux personnes qui sont « membres de la famille », au sens juridique du terme. Ceux-ci sont classés selon le degré de relation. A défaut de descendance en ligne directe, un héritier peut être désigné selon d'autres modalités définies par le Code.

ABDICATION. — Ce que, faute d'un meilleur mot, les étrangers appellent généralement abdication, c'est le retrait d'une personne de la position de chef de famille. Etant donné que le Code civil permet aux femmes de devenir chefs de famille, il s'ensuit que l'abdication n'est pas une prérogative du sexe masculin.

Les érudits japonais qui ont étudié le sujet, notamment les professeurs Hozumi et Shigéno , s'accordent pour faire remonter l'origine de la coutume actuelle à l'abdication des souverains, dont des cas se produisent à une période précoce de l'histoire japonaise. Ces abdications antérieures étaient indépendantes des influences religieuses, mais avec l'avènement du bouddhisme, l'abdication entra dans une nouvelle phase. À l'imitation, semble-t-il, du départ à la retraite des prêtres en chef des monastères bouddhistes, les monarques abdiquant se rasèrent la tête et accédèrent au sacerdoce ; et lorsque, plus tard, cette coutume fut utilisée à des fins politiques, le manteau de la religion fut conservé. Depuis le trône, la coutume s'étendit aux régents et aux hauts officiers de l'État ; et son observance était si universelle parmi les fonctionnaires des rangs supérieurs qu'elle était devenue au XIIe siècle que, comme le professeur Shigéno le déclare, c'était presque la règle pour ces personnes de se retirer du monde à l'âge de quarante ou cinquante ans et d'entrer nominalement dans le monde. le sacerdoce, l'acte et la personne qui l'accomplit étant appelés *niūdō* . Au fil du temps, la coutume de l'abdication cessa d'être limitée aux fonctionnaires, mais s'étendit à la noblesse féodale et à la classe militaire en général, d'où elle se répandit dans toute la nation. A ce stade de sa transition, son lien avec la phase qu'il a finalement assumée devient clair. Mais avec son extension au-delà du cercle des dignitaires officiels, et sa rupture avec la tradition et les associations religieuses, réelles ou nominales, l'abdication a changé de nom. On ne l'appelait plus *niūdō* (entrée en religion), mais *inkio* (retraite), l'ancien mot n'étant retenu que dans son sens strictement religieux ; et *inkio* est le terme utilisé aujourd'hui.

Le lien de la coutume avec la religion ayant disparu depuis longtemps, le Japonais d'aujourd'hui qui abdique n'est en aucune façon animé par le sentiment qui poussait autrefois les monarques européens à finir leurs jours dans la retraite du cloître, et qui trouve son expression dans l'expression « faire son âme ». Outre l'influence des conventions traditionnelles, qui explique la grande emprise acquise par la coutume sur la nation, le motif semble s'apparenter quelque peu à celui qui conduit les gens dans d'autres pays à se retirer de la vie active à un âge où l'infirmité physique ne peut être invoquée. comme raison. Dans un cas cependant, c'est l'entreprise ou la profession, le travail actif de la vie, qui est abandonné, tandis qu'au Japon, c'est la position de chef de famille qui est abandonnée, le résultat étant l'effacement de l'individu. en ce qui concerne la famille. De plus, même si l'abdication implique généralement l'abandon des affaires, cela ne s'ensuit pas nécessairement. Que dans de nombreux cas la raison de l'abdication réside dans le désir d'échapper aux appels tyranniques de la vie familiale, encombrée de devoirs et de responsabilités juridiques, ainsi que de cérémonies fastidieuses, est démontré par le fait que la période de la plus grande période de vie d'une personne Il n'est pas rare que son activité date du moment où il se retire de la direction de la famille.

Comme dans le cas de l'adoption, l'abdication est désormais plus strictement réglementée qu'auparavant. Les femmes sont autorisées à abdiquer quel que soit leur âge ; mais un homme n'est pas autorisé à abdiquer avant d'avoir atteint l'âge de soixante ans, sauf dans certaines conditions imposées par la loi.

DE FAMILLE . — Les conseils de famille représentent, comme nous l'avons déjà expliqué, le plus grand des deux groupes entre lesquels la société japonaise peut être considérée comme divisée. Ils usurpent bon nombre des fonctions que nous sommes habitués à associer aux tribunaux, et, bien qu'un appel puisse toujours être fait devant ces derniers contre la décision d'un conseil, indépendamment de la réticence de la plupart des gens à prendre cette mesure, les chances Les chances de succès sont trop lointaines pour favoriser son adoption fréquente.

Les conseils de famille sont de deux sortes : ceux convoqués pour trancher une question particulière ; et ceux qui sont créés dans le but de prendre en charge les affaires des personnes incapables. Les premières sont dissoutes lorsque la question en cause est réglée ; ces dernières perdurent jusqu'à ce que cesse l'incapacité légale. La convocation d'un conseil et la sélection de ses membres relèvent d'un tribunal, mais dans certains cas, les membres peuvent être nommés par testament. Les fonctions des conseils de famille couvrent un large domaine, allant du consentement au mariage et à l'adoption à la protection des intérêts d'un mineur en cas de conflit entre les intérêts des parents et de l'enfant. Leur autorité ne diminue en rien l'influence qu'exerce sur un individu le large cercle de relations parmi lesquelles ils sont choisis, mais elle sert plutôt à l'accroître ; leur existence en tant qu'espèce de tribunal de la famille n'empêche pas non plus le règlement des affaires familiales de manière informelle sans recourir aux mécanismes élaborés prévus par la loi.

MARIAGE. — Avant l'entrée en vigueur du Code civil actuel, la question du mariage était réglée par des textes fragmentaires publiés de temps à autre, qui traitaient de divers points liés au mariage et au divorce, mais jamais de la question dans son ensemble. La validité du mariage est tout à fait indépendante de la cérémonie du mariage, qui est une fonction purement sociale. Le mariage se fait simplement par enregistrement. Un avis est donné au greffier par les deux parties et deux témoins majeurs. Cet avis peut être soit verbal, soit écrit. Lorsque l'officier de l'état civil s'est assuré que le mariage est conforme aux dispositions de la loi, le nom de la personne inscrite dans la famille de l'autre est inscrit sur le registre de cette famille et est radié du registre de la famille à laquelle il, ou elle, appartenait auparavant. L'âge du mariage pour les hommes est de dix-sept ans ; celle des femmes de quinze ans. Nul qui n'est pas chef de famille ne peut se marier sans le consentement du chef de famille. Dans de nombreux cas également, le consentement des parents, ou d'un tuteur, ou d'un conseil de famille, est nécessaire. La loi japonaise reconnaît deux types de divorce : le divorce judiciaire ; et le divorce par arrangement entre les parties.

DES FAMILLES . — S'il fallait prouver que la société japonaise est centrée sur la famille et non sur l'individu, elle serait fournie par l'institution connue sous le nom d'enregistrement des familles. Le sujet est trop complexe pour justifier une référence détaillée dans ces pages. Il suffira de mentionner que dans chaque district il est tenu un registre séparé pour chaque maison dans laquelle le chef de ménage est également chef de famille ; ceux dont les noms y figurent étant considérés comme ayant ce qu'on appelle leur « registre permanent » (*honséki*) dans le lieu en question. Les personnes qui sont chefs de famille, mais non de famille, sont inscrites sur d'autres registres de famille. Ainsi, les noms inscrits dans un registre de famille au moment de son établissement sous l'adresse d'une certaine maison ne sont pas nécessairement ceux des personnes qui sont membres du ménage particulier indiqué. Ils ne sont pas non plus nécessairement ceux de personnes qui résidaient ou résident dans le district. Il s'agit simplement de celles de toutes les personnes qui, quel que soit leur lieu de résidence, sont membres de la famille dont l'occupant de la maison en cause est le chef au *moment de l'établissement du livret de famille* . C'est donc la famille, et non le ménage, qui constitue la base de cet enregistrement, la maison fournissant simplement l'adresse où est établi le registre permanent. Les registres de famille sont établis (1) lorsqu'une personne fonde une nouvelle famille, ou (2) lorsque le chef de famille choisit de transférer son registre permanent à un autre endroit, auquel cas le registre précédent est appelé « registre permanent original » (*genséki*). Sauf dans ces cas, l'enregistrement de la famille et le séjour sont tout à fait indépendants l'un de l'autre.

Comme dans le cas du statut et de l'enregistrement du logement, les questions concernant l'enregistrement des familles sont traitées par le registraire d'un district. C'est l'avis à ce fonctionnaire qui donne validité au mariage et au divorce, à l'adoption et à sa dissolution, à l'abdication et à la succession à la tête d'une famille.

CHAPITRE XXX
Éducation.

Avant la Restauration, l'État se préoccupait peu de l'éducation. Il y avait, en effet, à Yedo , comme on appelait alors Tōkiō , deux ou trois écoles gouvernementales ouvertes aux jeunes de la classe militaire, et des institutions similaires existaient dans les provinces, tant dans les territoires claniques que dans ceux du Shōgun . Dans ces cours, l'enseignement était dispensé dans les classiques chinois et dans les réalisations militaires. A l'exception de cette maigre provision pour les besoins éducatifs, la question était, dans une large mesure, laissée entre les mains du peuple lui-même. L'éducation jugée nécessaire pour les enfants autres que ceux de la classe militaire était dispensée dans les écoles des temples bouddhistes (*terakoya*). Dans le cas de la classe militaire, des cours particuliers remplaçaient ces écoles, tant pour l'enseignement élémentaire que pour tout enseignement complémentaire qu'on pouvait désirer ; il est d'usage que les étudiants au-dessus d'un certain âge deviennent les élèves d'un savant réputé, dans la maison duquel ils résidaient souvent pendant leurs études. De l'absence de tout contrôle officiel régulier de l'éducation, il ne faut pas déduire que l'apprentissage était découragé au Japon. Au contraire, elle a été encouragée dès les premiers temps, tant par la Cour à l'époque pré-féodale que par les dirigeants Tokugawa ultérieurs, de sorte que la nation japonaise avait, comme on le sait, atteint un haut degré de culture d'inspiration orientale. genre avant la réouverture du pays aux relations étrangères. Mais l'intérêt porté à l'éducation n'a été que spasmodique. Aucune tentative n'a été faite pour la systématiser et en faire une branche de l'administration générale du pays.

Dans le programme des hommes qui effectuèrent la Restauration, la réforme de l'éducation occupait une place prépondérante ; mais tant que la féodalité dura, on ne put pas faire grand-chose. Ni le contrôle de l'éducation par une autorité centrale unique, ni le défi aux préjugés de classe en rendant l'éducation ouverte également à tous n'étaient possibles. L'agrandissement des quelques collèges existants, l'ouverture de quelques autres là où ils étaient le plus nécessaires, l'engagement de professeurs étrangers et la sélection des étudiants représentaient tout ce qui était réalisable pour le moment. L'opportunité souhaitée s'est présentée avec l'abolition de la féodalité et la disparition de la classe militaire. C'est à l'été 1871 que fut publié le décret qui abolit le système féodal ; une semaine ou deux plus tard, le ministère de l'Éducation était créé ; et l'année suivante (1872), le premier Code de l'éducation fut rédigé et promulgué. L'enseignement obligatoire pour les deux sexes date de cette époque.

Le regretté baron Kikuchi, ancien ministre de l'Éducation, a attiré l'attention sur l'esprit franchement utilitaire révélé dans le préambule du Code dans ses conférences à Londres sur le sujet en 1909. Il n'y est fait aucune mention de religion et rien n'est dit non plus. sur l'enseignement moral. Le Code prévoyait la création de pas moins de huit universités et d'un nombre correspondant d'écoles primaires et secondaires, ce qui dépassait de loin les besoins du pays à l'époque. On ne fut donc pas surpris lorsqu'en 1879 ce plan fut abandonné et qu'un projet mieux adapté aux conditions existantes fut adopté à sa place. Néanmoins, au cours de ces sept années, un bon début a été réalisé. Le principe de la scolarité obligatoire pour tous les enfants âgés de six à quatorze ans a été introduit. L' Université de Tōkiō a été créée et, bien que les attentes concernant la croissance des collèges n'aient pas été réalisées, des progrès satisfaisants ont été réalisés dans la création et le fonctionnement des écoles élémentaires.

Le Code de 1879, par lequel une forme plus simple et plus pratique était donnée à l'enseignement élémentaire, fut à son tour remplacé par la loi pédagogique de 1886. Aux termes de la nouvelle mesure, l'enseignement élémentaire était divisé en deux cours ; une plus grande attention a été accordée à l'éducation normale ; de nouvelles caractéristiques sous forme d'entraînement moral et physique ont été introduites ; et la méthode de réglementation des affaires éducatives au moyen de codes a été abandonnée. Diverses modifications ont été apportées au cours des années suivantes, mais le système alors établi est, dans ses grandes lignes, en vigueur aujourd'hui.

Au seuil du système actuel se trouve l'école maternelle, créée sur le modèle européen.

Le système actuel commence avec les écoles primaires. Il y en a de deux sortes : les écoles élémentaires ordinaires et les écoles élémentaires supérieures. Dans le premier, le cours s'étend sur six ans et est obligatoire pour tous les enfants ayant terminé leur sixième année. A treize ans, la scolarité obligatoire cesse donc. L'enseignement élémentaire ordinaire est gratuit, son coût étant couvert par les impôts locaux.

De l' école élémentaire ordinaire , l'enfant, garçon ou fille, dont l'éducation ne s'arrête pas là, passe à l'école élémentaire supérieure. Ici, le cours dure deux ans, un cours complémentaire étant prévu, comme dans le cas des écoles élémentaires ordinaires, pour ceux qui le désirent et dont l'éducation cesse à ce stade.

Dans les écoles élémentaires des deux types, les garçons et les filles reçoivent pratiquement la même éducation. Ils sont enseignés dans les mêmes écoles, et souvent dans les mêmes classes. C'est après cette étape que l'éducation des garçons et des filles devient distincte, tant en ce qui concerne les écoles que les matières qui y sont enseignées. Les écoles élémentaires créées par l'État sont ouvertes aux enfants de toutes les classes ; mais il existe aussi des écoles élémentaires privées des mêmes classes, reconnues par la loi et soumises au contrôle officiel.

A l'âge de quatorze ou quinze ans, un garçon entre dans ce qu'on appelle un collège, où il reste cinq ans. A la fin de ce cours, alors qu'il a environ dix-neuf ans, un jeune Japonais a terminé son éducation générale. S'il choisit d'aller plus loin, il doit se spécialiser en passant dans une école supérieure préparatoire à l'université, dans une école technique, dans une école normale supérieure ou dans ce qu'on appelle une école « spéciale » (semmon), selon le *cas* . peut être.

La formation scolaire ouverte aux filles à la sortie des écoles élémentaires supérieures est moins étendue. Ils peuvent entrer dans un lycée pour filles, qui correspond plus ou moins au collège pour garçons. Ici, le cursus dure de quatre à cinq ans, avec un cours complémentaire étalé sur deux autres. Ils peuvent également entrer dans une école normale ou technique. À l'exception de quelques écoles normales supérieures, l'État ne prévoit aucune autre mesure en faveur d'une éducation plus avancée pour les femmes.

L'entreprise privée et la munificence ont beaucoup contribué à compléter l'œuvre éducative de l'État. Outre les écoles élémentaires privées déjà mentionnées, une certaine proportion de collèges sont également entre des mains privées, tandis que les établissements d'enseignement d'un niveau plus avancé sont fournis par les collèges florissants fondés par M. Fukuzawa et le marquis Ōkuma . Il existe également des écoles bouddhistes et des établissements d'enseignement de diverses sortes, entièrement ou partiellement entretenus par des sociétés missionnaires étrangères. L'aide ainsi dirigée par l'initiative privée n'est pas non plus limitée aux élèves d'un seul sexe. L'existence dans la capitale d'institutions aussi connues — pour n'en citer que quelques-unes — comme l'Université des Femmes fondée par M. Narusé montre à quel point l'éducation des femmes a bénéficié ; le Girls' College, qui doit sa création à Mme Shimoda ; et les écoles pour filles de la noblesse, auxquelles la défunte impératrice, sa fondatrice, portait un intérêt particulier.

Voyons maintenant ce qui est enseigné dans le système éducatif actuel.

Le programme d'enseignement dans les écoles élémentaires comprend la morale ; la lecture, l'écriture et la rédaction de lettres, qui sont regroupées dans une seule matière appelée « la langue japonaise » ; l'arithmétique et l'usage du boulier, la planche à compter des anciens ; gymnastique, dessin et chant ; et (pour les filles) les travaux d'aiguille. Dans le cours élémentaire supérieur, trois matières supplémentaires – l'histoire, la géographie et les sciences – sont incluses.

Qu'entend-on, peut-on demander, par l'enseignement de la « morale », la première matière mentionnée dans ce programme ? Elle s'appuie sur les principes énoncés dans le Rescrit impérial sur l'éducation promulgué en 1890, dont une copie, outre un portrait de l' Empereur , est accrochée aux murs des écoles élémentaires. En parlant de cela, le baron Kikuchi dit dans les conférences mentionnées ci-dessus : « Toute notre éducation morale et civique consiste à imprégner nos enfants de l'esprit du Rescrit de manière à ce qu'il fasse partie de notre vie nationale. » Aucune excuse n'est nécessaire pour s'étendre longuement sur un point auquel il attache tant d'importance.

Les principes sur lesquels l'accent est mis dans le rescrit impérial sont pour la plupart d'un type avec lequel le lecteur est plus ou moins familier, comme en témoigne la référence faite aux devoirs d'un sujet japonais envers les ancêtres impériaux, envers le souverain, envers l'État. , et à la société, leur origine confucianiste et shintō . L'attention a été attirée sur l'absence de toute référence à l'enseignement moral dans le préambule du Code de 1872. Le fait qu'une note différente soit portée dans le rescrit publié dix-huit ans plus tard ne permet pas de déduire que le Gouvernement avait vu des raisons de modifier son esprit sur le sujet. Car, seulement un an avant la parution du rescrit, le ministère de l'Éducation avait publié une notification déclarant qu'il était essentiel de séparer la religion et l'éducation et interdisant l'enseignement de toute doctrine religieuse, ou la conduite de toute cérémonie religieuse, dans les écoles agréées. par l'Etat. Il semble donc correct de supposer que l'attitude du gouvernement à l'égard des relations entre la religion et l'éducation est restée inchangée, mais que l'esprit officiel a fait une distinction entre l'enseignement moral identifié aux doctrines religieuses et l'enseignement moral d'une portée plus générale. gentil. Cette supposition est étayée par la ressemblance étroite que présente le rescrit avec un document intitulé *Une courte exhortation au peuple* , qui fut, comme nous l'avons vu, publié et largement diffusé par le nouveau gouvernement dans les premiers jours de la Restauration. Il s'agissait alors de détourner vers le Souverain le vieux sentiment féodal de dévouement au chef de clan ; faire du Trône, à une époque où le tissu du vieux Japon s'effondrait, le centre autour duquel la nation pouvait se rallier. Le but du rescrit était le même, permettant le changement de circonstances, à savoir renforcer le cadre du gouvernement en encourageant un nouvel esprit de patriotisme et de loyauté. Il était tout à fait naturel que l'éducation soit choisie comme moyen d'inculquer à la nation l'esprit de préceptes faisant appel, avec la force de la tradition, au sentiment national.

Pour l'enseignement de la morale dans les écoles élémentaires, des manuels sont fournis. Ceux-ci contiennent une série d'homélies illustrées destinées à inculquer les vertus qui mettent l'accent sur l'éthique confucianiste. Les enfants apprennent également, lors de conversations avec les enseignants, les sujets concernant l'Empereur et la Cour. Ils sont amenés à prendre conscience de l'étendue de la sollicitude impériale envers le peuple ; ces leçons conduisent à la conclusion inévitable que les vertus illustres du Souverain doivent être vénérées. Des enseignements similaires sont donnés au sujet du drapeau national, dans le but de promouvoir le patriotisme. A cet égard, les Japonais ont la chance de posséder un mot d'origine chinoise, qui signifie littéralement « récompenser le pays pour les faveurs reçues », et exprime ainsi le sens du devoir sur lequel repose la vertu. Au cours de leur troisième année scolaire, les enfants découvrent l'Impératrice et acquièrent une connaissance générale de sa position et de ses responsabilités. C'est ainsi qu'ils apprennent, dans les cours suivants, et toujours dans la même séquence d'idées morales, ce que l'on entend par « le caractère fondamental de l' Empire japonais », c'est-à-dire la relation de la maison impériale avec le peuple. ... et quelque chose de la nature du gouvernement et des devoirs civiques.

Ce n'est que lorsque l'on atteint les collèges que l'influence de la pensée occidentale se fait sentir à un degré quelconque. Le programme y couvre la morale, la langue japonaise et la littérature chinoise, les langues étrangères, l'histoire, la géographie et les mathématiques. L'enseignement moral se poursuit selon les mêmes principes qu'il a été commencé dans les écoles élémentaires. Ce n'est pas la faute de l'enseignant, ni du système, si à la fin de cette étape de son éducation l'élève n'a pas acquis une perception générale de ce qui est exigé de lui dans le cadre de son devoir envers l'ancêtre, le parent et le prochain . , de ses obligations envers lui-même, envers sa famille, envers la société et envers l'État, et s'il n'est pas également imprégné d'un sentiment profond du privilège heureux de la nationalité japonaise. Il apparaîtra immédiatement à quel point le domaine de la morale est vaste et à quel point le but qu'elle est censée servir est pratique. L'enseignement des langues étrangères dans les collèges équivaut pratiquement à l'enseignement de l'anglais, celui-ci étant dans la plupart de ces écoles la seule langue étrangère enseignée. Si, malgré l'importance qui lui est accordée, les progrès dans l'étude de l'anglais sont décevants, le résultat est dû à la fausse économie qui consiste à substituer des professeurs étrangers compétents au japonais, dont la connaissance et la prononciation sont souvent défectueuses.

Le programme des écoles supérieures, stade préparatoire à l'Université, varie selon les trois sections : droit et littérature, sciences et médecine, dans lesquelles elles sont divisées. Quatre matières sont cependant communes aux trois. Ce sont la morale, la langue japonaise, les langues étrangères et la gymnastique. Deux des trois langues étrangères – l'anglais, le français et l'allemand – sont enseignées dans chaque section. Dans la section médicale, l'allemand et dans la section scientifique, l'anglais est obligatoire.

Le déroulement de l'enseignement universitaire n'appelle aucun préavis particulier. Il suffit de dire qu'elle s'inspire des modèles occidentaux.

Ces dernières années, le gouvernement a accordé une attention particulière à la création d'écoles techniques et normales. Le fait que les élèves de ces dernières écoles reçoivent une formation disciplinaire similaire à celle des écoles militaires montre le souci des autorités de favoriser l'esprit militaire dans la nation.

On verra qu'à chaque étape du système éducatif actuel, la langue japonaise est l'une des matières d'étude. Cela est dû non moins à son caractère compliqué qu'au haut degré d'habileté requis pour son écriture, pour laquelle on emploie des pinceaux et non des plumes. En faisant allusion à ce point dans un chapitre précédent, l'attention a été attirée sur la difficulté créée par l'adoption de la langue écrite chinoise par un peuple qui avait sa propre langue parlée, et sur la confusion qui s'est produite par la suite lorsque la nation emprunteuse a conçu des écritures écrites . pour lui-même. Le résultat final de ce processus de croissance linguistique fut la division de l'écriture japonaise en trois branches principales : le style chinois, dans lequel les hiéroglyphes chinois sont utilisés de la même manière que les Chinois les utilisent ; les écritures natives, ou syllabaires ; et un troisième qui est un mélange des deux autres, et sous des formes variées, est le plus utilisé aujourd'hui. Des deux éléments qui forment ainsi la langue japonaise d'aujourd'hui – les caractères chinois et les syllabaires japonais – le premier s'est révélé jusqu'à présent le plus fort et, en un sens, le plus utile : plus fort parce qu'il a été le moyen utilisé par sur quoi la civilisation chinoise a été introduite et sur ses liens avec les fondements sur lesquels l'éducation a toujours reposé ; plus utile parce que son effet sur la culture nationale a non seulement survécu à la réouverture du Japon aux relations étrangères, mais, du fait que les écritures indigènes sont adaptées pour écrire uniquement des mots indigènes, il a été multiplié par vingt. De même que nous nous tournons vers le latin et le grec pour inventer de nouveaux mots quand nous le souhaitons, de même vers le chinois les Japonais ont toujours suivi la même quête ; et pendant la majeure partie d'un siècle , ils ont été occupés à inventer de nouveaux mots pour désigner toutes les choses nouvelles qui leur sont parvenues au cours du savoir occidental. Ainsi, la langue qui a servi à introduire les institutions et la culture chinoises il y a plusieurs siècles remplit aujourd'hui le même rôle pour des institutions et une culture d'un tout autre ordre. Dans ce cas, le Japon semble avoir été le jeu du destin. Elle a commencé avec le chinois comme facteur principal de sa culture. Les exigences du langage et des circonstances l'ont poussée plus tard, alors que sa civilisation tendait dans une direction opposée, à puiser à nouveau, dans des conditions modifiées, aux mêmes ressources qu'auparavant, et à s'exposer ainsi de nouveau à l'action des influences mêmes à partir desquelles dans Dès le premier élan de son ardeur pour les réformes occidentales, elle s'efforçait de s'émanciper.

On comprendra à quel point l'éducation est gênée par la difficulté de la langue lorsqu'on mentionne qu'un jeune Japonais qui suit tout le cursus éducatif fourni par l'État l'étudie encore lorsqu'il se trouve sur le seuil de l'Université ; et que s'il désire atteindre une véritable érudition littéraire , il doit poursuivre cette étude pendant un certain temps après la fin de ses études. Pour montrer que la difficulté n'a pas été exagérée, il convient de citer deux autorités indépendantes, toutes deux japonaises. Le baron Kikuchi nous dit que « pour ceux qui s'occupent de l'éducation, en particulier de l'enseignement primaire, la difficulté qu'un enfant doit rencontrer dans l'apprentissage des caractères chinois est une question omniprésente et pressante ; avec autant de matières à apprendre, il est impossible de consacrer le temps énorme qui serait nécessaire au simple apprentissage des idéogrammes . »... « Quand on arrive à l'enseignement secondaire, ajoute-t-il, la difficulté s'accroît encore. » Le marquis Ōkuma , qui a occupé le même portefeuille et s'exprime avec l'autorité d'un éminent pédagogue, est encore plus catégorique. « La plus grande difficulté liée à l'éducation est, dit-il, l'extrême complexité de la langue japonaise. Les étudiants japonais tentent aujourd'hui ce qui n'est possible qu'aux plus forts et aux plus intelligents d'entre eux, c'est-à-dire deux ou trois sur cent. Ils essaient d'apprendre leur propre langue, qui est en réalité deux langues... tout en s'efforçant d'apprendre l'anglais et l'allemand et, en outre, en étudiant des matières techniques comme le droit, la médecine, l'ingénierie ou les sciences.»

C'est une erreur de supposer que, parce que les influences étrangères interviennent si largement dans le programme éducatif, le Japon doit nécessairement finir par s'européaniser. Les fondements de sa culture sont trop profondément ancrés pour cela. Tant que l'enseignement primaire demeurera, comme c'est le cas aujourd'hui, pratiquement épargné par les influences occidentales, aucun changement majeur du genre en question ne risque de se produire. Tout ce que la réforme de l'éducation, telle qu'elle est illustrée dans le système actuel, implique, c'est de faire de l'éducation l'une des principales préoccupations de l'État et de la diffusion du savoir occidental. La première a touché la nation entière ; ces derniers étant principalement les classes supérieures.

CHAPITRE XXXI
Les créateurs du Japon moderne : comment le Japon est gouverné.

Dans les pages précédentes, nous avons décrit les étapes par lesquelles une nation d'Extrême-Orient s'est élevée jusqu'à sa position actuelle de grande puissance. La période occupée par cette transformation est inférieure à un demi-siècle. Car au cours des deux premières décennies qui ont suivi la réouverture du Japon aux relations extérieures, les influences réactionnaires soutenues par un sentiment anti-étranger étaient, comme nous l'avons vu, ascendantes ; et ce n'est qu'après la Restauration que le travail de remodelage de toutes les branches de l'administration commença. Tout en reconnaissant au peuple japonais les qualités qui ont rendu possible ce grand changement, il ne faut pas négliger le génie des hommes d'État qui l'ont guidé.

Bien que la nouvelle direction donnée à la politique nationale, dont on voit aujourd'hui l'aboutissement, n'ait eu lieu qu'après la Restauration, les services rendus par certains des hommes d'État dont les noms y sont associés datent d'avant cette époque. La Restauration ne fut pas l'œuvre d'un jour, l'effet d'un élan soudain. Aussi faible que soit le gouvernement du Shōgun , il était trop fermement enraciné par la simple longueur de sa durée, par le poids du temps et de l'usage, pour être facilement renversé. Avant que cela puisse se réaliser, il était essentiel qu'il y ait quelque chose de la nature d'un mouvement uni, une combinaison de forces. Et dans les conditions féodales qui régnaient alors, c'était précisément ce point qui présentait le plus de difficultés. La force militaire, comme l'ont montré les événements, était là, mais les jalousies des clans faisaient obstacle à un effort commun. La première tentative de rébellion du clan Chōshiū échoua, on s'en souvient, pour cette raison, le clan Satsuma se rangeant du côté du gouvernement de Yedo . Ce n'est que lorsque ces deux clans furent persuadés de travailler ensemble et furent rejoints par deux autres clans, ainsi que par des membres mécontents de la classe militaire qui affluèrent de toutes les régions du pays vers l'étendard impérialiste, qu'il devint possible d'organiser une insurrection sur un plan national. une ampleur qui mettait en danger le maintien du règne des Tokugawa. C'est lors de la formation de cette alliance que les hommes qui occupèrent par la suite les postes les plus importants sous le nouveau gouvernement prirent pour la première fois de l'importance. Ils forment pour ainsi dire un groupe à part en tant que pionniers du mouvement impérialiste. C'est un autre groupe d'hommes, plus tard, qui reprit le travail ainsi commencé et accomplit la tâche de moderniser le Japon.

Ce que les écrivains japonais nous disent des relations existant entre la cour de Kiōto et l' administration de Yedo fait ressortir très clairement que les *Kugé* ou nobles de la cour, qui gouvernaient autrefois le pays, n'ont jamais cessé de considérer les Shōguns comme des usurpateurs, les Le capital est au centre d'intrigues constantes dirigées contre le gouvernement en place. Il était donc tout à fait naturel que le mouvement impérialiste trouve un fort soutien à Kiōto et que les hommes qui entreprennent le projet délicat et dangereux d'unir les clans du sud dans une résistance organisée au Shōgunat soient en mesure de se porter garants du secret. l'approbation du trône, dont la sanction formelle consignée dans les édits de l'État resta jusqu'aux derniers jours du règne des Tokugawa l'un des rares lambeaux de prestige encore laissé au souverain. Bien que les *Kugé*, en tant que corps, ayant longtemps été exclus de la participation active aux affaires publiques, n'étaient à l'époque en question que des néant, étant donné que le mouvement en contemplation avait pour objet avoué la restauration de l'autorité impériale directe. En règle générale, il semble avoir été considéré comme essentiel d'établir un lien étroit avec la Cour. Ceci explique l'inclusion de deux nobles de la cour, Sanjō et Iwakura, dont chacun reçut par la suite le titre de prince. Le premier, dit-on, dut sa sélection principalement au hasard de la naissance. Représentant d'une des plus anciennes familles *Kugé*, son nom donne à lui seul du poids à la cause impérialiste. Par la suite, au fur et à mesure de l'évolution de la situation politique, nous n'entendons guère parler de lui, hormis le fait qu'il ait occupé le poste de Premier ministre. Iwakura se trouvait sur une base différente. Ses capacités de commandement et son talent naturel pour les affaires rendaient ses services indispensables et pendant plusieurs années, il fut une figure dominante du ministère. Deux des membres du clan les plus notables associés à Iwakura à cette époque étaient Ōkubo (père du marquis actuel), originaire de Satsuma, dont la mort par des assassins en 1878 a déjà été mentionnée, et Kido (père du marquis). actuel marquis), originaire de Chōshiū, décédé de maladie peu de temps après l'établissement du nouveau gouvernement. Tous deux combinaient une grande capacité avec des vues très libérales, l'adoption des idées occidentales dans la reconstruction du système administratif étant en grande partie due à leur initiative. Le lecteur a déjà entendu parler de l'aîné Saigō, au début le membre le plus influent de ce groupe, à propos de la rébellion de Satsuma. Tous trois, on le verra, appartenaient soit au clan Satsuma, soit au clan Chōshiū. Les dissensions ministérielles qui provoquèrent le retrait du gouvernement des dirigeants des deux autres clans ayant pris part à la Restauration conduisirent, comme nous l'avons déjà expliqué, à la disparition de la scène des clans Tosa et Hizen au début de l' année . le nouveau *régime*, et à la direction des affaires assumée et continuée jusqu'à aujourd'hui par les hommes d'État Satsuma et Chōshiū. Cependant, la liste de ceux qui ont été remarqués au cours de cette période critique serait incomplète sans l'ajout des noms d' Itagaki et Gotō de Tosa, ainsi que de Soyéshima et Ōki de Hizen.

Les hommes d'État les plus remarquables qui ont été mentionnés comme composant le deuxième ensemble et les suivants - une description pas tout à fait exacte, puisque les carrières de certains chevauchaient celles de leurs prédécesseurs - sont les princes Yamagata, Itō, Ōyama et Katsura, et les marquis Inouyé , Matsugata . , Okuma et Saionji. Leurs noms sont depuis longtemps familiers au public étranger, car tous, à un moment ou à un autre, ont été reconnus comme ayant droit à l' appellation populaire de *Genrō* , ou Anciens, un terme qui n'a jamais été appliqué aux premiers hommes d'État. Le rôle joué par chacun dans l'essor du Japon a déjà attiré l'attention au cours de ce récit. À l'exception des deux derniers nommés, tous ces soi-disant *Genrō* étaient des membres du clan Satsuma ou Chōshiū .

Dans une entreprise aussi vaste que la refonte des institutions d'une nation selon des principes tout à fait nouveaux et si opposés par leur nature aux usages traditionnels, de nombreux esprits ont dû coopérer. La sélection, pour le présent propos, uniquement de quelques-uns dont les noms seront toujours familiers au Japon n'implique pas un manque de reconnaissance de ce qui a été fait par beaucoup d'autres, moins remarquables à leur époque, qui ont rendu des services remarquables au pays. En évaluant les difficultés rencontrées par les hommes d'État qui entreprirent la tâche d'introduire des réformes occidentales et qui réussirent à maintenir et à mettre en œuvre la politique libérale adoptée après la Restauration, il convient de tenir compte des conditions dangereuses dans lesquelles une grande partie de ce travail fut accomplie. L'opposition qu'ils rencontrèrent vint, comme nous l'avons vu, de deux côtés : les réactionnaires, un temps très hostiles aux étrangers, et ceux qui étaient plus avancés dans leurs vues que les ministres eux-mêmes. Les vieilles idées associées aux vendettas, qui, aussi longtemps que durait la féodalité, pouvaient être poursuivies sous sanction officielle, avaient produit une atmosphère d'insécurité pour la vie qui a survécu jusque tard dans l'ère Meiji. La fréquence des assassinats politiques et les précautions prises, même ces derniers temps, pour protéger les membres du gouvernement contre les attaques, montrent à quel point les risques auxquels étaient exposés d'éminents hommes d'État étaient réels.

L'influence dans les affaires publiques du *Genrō* et des premiers dirigeants du mouvement de la Restauration qui n'ont jamais reçu cette appellation n'a jamais été remise en question. Les colonnes de la presse japonaise ont constamment témoigné de la place qu'elles ont occupée dans l'opinion publique. Ils semblent avoir assumé dès le début les fonctions exercées autrefois par le Conseil d'État à l'époque des Tokugawa, avec cette différence que, en tant que corps, aucune reconnaissance officielle ne leur a jamais été accordée. Le système familial japonais donnait aux *Genrō l'occasion* de renforcer leur position par le lien de l'adoption ainsi que par celui du mariage ; et en s'en servant, ils suivirent l'exemple de la noblesse féodale et des courtisans des temps anciens. Plusieurs étaient ainsi liés les uns aux autres par l'un ou l'autre de ces liens, ou les deux, l'appui ainsi obtenu étant indépendant de celui qui venait de leurs partisans purement politiques. Lorsqu'au cours de la reconstruction administrative , le ministère fut réorganisé sur le modèle européen, la position exacte qu'il occupait n'était pas inexactement représentée dans le langage populaire par l'expression *Kuromaku-daijin* , qui, librement rendue, signifie « ministres d'État invisibles ». La situation anormale et singulière ainsi créée sera comprise lorsqu'on expliquera que le ministère de l'époque pouvait, selon les circonstances, être entièrement composé de *Genrō* , bien que cela devienne inhabituel ces derniers temps, ou qu'il puisse comprendre plusieurs *Genrō* , voire aucun. Dans ce dernier cas, le ministère sans *Genrō* avait très peu à voir avec les décisions sur les questions importantes. Ces dernières années, le nombre de *Genrō survivants* a progressivement diminué. D'autres causes aussi que celle de la mort, à savoir l'âge croissant, le moindre prestige des hommes d'État ultérieurs et les changements constitutionnels qui ont abouti à la création de deux organes consultatifs, le Conseil privé et les conseillers de la Cour, ont tendu à diminuer l'influence du pouvoir . *Genrō* qui restent encore. L'institution de ces deux organes consultatifs a eu une influence importante sur la direction des affaires. L'idée qui prévalait autrefois dans les cercles politiques selon laquelle les rangs du *Genrō* seraient renforcés de temps en temps, selon les circonstances, par l'introduction d'hommes d'État plus jeunes et émergents, comme cela s'est effectivement produit dans un ou deux cas, ne semble pas être valable. ont rencontré l'approbation générale. La tendance actuelle semble plutôt aller dans le sens d'un élargissement du cercle des hommes d'État influents afin d'inclure les membres du Conseil privé et de la Chambre des pairs ainsi que les conseillers de la Cour, dont l'âge (que l'on respecte encore beaucoup), l' expérience , et les connexions de clan les sélectionnent. Cette tendance, si elle se poursuit, aura pour effet de perpétuer un état de choses dans lequel le Cabinet sera, comme jusqu'à présent, maintenu dans une position de subordination à une autorité supérieure quoique voilée ; car la Constitution fonctionne sans frictions excessives, et ni la Chambre basse ni les partis politiques qu'elle représente n'ont beaucoup de pouvoir réel.

Il y a dans le développement moderne du Japon quelques points saillants qui méritent attention. L'épisode d'ouverture lui-même en fait partie. Au-delà du fait que le gouvernement renversé a survécu à son époque, la Restauration ne ressemble pas beaucoup aux autres révolutions. L'impulsion qui l'a produit ne venait pas du corps du peuple. Il ne s'agissait en aucun cas d'un soulèvement populaire, dû à des revendications de classe et dirigé contre une oppression devenue insupportable. Le mécontentement qui existait était d'un genre qu'on retrouve partout lorsque l'appareil administratif montre des signes de dysfonctionnement. Il ne s'agissait pas non plus d'un mouvement venu d'en haut, semblable à ceux qui ont mis fin à la féodalité par une concentration de l'autorité entre les mains d'un monarque. À ses débuts, il s'agissait simplement d'un mouvement dirigé contre le gouvernement du Shōgun par une section de la classe militaire appartenant aux clans du Sud (ou, comme diraient les Japonais, de l'Ouest). Le cri « Honorez le souverain » tirait une grande partie de son efficacité de l'appel à chasser les étrangers qui l'accompagnait. L'abolition de la féodalité n'était qu'une réflexion secondaire.

D'autres faits marquants, pris dans l'ordre des événements, sont la rébellion de Satsuma (au cours de laquelle l'élément progressiste du clan a soutenu le gouvernement) ; l'établissement d'un gouvernement parlementaire ; la révision du traité , dans laquelle la Grande-Bretagne a pris la tête ; la guerre avec la Chine et celle avec la Russie ; l'annexion de la Corée ; et, plus récemment, la Grande Guerre.

Si les insurgés de Satsuma avaient triomphé lors de leur rébellion, la nouvelle direction donnée à la politique japonaise aurait été stoppée, avec des résultats très différents de tout ce que nous voyons aujourd'hui. Avec l'instauration du gouvernement parlementaire, entré en vigueur en même temps que la Constitution, le Japon a définitivement rompu avec ses traditions passées et s'est aligné sur les pays occidentaux. La conclusion du nouveau traité entre la Grande-Bretagne et le Japon, qui fut suivie par la conclusion de traités similaires avec d'autres puissances étrangères, mit un terme à l'agitation malfaisante concernant la révision du traité qui troublait depuis longtemps le gouvernement. La guerre avec la Chine, qui a accru le territoire japonais et ses ressources matérielles, a révélé une force militaire insoupçonnée à l'étranger et a donné au Japon une nouvelle position dominante en Extrême-Orient. Les résultats de la guerre russo-japonaise furent encore plus importants. Cela a changé toute la face des affaires d'Extrême-Orient et a permis au Japon d'être admis dans les rangs des grandes puissances. En annexant la Corée, le Japon a renforcé sa sécurité militaire et supprimé ce qui, au cours des années passées, avait été une source constante de troubles dans les affaires d'Extrême-Orient. Nous avons vu comment la situation financière du Japon a été affectée par la Grande Guerre et par l'expansion du territoire qu'il a acquis. Quant aux conséquences supplémentaires que pourraient avoir pour elle la défaite de l'Allemagne, l'effondrement de la Russie et le regain d'intérêt des États-Unis pour les questions étrangères, tout ce que l'on peut dire avec certitude, c'est que se laisser aller à des spéculations sur ce point ne trouvera que peu d'utilité. à partir d'analogies recherchées dans le passé.

À la question : Dans quelle mesure le Japon a-t-il changé ? une réponse est difficile. Extérieurement, bien entendu, les effets de l'adoption massive d'une grande partie de la civilisation matérielle occidentale sont très évidents. Que ces effets s'étendent beaucoup plus profondément est une autre affaire. Le Japon, il faut le garder à l'esprit, est dans une situation de transition. Les idées nouvelles importées de l'étranger côtoient les idées anciennes, de sorte que l'ancien équilibre des choses a disparu. Deux exemples pris dans les cercles les plus élevés et les plus bas serviront à illustrer le conflit toujours en cours entre les anciennes et les nouvelles cultures. Le calendrier grégorien adopté en 1873 à des fins officielles compte peu dans les opérations agricoles, ainsi que dans les pèlerinages et fêtes religieuses qui jouent un rôle si important dans la vie japonaise. Celles-ci se déroulent toujours selon l'ancien calendrier. Cela n'est pas surprenant puisque l'intérieur du Japon n'est ouvert à la résidence et au commerce étrangers que depuis 1899, date à laquelle les traités révisés sont entrés en vigueur. Depuis lors, en outre, le commerce extérieur a continué à s'effectuer dans les sillons initialement créés, les ports dits du Traité, le reste du pays n'ayant été que peu touché par les échanges étrangers. Un contraste similaire est perceptible dans la procédure cérémonielle. Dans certaines occasions d'État, le Souverain exerce les fonctions d'un monarque européen conformément aux formalités des tribunaux européens. Sur d'autres, agissant comme grand prêtre dans le sanctuaire attaché au palais, il dirige un service shintō selon un rituel si ancien qu'il en est presque inintelligible et tout à fait en décalage avec les idées modernes adoptées par la nation. Il ne serait en rien surprenant pour ceux qui ont étudié les progrès japonais au cours des cinquante dernières années en matière de relations avec l'étranger si, dans un avenir pas si lointain, le Code civil actuel, basé sur celui de Saxe, devait être révisé dans le but de le rendre plus accessible. en harmonie avec la tradition et le sentiment japonais.

Milton Keynes UK
Ingram Content Group UK Ltd.
UKHW011122180424
441376UK00004B/147